Weiterführend empfehlen wir:

**Steueroasen 2007
Handbuch für flexible
Steuerzahler**
ISBN 978-3-8029-3405-6

Wem gehört was in Europa?
ISBN 978-3-8029-3357-8

**Profi-Handbuch Wertermittlung
von Immobilien**
ISBN 978-3-8029-3354-7

**Profi-Handbuch für
Wohnungseigentümer**
ISBN 978-3-8029-3358-5

**Schenken und Erben ohne
Finanzamt**
ISBN 978-3-8029-3669-2

Schnellkurs Investmentfonds
ISBN 978-3-8029-3751-4

Profi-Handbuch Daytrading
ISBN 978-3-8029-3318-9

Profi-Handbuch Zertifikate
ISBN 978-3-8029-3797-2

Risiko Steuersünde
ISBN 978-3-8029-3777-4

Wir freuen uns über Ihr Interesse an diesem Buch. Gerne stellen wir Ihnen zusätzliche Informationen zu diesem Programmsegment zur Verfügung.

Bitte sprechen Sie uns an:

E-Mail: WALHALLA@WALHALLA.de
http://www.WALHALLA.de

Walhalla Fachverlag · Haus an der Eisernen Brücke · 93042 Regensburg
Telefon (0941) 5684-0 · Telefax (0941) 5684-111

Hans-Lothar Merten

Kapitalanlage 2007 in STEUEROASEN

Diskretion und Sicherheit
Kompetenz im Vermögensmanagement
Steueroptimierung

Bibliografische Information Der Deutschen Bibliothek
Die Deutsche Bibliothek verzeichnet diese Publikation in der Deutschen Nationalbibliografie;
detaillierte bibliografische Daten sind im Internet über http://dnb.ddb.de abrufbar.

Zitiervorschlag:
Hans-Lothar Merten, Kapitalanlage 2007 in STEUEROASEN
Walhalla Fachverlag, Regensburg, Berlin 2006

Hinweis: Unsere Werke sind stets bemüht, Sie nach bestem Wissen zu informieren.
Die vorliegende Ausgabe beruht auf dem Stand von Oktober 2006. Sollten Sie Fragen haben,
so wenden Sie sich an Ihren Rechtsanwalt oder Steuerberater.

© Walhalla u. Praetoria Verlag GmbH & Co. KG, Regensburg/Berlin
Alle Rechte, insbesondere das Recht der Vervielfältigung und Verbreitung
sowie der Übersetzung, vorbehalten. Kein Teil des Werkes darf in irgendeiner Form
(durch Fotokopie, Datenübertragung oder ein anderes Verfahren) ohne schriftliche
Genehmigung des Verlages reproduziert oder unter Verwendung elektronischer
Systeme gespeichert, verarbeitet, vervielfältigt oder verbreitet werden.
Produktion: Walhalla Fachverlag, 93042 Regensburg
Umschlaggestaltung: Gruber & König, Augsburg
Druck und Bindung: Westermann Druck Zwickau GmbH
Printed in Germany
ISBN 978-3-8029-3406-3

Nutzen Sie das Inhaltsmenü:
*Die **Schnellübersicht** führt Sie zu Ihrem Thema.*
*Die **Kapitelüberschriften** führen Sie zur Lösung.*

Abkürzungen 7

Kapital im Ausland anlegen:
Der Trend! 9

Abgeltungssteuer: Droht eine neue
Kapitalflucht? 12

Schöne neue Welt:
Der gläserne Bankkunde 13

Reichensteuer 16

1   Wie global müssen
     Vermögende handeln? 17

2   Was Anleger von Auslands-
     banken erwarten 29

3   Vermögensverlagerung ins
     Ausland 39

4   Bankgeheimnis ade! 59

5	Die EU-Zinsrichtlinie	69
6	Die Euro-Währungsunion auf dem Prüfstand	77
7	Finanzplätze auf dem Prüfstand	83
8	Was Auslandsbanken Steuerpflichtigen bieten	177
9	Stiftungen, Trusts & Co.	187
10	Auslandsimmobilien: Sonne statt Rendite	207
11	Wo Auslandsvermögen besteuert wird .	219
12	Vermögen grenzüberschreitend vererben	229

Quellen 254

Stichwortverzeichnis 255

Dieses Fachbuch ist steuerlich absetzbar.

Abkürzungen

ADR	American Depository Receipts
AG	Aktiengesellschaft
AO	Abgabenordnung
ART	Alternativer Risiko Transfer
AStG	Außensteuergesetz
BaFin	Bundesanstalt für Finanzdienstleistungsaufsicht
BAföG	Bundesausbildungsförderungsgesetz
bAV	betriebliche Altersvorsorge
BFH	Bahrain Financial Harbour
BGL	Banque Général du Luxembourg
BIP	Bruttoinlandsprodukt
BMF	Bundesministerium der Finanzen
BP	Belegenheitsprinzip
B.V.I.	British Virgin Islands
CEPA	Closer Economic Partnership Arrangement
CHF	Schweizer Franken
CSPB	Credit Suisse Private Banking
DBA	Doppelbesteuerungsabkommen
DIFC	Dubai International Financial Centre
DP	Domizilprinzip
ErbStG	Erbschaftsteuergesetz
ESt	Einkommensteuer
EStG	Einkommensteuergesetz
ETF	Exchange Traded Funds
EU	Europäische Union
EUR	Euro
EWR	Europäischer Wirtschaftsraum
EZB	Europäische Zentralbank
FATF	Financial Action Task Force
Fed	Federal Reserve (US-Notenbank)

FSA	Financial Services Authority
GCC	Golf-Kooperationsrat
GDR	Global Depository Receipts
HNWI	High Net Worth Individuals
HSBC	Hongkong and Shanghai Banking Corporation
IBC	International Business Company
IPR	Internationales Privatrecht
IRG	Gesetz über die internationale Rechtshilfe in Strafsachen
IWF	Internationaler Währungsfonds
MAS	Monetary Authority of Singapore
NE	Nachlasseinheit
NSE	National Stock Exchange
NSP	Nachlassspaltung
OECD	Organization for Economic Cooperation and Development
OECD-MA	OECD-Musterabkommen
OeNB	Österreichische Nationalbank
OFD	Oberfinanzdirektion
QFC	Quatar Financial Centre
RMB	Renminbi
SAP	Staatsangehörigkeitsprinzip
SCI	société civile immobilière
SEBI	Securities and Exchange Board of India
SNB	Schweizerische Nationalbank
Soli	Solidaritätszuschlag
Swift	Society for Worldwide Interbank Financial Telecommunication
TIS	Tailored Investment Strategy
USD	US-Dollar
V.A.E.	Vereinigte Arabische Emirate
VSt	Vermögensteuer
ZaSt	Zinsabschlagsteuer
ZKB	Zürcher Kantonalbank

Kapital im Ausland anlegen: Der Trend!

Ausländische Banken registrieren einen sprunghaften Anstieg von Anfragen interessierter deutscher Anleger. So verdreifachten sich in den letzten Monaten die Anfragen bei ausländischen Banken, zugleich stieg die Zahl der Kontoeröffnungen oft um mehr als 50 Prozent.

Hintergrund: Die Anleger entdecken das Ausland als Plattform für die Kapitalanlage. Sie nutzen dabei das dort intakte Bankgeheimnis und schützen so ihre Privatsphäre. Dadurch streuen sie ihr Risiko im Sinne einer rechtlichen Diversifikation. Ausgelöst wurde dieser Trend durch die Unzufriedenheit mit der derzeitigen Bankverbindung – die kürzlich veröffentlichte Studie von Deloitte zeigt: „81 Prozent der Befragten erwägen einen Wechsel ihrer Bank". Berücksichtigt man, dass Vertraulichkeit und Datenschutz für über 85 Prozent der Anleger wichtig ist, dann ist erkennbar, wie stark der zweite wesentliche Grund für die erhöhte Nachfrage ist: Der Wegfall des Bankgeheimnisses in Deutschland durch Einführung der zentralen Kontoevidenz.

Was erwarten Anleger von ihrem Finanzpartner im Ausland? Kompetenz, hohe Beratungs- und Betreuungsqualität, eine Bezugsperson – sozusagen einen Herrn Kaiser, gesicherte Rendite und objektive Beratung mit breitem Produktangebot. Natürlich sind die Faktoren Diskretion, Sicherheit, Vertrauensbasis, Erreichbarkeit und Verfügbarkeit, Verantwortungsbewusstsein, Menschlichkeit, Aktivität, Seriosität und last but not least: Kontinuität wichtige Kriterien für Anleger, die sich mit einer Auslandsanlage beschäftigen.

Das Potenzial zur Optimierung von Kapitalanlagen ist gerade bei deutschen Anlegern enorm. Die Gesamtvermögensverteilung zeigt dies deutlich: Das Vermögen aller Deutschen wird auf ca. 10 Billionen EUR geschätzt. Davon ca. 4 Billionen EUR Geldvermögen (1,5 Billionen EUR Bankeinlagen, 1 Billion EUR Versicherungen, 1,4

Kapital im Ausland anlegen: Der Trend!

Billionen EUR Wertpapiere, Rest Sonstige), ca. 5 Billionen EUR sind in Sachvermögen und ca. 1 Billion EUR in Gebrauchsvermögen investiert. Die Details zu den Wertpapieranlagen: 500 Milliarden EUR sind in Anleihen investiert, in Aktien 250 Milliarden EUR, Investmentzertifikate 450 Milliarden EUR, Sonstige Beteiligungen 160 Milliarden EUR Berücksichtigt man, dass das Sachvermögen eine Ertragserwartung von nur 2 Prozent aufweist, Aktien hingegen gut 8 Prozent, so erkennt man sehr schnell, welch enormes Ertragspotenzial sich bei nur kleineren Umschichtungen ergibt.

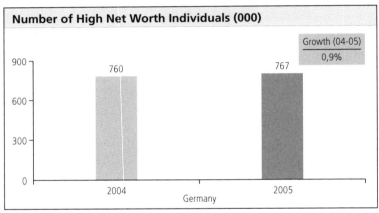

Quelle: „World Wealth Report 2006", Capgemini/Merrill Lynch

Diese Vermögensstruktur ist mit ein Grund dafür, dass die Entwicklung des Vermögens in den letzten Jahren deutlich hinter der von anderen Ländern nachhinkt. So zeigt der jüngst von Capgemini veröffentlichte „World Wealth Report", dass die Zahl der Vermögenden in Deutschland 2005 um 0,9 Prozent gestiegen ist (2004: 0,3 Prozent), während weltweit das Wachstum in den letzten beiden Jahren bei 6,5 Prozent lag.

Die EU bietet mit den vier Grundfreiheiten, dem freien Personen-, Waren-, Dienstleistungs- und Kapitalverkehr, die Basis für die Wahlfreiheit, Kapital im Ausland anzulegen.

Kapital im Ausland anlegen: Der Trend!

H.L. Merten – seit Jahrzehnten ein profunder Kenner der Szene – zeigt Ihnen in diesem Buch die wichtigen Orientierungspunkte, damit aus dieser Freiheit auch Erfolg wird. Beim Schmökern wünsche ich Ihnen viele interessante Erkenntnisse.

Wolfgang W. Schweißgut

Mag.(FH) Wolfgang Schweißgut, Bereichsleitung Vermögensanlage
Bankhaus Jungholz der Raiffeisenbank Reutte reg. Gen.m.b.H.
A-6691 Jungholz, Haus Nr. 20
Tel.: 0043-5676-800-0, Fax: 0043-5676-800-4800
Mail: wolfgang.schweissgut@rbr.at; www.bankhaus-jungholz.com

Abgeltungssteuer: Droht eine neue Kapitalflucht?

Ab 2008 werden Zinsen, Dividenden und Kursgewinne pauschal mit 30 Prozent, ab 2009 dann mit 25 Prozent besteuert. Damit ist für Anleger die gesamte Steuerschuld beglichen. Doch Aktionäre und Besitzer von Aktienfonds trifft die neue Steuer hart, denn die Abschaffung des Halbeinkünfteverfahrens führt zu einer Doppelbesteuerung von Dividenden. Richtig teuer kommt die Anleger auch die Abschaffung der Spekulationsfrist. Waren Veräußerungsgewinne bislang nach einem Jahr steuerfrei, wird künftig Abgeltungssteuer fällig. Noch schlimmer wird es, wenn das Depot jährlich umgeschichtet wird: Es müssen jedes Mal Steuern gezahlt werden, der Wiederanlagebetrag schrumpft.

Aus Sicht des Sachverständigenrats sind auch die ab 2009 fälligen reduzierten 25 Prozent Abgeltungssteuer zu hoch. Die Erwartung des Finanzministeriums, es könne jetzt das große Kapital aus dem Ausland zurückkommen, betrachtet der Rat als Illusion. Um dies zu erreichen, dürfte der Steuersatz lediglich bei maximal 15 Prozent liegen. So aber warten die Banken in Österreich, Luxemburg, Liechtenstein und der Schweiz nur auf den Beginn einer neuen Kapitalflucht deutscher Anleger.

Finanzexperten von Attac schätzen, dass Deutschland durch Steuerflucht jährlich 14 Milliarden EUR entgehen. Für 14 Milliarden EUR könne man jedes Jahr 100 000 Lehrer finanzieren und 9 000 marode Schulen renovieren.

Auslandsbanker rechnen so nicht, sie sagen: „Wer die Pflicht hat, Steuern zu zahlen, hat auch das Recht, Steuern zu sparen. Das Steuern von Vermögenswerten ist wichtiger als die Steuern! Cross-Border-Banking ist für Vermögensschutz und -mehrung daher unerlässlich."

Schöne neue Welt: Der gläserne Bankkunde

Mit dem automatisierten Verfahren zum Abruf von Konteninformationen hat das gute alte Bankgeheimnis in Deutschland ausgedient. Viele Bundesbürger haben die Einführung der „gläsernen Konten" mit einer Kapitalflucht, vor allem in die Nachbarländer Liechtenstein, Luxemburg, Österreich und die Schweiz, beantwortet. Dort wird Diskretion noch groß geschrieben. Die Kontenabfrage war das Beste, was den Banken im Ausland passieren konnte. Auch die für 2007 beschlossene Reichensteuer wird die Steuerflucht aus Deutschland weiter schüren. Vermögende Bundesbürger werden mit Hilfe der Auslandsbanken Ausweichmanöver planen, um dieser zusätzlichen Steuerlast zu entgehen. Das Hin und Her in der deutschen Steuerpolitik hat bei den Bürgern zu einem massiven Vertrauensschwund geführt. Ihr Misstrauen sitzt tief. Immer häufiger suchen sie nach legalen und illegalen Ausweichmöglichkeiten, und sie sind zunehmend bereit, den Wohn- oder Unternehmenssitz in Länder mit niedrigeren Steuersätzen zu verlagern.

Schöne neue Welt: Der gläserne Bankkunde

Hinzu kommt eine monetäre Globalisierung. Vermögende schicken ihr Kapital zunehmend auf Wanderschaft. Aber das Wissen, was eine Globalisierung bei der Geldanlage bedeutet, ist gering. Doch wer heute über ein größeres Vermögen verfügt, kann es sich kaum noch leisten, dieses ausschließlich in Deutschland verwalten zu lassen. Vermögensverwaltung international an den für Laien schwer zu übersehenden Finanzmärkten zu nutzen, muss jedoch gut überlegt werden. Nicht jede Auslandsbank ist die richtige. Auch spricht einiges dafür, größere Privatvermögen zu institutionieren, in eine juristische Form einzubringen. Zum einen, um das eingebrachte Vermögen aktiv und steuerlich bestmöglich verwalten zu können, zum anderen, um dessen spätere Übertragung im Erbfall zu erleichtern. Die Neugier wohlhabender Bundesbürger wird daher zunehmen, sich im Ausland bei Banken kundig zu machen, wie man auf moderne Art größere Vermögen verwalten kann. Längst ist dort die Umwandlung etwa von zinssteuerpflichtigen Auslandsdepots in steuerfreie Anlagen perfekt. Gründungen von anonymen Trusts für Privatvermögen dauern ein paar Tage. Privatanlegern werden dutzende Möglichkeiten geboten, dem Zinsabschlag zu entgehen.

Kapital und Menschen sind so mobil wie noch nie in der Geschichte. Von Freiheit aber kann nur Gebrauch machen, wer Bescheid weiß. Bescheid weiß über die selbst innerhalb der EU bestehenden großen Unterschiede der nationalen rechtlichen, aber auch kulturellen Rahmenbedingungen. Das gilt insbesondere für einkommen-, vermögen- und erbschaftsteuerliche Regelungen. Wer Vermögenswerte ins Ausland schafft, sollte also wissen, was ihn dort erwartet und wie sich Vermögenstransaktionen steuerlich, auch erbschaftsteuerlich in der Heimat für ihn und später für seine Erben auswirken. Auch wenn die Verärgerung über den wissbegierigen Vater Staat groß ist, sollte eine nüchterne Beurteilung einer Verlagerung von Vermögenswerten zu ausländischen Banken und Vermögensverwaltern immer im Vordergrund stehen.

Schöne neue Welt: Der gläserne Bankkunde

Je größer das Vermögen und je höher die Komplexität (Lebensumstände, Mobilität, steuerliche Optimierung, Erbschaft, Unternehmensnachfolge, Diskretionserwartung, Haftungsschutz, Risikotragfähigkeit, Anlagepräferenzen, Gewinnerwartungen, Kosten) der zu verwaltenden Vermögenswerte sind, desto wichtiger ist eine Vernetzung und Strukturierung dieser Vermögenswerte. Ein umfassendes Risikomanagement ist da angesagt. Nicht jeder ausländische Vermögensverwalter ist diesen Anforderungen gewachsen. Nicht jede Bank ist auf das Wesentliche konzentriert: Kundenorientierung mit passenden Problemlösungen. Dem Finden der richtigen Adresse und der Suche nach den wirklich guten Beratern kommt bei zunehmender Globalisierung und deutlich aggressiveren Anlagestrategien größte Bedeutung zu.

Hier finden Vermögende den Einstieg in eine nicht einfache Materie. Ob bei der Suche nach geeigneten Vermögensverwaltern im benachbarten Ausland oder nach dem steuerlich bestmöglichen Finanzplatz zwischen Andorra, Österreich, Dubai, Singapur oder den Cayman Islands – aufgezeigt werden seriöse Möglichkeiten, Kapital international steueroptimiert anzulegen und arbeiten zu lassen. Mit Vorschlägen für den Einsatz juristischer Konstruktionen, wie Stiftungen, Trusts oder gesellschaftsrechtlicher Modelle wie der englischen Private Limited, der Cayman Islands oder Zypern IBC bis hin zur Dubai LLC.

Ein praxisnaher Einstieg für Vermögende in einem immer komplexeren Umfeld mit praktischen Antworten auf Risiken, die durch Regulierung, neue Märkte und Globalisierung entstehen.

H.-Lothar Merten

Reichensteuer

Deutschland schröpft die Reichen. Ab 2007 müssen Höchstverdiener mit Jahreseinkommen von mehr als 250 000 EUR (Ledige) oder 500 000 EUR (Ehepaare) in der Spitze eine um drei Punkte erhöhte Einkommensteuer zahlen. Davon ausgenommen sind gewerbliche Einkünfte, nicht aber Einkünfte aus freiberuflicher Tätigkeit. Mit Steuergerechtigkeit hat das wenig zu tun. Der Gang zum Verfassungsgericht nach Karlsruhe ist die Konsequenz. Doch sollten die Richter den Beschluss der Regierungskoalition im Nachhinein kippen, wird dies den Finanzminister nicht sonderlich treffen – das ökonomische Risiko ist gering. Die Reichensteuer soll 2007 nach Berechnungen des Finanzministeriums gerade einmal 127 Millionen EUR bringen. Psychologisch aber wird der Schaden weit höher sein.

Die Steuer für Reiche ist Ideologie. Der Finanzminister weiß, dass schon heute die Bezieher hoher Einkommen den größten Teil der Einkommensteuer schultern: Die oberen 10 Prozent der Steuerpflichtigen zahlen fast 53 Prozent des gesamten Einkommensteueraufkommens.

Hinweis: Die in diesem Handbuch vorgestellten Finanzplätze eignen sich nicht nur als sicherer Hafen für Vermögenswerte, sie haben steuersensiblen Bürgern aus Hochsteuerländern weit mehr zu bieten. Ausführliche Informationen dazu finden Sie in „Steueroasen 2007" ISBN 978-3-8029-3405-6, ein Standardwerk auf diesem Gebiet, das bereits im zwölften Jahrgang erscheint.

Wie global müssen Vermögende handeln?

1

1. Der schwere Weg zum Millionär ... 18
2. Staatliche Regeln der Zielländer 20
3. Globalisierung = Renditeplus 24
4. Globale Vernetzung ist entscheidend 24
5. Cross-Border-Banking für Vermögende 27

1. Der schwere Weg zum Millionär

Deutschland ist in der aktuellen Millionärs-Wachstumsstatistik der Investmentbank Merrill Lynch und der Beratungsfirma Capgemini im weltweiten Vergleich zurückgefallen. 2005 stieg die Zahl der Millionäre nur um 0,9 Prozent auf 767 000 – obwohl die Börsen boomten. Damit wuchs die Zahl der Millionäre exakt so schwach wie die deutsche Wirtschaft insgesamt. Der Grund: In Europa ist Firmeneigentum die wichtigste Quelle für den Aufbau großer Vermögen.

Doch wer einmal reich ist, wird immer reicher. Das gilt tendenziell weltweit. Insgesamt stieg die Zahl der Millionäre 2005 um 6,5 Prozent, die Superreichen vermehrten sich um 10,2 Prozent. Alle Millionärsvermögen zusammengenommen erreichen 33 Billionen USD oder das Dreifache des Bruttoinlandsprodukts der weltweit größten Volkswirtschaft USA. Noch hält sich Deutschland an der Zahl der Millionäre nach den USA und Japan auf Rang drei. Doch die Wachstumsregionen holen auf: In Südkorea stieg die Zahl der Vermögenden um 21 Prozent, in Indien um 19 Prozent und in Russland um 17 Prozent. Während die Schwellenländer bei den Millionärszahlen aufholen, wird innerhalb dieser Staaten wie auch in den Industrienationen die Kluft zwischen den Reichsten und dem Bevölkerungsdurchschnitt größer.

Was aber machen die Reichen mit ihrem Geld? Sie vermehren es zunehmend international. Das heißt, sie legen es unabhängig von Landesgrenzen an. Nicht nur in den nahen Finanzzentren Luxemburg, Österreich oder Schweiz, sondern auch in Singapur, Hongkong und der Karibik. Reiche haben eine internationale Lebensführung, ein Fünftel ihrer Kinder lebt bereits im Ausland. Fast 40 Prozent der Reichen haben nach Erkenntnissen von Merrill Lynch/Capgemini Kontoverbindungen, 28 Prozent einen Zweitwohnsitz im Ausland.

Der schwere Weg zum Millionär

Der Internationalisierungstrend zeigt sich auch in der Umschichtung von Anlagen in die Regionen Asien-Pazifik. Zwar konzentrieren sich noch 44 Prozent des Geldvermögens der Reichen in den USA und Kanada, doch dieser Anteil schrumpft seit Jahren – bedingt durch schwindendes Vertrauen in den USD und vergleichsweise niedrige Erträge an den dortigen Kapitalmärkten. Auf Asien-Pazifik entfielen im vergangenen Jahr bereits 23 Prozent des Anlagevolumens, womit Europa mit 22 Prozent zurückfiel. Starke Kapitalzuflüsse bekamen 2005 auch Lateinamerika und der Nahe Osten.

Von den großen Vermögentransfers dürften aus Sicht der Experten vor allem diejenigen Banken profitieren, die das Geld ihrer Kunden weltweit verteilen können. Also eher globale Finanzkonzerne, wie UBS und Credit Suisse, als kleine, lokale Privatbanken. Für die Banken wird es eine große Herausforderung werden, diese Vermögen zusammenzuhalten und dabei global anzulegen.

In Deutschland konnten trotz positiver Aktienmarktentwicklung und steigender Produktivität aber kaum neue Vermögen gebildet werden. Da deutsche Millionäre mehr als die Hälfte ihres Vermögens in eigenen Firmen haben, leiden Personengesellschafter unter einer hohen Steuerlast. Entlastung für diesen Personenkreis kann die für 2008 geplante Reform der Unternehmensbesteuerung bringen. Dennoch:

Die Deutschen haben immer mehr Geld

Das Geldvermögen der privaten Haushalte in Deutschland ist 2005 nach einer Analyse der Deutschen Bundesbank so stark gestiegen wie seit 1999 nicht mehr. Im Schnitt hatte jeder Haushalt rund 69 000 EUR an Nettofinanzvermögen wie Bankeinlagen, Aktien, Versicherungs- oder Pensionsansprüchen. Insgesamt stieg das Finanzvermögen 2005 um 180 auf 4 260 Milliarden EUR. Dabei investieren die Deutschen nach Angaben der Bundesbank zuneh-

Wie global müssen Vermögende handeln?

mend rendite- und marktorientiert. Reine Bankeinlagen machen 2005 nur noch 35 Prozent des Finanzvermögens aus (1980: 60 Prozent). Das höhere Finanzvermögen der privaten Haushalte ging einher mit einer auf 10,7 Prozent des verfügbaren Einkommens gestiegenen Sparquote. Damit reagieren die Deutschen auf die Unsicherheiten, was die staatliche Rente betrifft.

Wie die Deutschen sparen

Ende 2005 betrug das Geldvermögen der Deutschen 4,3 Billionen EUR (2001: 3,718 Billionen EUR). In den vergangenen fünf Jahren stieg die Sparquote von 8,9 auf 10,8 Prozent. Ein großer Teil der Ersparnis wandert in den Sparstrumpf und auf Bankkonten. Aktien und Aktienfonds spielen immer noch eine Nebenrolle in der Geldanlage. 10,8 Millionen Bundesbürger hatten Aktien oder Anteile an Aktienfonds in ihren Depots. Im statistischen Durchschnitt stieg das Geldvermögen pro Haushalt auf 104 000 EUR, inklusive der so genannten Sachaktiva – hauptsächlich Immobilien – sogar auf 185 000 EUR. Das Geldvermögen Ende 2005 in Billionen EUR:

- Einlagen   1,49
- Versicherungen   1,02
- Investmentfonds 0,53
- Rentenpapiere   0,48
- Aktien   0,33
- Sonstige   0,47

2. Staatliche Regeln der Zielländer

Die Sicherung und, wenn möglich, Vermehrung des Vermögens ist das Ziel aller Vermögenden. Was liegt da näher, als in Zeiten der Globalisierung auch die Vermögensverwaltung global auszurichten? Doch so leicht dieser Grundsatz zu formulieren ist, so schwer ist seine Umsetzung:

Staatliche Regeln der Zielländer

- Das beginnt bereits bei der Frage nach der geeigneten Form, in der das Vermögen zu halten ist: Immobilien, Produktionsanlagen, Wertpapiere, Kunst, Antiquitäten oder Bargeld?
- Es setzt sich fort in der Frage nach dem Anlage-Ort. Dabei reicht die Frage „Daheim oder im Ausland?" heute nicht mehr aus.
- Als zusätzliche Komponente kommt die Wahl des Währungsgebietes hinzu – und damit auch die Frage des Wechselkurses.

Anleger, die ihr Kapital international investieren wollen, müssen sich fragen:

- Wie berechenbar ist es beispielsweise, in eine Büroimmobilie im chinesischen Chongqing zu investieren, wenn die Gefahr besteht, dass die Bindung des Renminbi an den US-Dollar aufgegeben wird?
- Wie risikolos sind Investitionen in ein Landhaus auf Long Islands oder in andere US-Immobilien? Lohnt sich eine Kurssicherung und wenn, über welchen Zeitraum?

Wie global müssen Vermögende handeln?

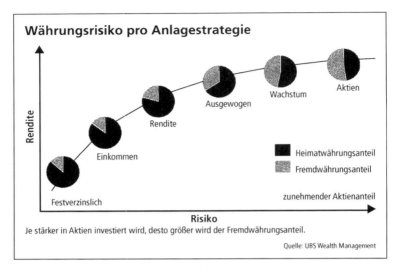

Seit Jahren boomt der US-Immobilienmarkt. Aber wer kann ausschließen, dass sich dort nicht schon längst eine Blase aufgebaut hat, die ähnlich platzen kann wie im Jahr 2000 die Aktienblase bei Technologiewerten?

Neben der Überhitzung einzelner Märkte spielt auch die Frage des gesamtwirtschaftlichen Konjunkturzyklus eine Rolle, in der sich das Zielland einer Investition befindet:

- Steht die Wirtschaft dort erst am Beginn oder bereits nahe am Ende eines Zyklus?
- Stehen Strukturverwerfungen einem Transfer von Vermögensteilen entgegen?
- Wie ist es um das Wachstum der Bevölkerung und die damit verbundenen Chancen eines langfristigen Aufschwungs bestellt?
- Wie steht es mit der politischen Stabilität sowie dem geltenden Rechtssystem?

Staatliche Regeln der Zielländer

- Wie steht es mit den steuerlichen Vorschriften und sonstigen staatlichen Regeln, etwa die Repatriierung des investierten Kapitals betreffend?

Eine eigene Risikogruppe stellen die Emerging Markets dar, die freilich immer wieder äußerst attraktive Anlagen bieten. Nicht immer muss es so schlimm kommen wie in Argentinien, wo die Regierung die ungehinderte Rückzahlung von Staatsanleihen blockiert. Überhaupt hat es „Schuldenkrisen" in einer ganzen Reihe von Ländern gegeben: von Brasilien und Mexiko über die Philippinen bis nach Korea ... Länder, die zuvor als „sicher" galten und Vermögen in Milliarden-Höhe angezogen hatten! Heute strömt das Kapital in einige dieser Staaten wieder zurück, da sich die Aussichten auf eine angemessene bis gute Verzinsung und Liquidität der Anlage gebessert haben.

Global anlegen? – Aber ja!

Nicht nur deshalb muss die Frage, ob ein Vermögensinhaber heute global handeln soll, mit einem „Aber ja!" beantwortet werden. Die Alternative wäre das Handeln im nationalen Umfeld. Die kann aber aus einer Reihe von Gründen nicht überzeugen:

- Deutschland befindet sich nach Jahren einer Stagnationsphase nur in einer leichten konjunkturellen Aufwärtsphase.

- Demgegenüber boomt die Weltwirtschaft in einem Maße, wie seit langem nicht mehr. Trotz des Dämpfers durch die steigenden Ölpreise übertrifft das Wachstum Asiens bei weitem dasjenige Europas und seiner Leitökonomie Deutschland. Selbst die USA, wenn auch weit entfernt von den Boomzeiten früherer Jahre, wachsen schneller als die Wirtschaft hierzulande.

Ein Vermögen ausschließlich durch Investitionen innerhalb des eigenen Landes zu sichern, erscheint daher zu Recht weniger chan-

Wie global müssen Vermögende handeln?

cenreich als eine Anlage im Ausland – selbst unter Berücksichtigung der Risiken, die normalerweise mit einer Anlage jenseits der Grenzen verbunden sind.

3. Globalisierung = Renditeplus

Längst hat die Globalisierung die Vermögensanleger erreicht! Wer sie als Anleger verpasst, muss sich mit niedrigeren Renditen – wenn nicht gar einem schrumpfenden Vermögen – zufrieden geben. Ohne Zweifel gehören heute zu einem globalen Portefeuille Minenaktien in Australien und Südafrika, Ölwerte, Immobilien an ausgewählten Standorten in Asien und den USA ebenso wie Antiquitäten und Kunstobjekte. Die Frage, die sich dabei stellt, ist lediglich die nach der Beherrschbarkeit der Risiken.

Die Capgemini-Untersuchung zeigt, dass HNWI-Kunden zunehmend in alternative Investments gehen. Diese erreichten 2005 bereits 24 Prozent. Innerhalb der alternativen Investments konnten Private-Equity-Anlagen weltweit zulegen, während Hedgefonds aufgrund der stetig sinkenden Erträge und der strengen gesetzlichen Restriktionen in den letzten beiden Jahren an Boden verloren haben.

4. Globale Vernetzung ist entscheidend

Um Risiken möglichst klein zu halten, beschäftigen große Vermögensverwalter bereits seit Jahren gut vernetzte Berater, die nichts weiter zu tun haben, als in aller Welt herumzureisen und ständig Kontakt zu halten zu Zentralbanken, Finanz- und Wirtschaftsministerien, Großkonzernen sowie internationalen Institutionen. Ihre zeitnahen Berichte an die Zentrale mit der Einschätzung der jeweils aktuellen Wirtschafts- und Finanzlage wichtiger Anlegerländer sowie mögliche künftige politische oder unternehmerische Maßnahmen bilden die Entscheidungsgrundlage für ihre Anlagestrategie.

Guter Rat ist teuer

Gemäß dem alten deutschen Sprichwort, demzufolge guter Rat teuer ist, können sich nur die ganz großen Vermögen solche Berater leisten, da derartige Helfer rar und ihre Honorare mit entsprechend hohen Kosten verbunden sind. Kosteneffizienter, aber deswegen nicht weniger fachmännisch beraten da schon die international tätigen Banken. Mit ihren Research-Abteilungen in allen wichtigen Finanzzentren der Welt bündeln sie heute einen aktuellen Wissensreichtum, wie es ihn zuvor nicht gegeben hat. Weiterer Vorteil: dieser ist für Anleger ständig abrufbar.

> Wer als Anleger sein Vermögen länderübergreifend arbeiten lassen will, sollte das auch mit einer international operierenden Bank tun. Nur so werden die Risiken auf den globalen Finanzmärkten beherrschbar. Zum anderen ermöglichen die größeren Volumina verwalteter Vermögen den großen Vermögensverwaltern, leistungsfähige Strukturen zu schaffen.

So hat beispielsweise die Credit Suisse bereits vor einigen Jahren in der Vermögensverwaltung eine arbeitsteilige Organisation geschaffen, die auf eine strikte Trennung ausgerichtet ist von Strategie (Anlageentscheide), Ausführung (Implementierung), Beratung und Verkauf von Finanzprodukten.

Das weltumspannende Netzwerk erlaubt es, lokales Know-how rund um den Globus einzusetzen. Daraus entsteht den international operierenden Banken vor allem in „exotischeren" Märkten ein nicht zu unterschätzender Vorteil. Schließlich verfügen sie über ausreichende Mittel, um die technologische Basis für die Vermögensverwaltung ständig auszubauen. Das betrifft sowohl die Verwaltung der Gelder als auch die Risikokontrolle der zunehmend komplexer werdenden Finanzinstrumente.

Wie global müssen Vermögende handeln?

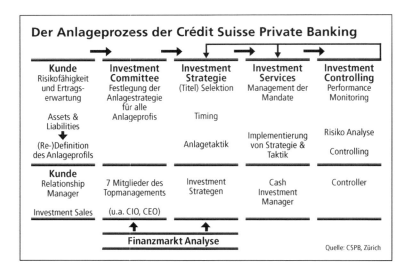

Größe und internationale Präsenz einer Bank

Gerade sie können in der Zusammenarbeit mit externen Partnern vorteilhaft sein, denn im derzeitigen Umfeld stützt sich die Vermögensverwaltung auch bei größeren Anbietern nicht mehr ausschließlich auf interne Ressourcen. Der Zugang zu externen Finanzprodukt-Managern bleibt aber vor allem in der Hedge-Fonds-Industrie vielen Marktteilnehmern verwehrt. Potente Vermögensverwalter finden eher Zugang zu solchen Managern und verfügen im Tagesgeschäft über eine stärkere Verhandlungsmacht:

Das kann sich in vorteilhaften Preisstrukturen und einer wirksameren Risikokontrolle niederschlagen. Im traditionellen Anlagesegment steigert Größe zudem die Fähigkeit, Produkte nach Maß auf Anlegerbedürfnisse abgestimmt anzufertigen und in die Vermögensverwaltung zu integrieren.

Weitere wichtige Aspekte für international orientierte Vermögensanleger

Nicht nur die Vermögenswerte, auch seine finanziellen Verpflichtungen (Vorsorge, Ausbildung der Kinder etc.) müssen in einer effizienten Vermögens- und Anlageberatung analysiert werden. Dazu

> *Fortsetzung:* Größe und internationale Präsens einer Bank kommt – vor allem für Deutsche – der Bedarf nach steueroptimierten Finanzlösungen. Neben der Breite der Angebotspalette sollte aber auch die Möglichkeit einer überdurchschnittlichen Wertentwicklung gegeben sein, einschließlich einer Risiko-Ertrags-Optimierung, wie sie kleinere, regional verankerte Finanzinstitute im Ausland nur selten erreichen können.
>
> **Fazit:** Als Vermögensanleger sollte man seinen Auslandsbanker schon sehr genau unter die Lupe nehmen.

5. Cross-Border-Banking für Vermögende

Immer mehr Vermögende nutzen die Chancen eines grenzenlosen Europas, indem sie ihre Vermögenswerte geografisch streuen: ein Ferienhaus auf den Balearen, die Vermögensverwaltung in Österreich – eventuell gepaart mit der Überlegung, den Erstwohnsitz in südliche Gefilde zu verlagern.

Komplexe Vermögen müssen permanent beobachtet werden und bedürfen einer zielorientierten Steuerung. Dabei steht der Vermögensinhaber vor großen Herausforderungen. Knappe Zeitbudgets und mangelndes Know-how erschweren die Erzielung optimaler Ergebnisse. Während folglich die steuerliche und rechtliche Expertise von erfahrenen Steuerberatern und Juristen erbracht wird, erfolgt die Verwaltung einzelner Vermögenswerte meist durch verschiedene Finanzdienstleister. Allerdings werden Ziele erfahrungsgemäß nicht effizient genug erreicht, wenn sich parallel mehrere Spezialisten um die Vermögenssteuerung kümmern. Zu allem Überfluss können sich einzelne, nicht abgestimmte Dispositionen in ihrer Wirkung neutralisieren, so dass am Ende nur die Kosten bleiben.

Für Kunden mit international diversifizierten Depots führt kein Weg vorbei an einem professionellen Cross-Border-Partner. Ein Bei-

Wie global müssen Vermögende handeln?

spiel: Sie sind „Spanien-Liebhaber", hegen seit Jahren den Wunsch, Ihren Lebensabend auf Mallorca zu verbringen und halten aus diesem Grund ein Konto bei einem hiesigen Institut. Ihr Bankpartner in Spanien gibt Ihnen das Gefühl, die richtige Entscheidung getroffen zu haben. So unterliegen Vermögensgewinne Nichtansässiger einem Steuerabzug von lediglich 15 Prozent – und steuerpflichtige „No Residentes" müssen nicht zwingend eine Steuererklärung für Einkünfte abgeben, die bereits an der Quelle besteuert wurden. Im Rahmen einer objektiven, ganzheitlichen Betrachtung fehlt noch der Blick aus Sicht des jeweiligen Heimatlandes – im konkreten Fall Deutschland. Neben der einkommensteuerlichen Betrachtung lohnt es hier, sich auch mit dem internationalen Erbrecht auseinander zu setzen.

Gemäß spanischem Erbschaftsteuergesetz sind natürliche Personen ohne gewöhnlichen Aufenthaltsort in Spanien beschränkt steuerpflichtig. Forderungen und damit Rechte gegenüber Personen oder Einheiten bilden Inlandsvermögen, wenn sie nach spanischem Privatrecht eingegangen und dort juristisch wirksam sind. Eine Anrechnung der im konkreten Fall zu entrichtenden spanischen Erbschaftsteuer ist in Deutschland aber nur möglich, wenn das spanische Vermögen unter dem Begriff des Inlandsvermögen gemäß § 121 Bewertungsgesetz fallen würde. Da dies nicht zutrifft, kann es zur Doppelbesteuerung kommen, die durch entsprechende Beratung im Vorfeld vermieden werden sollte.

Was Anleger von Auslandsbanken erwarten

2

1. Kundenansprüche steigen 30
2. Keine Konzessionen in der Qualität . 31
3. Beratungsprozess in fünf Schritten . 33

   Analyse der persönlichen und finanziellen Situation 33

   Bewertung bestehender und zu erwartender finanzieller Verpflichtungen 34

   Beurteilung der Risikofähigkeit und -bereitschaft 36

   Bestimmung der Anlagestrategie und Zusammensetzung des Portfolios 36

   Umsetzung und Überprüfung des Finanzkonzepts 37

4. Unzufrieden mit deutschen Großbanken 38

1. Kundenansprüche steigen

Immer besser informierte anspruchsvolle Kunden, die Sorge um die Sicherung ihres Vermögens, schwer einzuschätzende Bewegungen an den Finanzmärkten und eine beinahe unüberschaubare Vielfalt komplexer Produkte fordern Banken und Berater. Wie sich erste Adressen im Ausland dieser Herausforderung stellen, soll am Beispiel des Private Banking der Credit Suisse gezeigt werden.

Seit einiger Zeit tendieren die Finanzmärkte eher seitwärts und zeigen sich teilweise sehr volatil. Die meisten Marktteilnehmer beurteilen die Aussichten wenig optimistisch. Folglich suchen Privatanleger nach Sicherheit. Auf eine angemessene Zunahme ihrer Vermögenswerte wollen sie gleichwohl nicht verzichten.

Zwei im Grunde gegenläufige Wünsche, die die Finanzindustrie zu dem Spagat zwingen, mit eigenen Dienstleistungen und Produkten beides zu erfüllen.

Vermögen sichern und zugleich Renditen erwirtschaften

Entsprechend hoch sind die Ansprüche an den Berater, dessen Kunden dank Internet, Wirtschaftsmedien und Fachliteratur zunehmend besser informiert sind. An diesem Punkt ergibt sich ein scheinbarer Widerspruch.

Die Informationsfülle versetzt den Bankkunden eben nicht in die Lage, mit sicherem Gespür die richtige Anlageentscheidung zu treffen. Oft verunsichert sie ihn sogar, so dass der Bedarf nach sachlicher, qualitativ hochstehender Beratung wächst. Nur so kann die Sicherheit (wieder-)gewonnen werden, aus der beinahe unüberschaubaren Breite des Produktangebots das individuell richtige herauszufiltern.

> Eine strikt an den Bedürfnissen orientierte Beratung im Lebenszyklus hat zentrale Bedeutung.

Hinzu kommt in allen entwickelten Ländern die höhere Lebenserwartung der Bevölkerung. Vorsorgefragen überragen bereits jetzt alle anderen Fragen. Die staatliche Vorsorge stößt an ihre Grenzen, wenn immer mehr Rentnern immer weniger Beitragszahler gegenüberstehen. Sind staatliche und berufliche Vorsorge angeschlagen oder geraten sie auch nur in Verdacht, ihre Leistungen nicht mehr erbringen zu können, gewinnt die Selbstvorsorge und damit das private Sparen sprunghaft an Bedeutung. Die Steuergesetzgebung oder das Erbrecht sind weitere Bereiche mit teils komplizierten Bestimmungen, die den Bedarf nach substanzieller Unterstützung und Beratung noch erhöhen.

2. Keine Konzessionen in der Qualität

Umfragen belegen: Für die Kundenzufriedenheit ist die Qualität der Beratung zentral. Bankkunden erwarten, umfassend beraten zu werden. An den Berater selbst werden sehr hohe Anforderungen gestellt. Er soll fachlich versiert, kommunikativ und in jeder Hinsicht sozialkompetent sein. Von ihm wird erwartet, seine Kunden und ihr familiäres Umfeld zu kennen, mit den spezifischen Wünschen und Bedürfnissen vertraut zu sein und eine klare Vorstellung von ihren Zukunftsabsichten zu haben.

> Ein guter Berater zeichnet sich dadurch aus, über das Vermögen seines Kunden und die kurz-, mittel- oder langfristigen Ziele, die damit erreicht werden sollen, informiert zu sein, sowie die gegenwärtigen und zu erwartenden finanziellen Verpflichtungen zu kennen.

Was Anleger von Auslandsbanken erwarten

Um diese Aufgaben zu erfüllen, greift der Berater im Private Banking der Credit Suisse auf einen über Jahre gereiften Beratungsprozess zurück, dessen Ausgangspunkt die strukturierte Bedürfnisanalyse ist. Durch diese Gesamtsicht – nicht allein auf die Vermögenswerte, sondern auch auf die Verpflichtungen – entsteht ein Finanzkonzept, das es dem Kunden erleichtert, geplante Ausgaben und Investitionen frühzeitig in seiner Anlagelösung zu planen. Dabei werden Anlagen, die ausschließlich der Deckung von Verpflichtungen dienen, vom übrigen Vermögen getrennt und separat investiert.

Für den verbleibenden freien Teil des Vermögens wird das Risikoprofil des Kunden – also seine Risikobereitschaft und seine Risikofähigkeit – bestimmt. Dieses wird anhand einer Reihe von Kennzahlen methodisch erarbeitet, um ein möglichst objektives und für den Anleger nachvollziehbares Bild zu erhalten.

Neben der Risikobereitschaft und der Risikofähigkeit richtet sich die individuelle Anlagestrategie nach den Neigungen und Zielen des Kunden. Diese „Tailored Investment Strategy" (TIS) definiert die Aufteilung der Vermögenswerte auf Regionen, Branchen und Währungen. Die seitens des Investment Committee der Bank wöchentlich vorgenommene makroökonomische Beurteilung der Finanzmärkte setzt das Research der Bank dann in konkrete Titelempfehlungen um. Daraus leitet der Berater, in genauer Kenntnis der Erwartungen und Bedürfnisse seines Kunden, geeignete Empfehlungen ab.

Weiteres herausragendes Merkmal einer Beratung auf der Höhe der Zeit ist der Einsatz modernster Informationstechnologie, die sämtliche Standardauswertungen vornimmt und alle am Beratungsprozess beteiligten Personen – vom Berater bis zum Spezialisten – in den gleichen Kenntnisstand versetzt. So können sie gegenseitig vom Wissen und ihren Erfahrungen profitieren und sich auf das Wesentliche konzentrieren, die individuelle Beratung ihrer Kunden.

Beratungsprozess in fünf Schritten

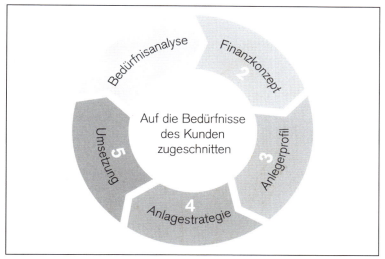

Sicherheit und Wohlstand in fünf Schritten
(Abdruck mit freundlicher Genehmigung der Credit Suisse)

3. Beratungsprozess in fünf Schritten

Analyse der persönlichen und finanziellen Situation und Bedürfnisse des Kunden

Voraussetzung für eine erfolgreiche Anlage ist die sorgfältige Abstimmung der Kundenbedürfnisse und -ziele auf die finanzielle Situation. Der Berater analysiert die Vermögenswerte und geht systematisch auf künftige Verpflichtungen ein. Grundfaktoren der finanziellen Situation sind:

- Anlagen
- Vermögensbildung
- Verpflichtungen
- Vermögensverzehr

Was Anleger von Auslandsbanken erwarten

- Steuern
- Vorsorge
- Erbrecht

Im Rahmen der Vermögensberatung für vermögende Privatkunden bietet die Credit Suisse eine umfassende Analyse der Vermögenssituation an. Je nach Bedarf zieht der Berater Spezialisten hinzu, unter ihnen Finanzplaner, Steuer- und Erbschaftsexperten.

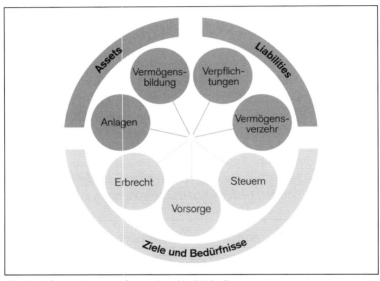

Die Bedürfnisanalyse – umfassend und individuell
(Abdruck mit freundlicher Genehmigung der Credit Suisse)

Private Bilanzanalyse: Bewertung bestehender und zu erwartender finanzieller Verpflichtungen

In der Bedürfnisanalyse wird zwischen gebundenen und freien Vermögensanteilen eines Kunden unterschieden:

Beratungsprozess in fünf Schritten

- Gebundene Anteile dienen der Abdeckung bestehender und absehbarer Verpflichtungen, sie werden in Anlageprodukte mit geringen Risiken investiert.

- Freie Anteile sichern den gewohnten Lebensstandard und dienen dazu, Wünsche zu erfüllen oder Pläne zu verwirklichen. Sie werden dem individuellen Risikoprofil und den persönlichen Vorstellungen entsprechend angelegt.

Zur Sicherung des Wohlstands ist eine gesamthafte Analyse der Vermögenswerte (assets) und Verbindlichkeiten (liabilities) unabdingbar. Bedürfnisanalyse und Finanzkonzept bilden das Kernstück des „Asset and Liability Management".

Kern des Finanzkonzepts ist die Bilanzierung der finanziellen Eckwerte des Kunden. Vergleichbar mit der Bilanz eines Unternehmens, werden Finanzanlagen aufgelistet und den Verpflichtungen gegenübergestellt. Um die Betrachtung für eine langfristig ausgerichtete Beratung zu nutzen, werden zusätzlich – wie bei der Cashflow-Rechnung einer Firma – Vermögenszuflüsse und -abflüsse miteinander verglichen. Je exakter die Bilanz ist, desto besser gelingt es dem Berater, bedürfnisgerechte Lösungen zu entwickeln.

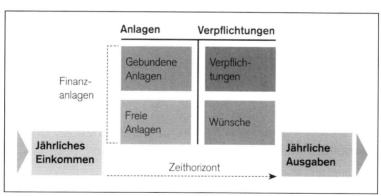

Die Bilanzanalyse
(Abdruck mit freundlicher Genehmigung der Credit Suisse)

Was Anleger von Auslandsbanken erwarten

Beurteilung der Risikofähigkeit und -bereitschaft des Kunden, um die geeigneten Anlagen zu ermitteln

Anleger wollen nur Risiken eingehen, die sie langfristig tragen können. Aufbauend auf Bedürfnisanalyse und Finanzkonzept, erstellt der Berater für jeden Kunden ein persönliches Anlegerprofil, das der Risikofähigkeit und Risikobereitschaft Rechnung trägt:

- Risikofähigkeit: bezeichnet die Fähigkeit, wirtschaftliche Risiken einzugehen und mögliche Verluste zu tragen. Maßstab dafür sind die Finanzkraft und die finanzielle Flexibilität, kurzfristige Wertschwankungen auszugleichen.

- Risikobereitschaft: beschreibt die persönliche Einstellung gegenüber Risiken und möglichen Verlusten.

Bestimmung der Anlagestrategie und Zusammensetzung des Portfolios für den Teil des Vermögens, der nicht zur Deckung von Verpflichtungen benötigt wird (freier Vermögensteil)

Die individuelle Anlagestrategie wird auf die Vermögensverhältnisse eines Kunden genau zugeschnitten. Bei der Umsetzung wird grundsätzlich zwischen drei Modellen unterschieden:

- Kunden, die Anlageentscheidungen selbst treffen und sich in erster Linie auf ihr Wissen und ihre eigenen Erfahrungen verlassen, wählen die traditionelle Vermögensberatung.

- Kunden, denen die Zeit und/oder das Wissen für die Verwaltung ihres Vermögens fehlt, erteilen der Bank ein Vermögensverwaltungsmandat.

- Kunden, die mit Börsengeschäften bestens vertraut sind und ihr Portfolio selbst verwalten, sichert das Investment Consulting Marktnähe und bietet innovative Anlagevorschläge sowie maßgeschneiderte Handlungsstrategien.

Umsetzung und regelmäßige Überprüfung des Finanzkonzepts

Bei der Überwachung und Überprüfung des Finanzkonzepts wird der Berater von einem weltweit vernetzten Team von Researchspezialisten unterstützt. Die Überprüfung des Anlageprozesses und der individuellen Anlagestrategie eines Kunden ist wichtig, weil sich die Märkte laufend ändern und sich die Vermögensverhältnisse und Ansprüche im Laufe der Jahre ebenfalls wandeln.

Die Kundenvorteile im Private Banking auf einen Blick:

- Der Kunde erhält eine umfassende und weitsichtige Beratung. Seine Vermögenssituation und seine Pläne werden in der Finanzanlage berücksichtigt. Er wird auf dem Weg zu der für ihn richtigen Anlageentscheidung begleitet.
- Der Kunde hat in seinem Berater einen einzigen Ansprechpartner und profitiert gleichzeitig vom Fachwissen und der Expertise eines global führenden Finanzdienstleisters.
- Der Kunde genießt die Vorteile innovativer Anlageprodukte.
- Durch modernste Kommunikationsmittel, die sich auf das Internet stützen, erhält der Kunde rund um die Uhr die Möglichkeit, weltweit auf eigene Kontendaten sowie eine Vielfalt von Finanzinformationen zurückzugreifen, Transaktionen auszulösen und mit der Bank über eine geschützte E-Mail-Verbindung zu korrespondieren (Secure Mail).
- Möglichkeiten zur Optimierung des Vermögens werden in jeder Lebensphase erkannt und ausgeschöpft.

Kleinere Banken im Ausland können diesen Service schon aus Kostengründen nicht bieten. Wer Vermögenswerte einer Auslandsbank anvertrauen will, muss die einzelnen Angebote der Banken genau prüfen und hinterfragen. Das vorhergehende Beispiel sollte Messlatte bei jeder neuen Verbindung zu einer Auslandsbank sein.

Was Anleger von Auslandsbanken erwarten

4. Unzufrieden mit deutschen Großbanken

Die deutschen Banken stellen ihre Privatkunden selten zufrieden. „Vor allem viele Großbanken setzen nicht an den richtigen Hebeln an, um die Kunden von sich zu überzeugen und an sich zu binden", kritisiert die Strategieberatung Bain & Company. Viele Großbanken haben Kundenabwanderungsquoten von rund 10 Prozent jährlich zu beklagen. Dafür sind die Banken häufig selbst verantwortlich. Sie schaffen es nicht, ihre Kunden durch guten Service zu überzeugen.

Wenn ein Kunde seine Bank wechselt, so liegt es nach der von Bain & Company durchgeführten Untersuchung in 23 Prozent der Fälle an enttäuschenden Konditionen und zu 30 Prozent an als unzureichend empfundenem Service. Entscheidend für den Kunden ist, wie sich die Bank in Notsituationen verhält – in Momenten, in denen die Bank am „längeren Hebel" sitzt. Hier tun sich Großbanken schwerer als kleinere Institute.

Vermögensverlagerung ins Ausland   3

1. Vermögensverwalter gibt es viele . 40
2. Nicht jeder Millionär ist reich 41
3. Suche nach Schutz der Privatsphäre 42
4. Vertrauen ist gut – Kontrolle ist besser 44
5. Vermögensverwalter im Interessenkonflikt 46
6. Anonym- und Nummernkonten . . . 47
7. Gesucht sind Diskretion und Sicherheit 48
8. Wo das Bankgeheimnis noch funktioniert 50
9. Status und Sicherungsgrenzen der Einlagensicherungssysteme im EWR 53
10. Im Visier der BaFin 54
11. Mit Bargeld über die Grenze 56
12. Mehrwert gesucht 58
13. Steuerliche Vorteile durch eine Kapitalanlage im Ausland 58

1. Vermögensverwalter gibt es viele

Seit 1996 haben sich die weltweit verwalteten Vermögen auf rund 50 Billionen USD mehr als verdoppelt. Unter den weltweit größten Vermögensverwaltern dominieren eindeutig US-amerikanische Finanzhäuser. Deutsche Asset Manager spielen – nach Erkenntnissen des US-Research-Unternehmens Watson Wyatt – nur die zweite Geige. Unter den zehn größten Vermögensverwaltern ist lediglich die Allianz-Gruppe vertreten.

Allerdings trügt der Schein, denn die drei Spitzenreiter UBS, Allianz-Gruppe und Barclays Global Investors haben das verwaltete Vermögen in den vergangenen Jahren durch Zukäufe ausgeweitet. Die deutsche Allianz beispielsweise durch den Erwerb der US-amerikanischen Pimco, dem weltweit größten Manager von Anleihen und anderen Zinsinvestments.

Der Anstieg der gemanagten Vermögenswerte vor allem in den letzten Jahren ist nicht allein auf die hohen Mittelzuflüsse von Investoren zurückzuführen. Da die Statistik der Watson-Wyatt-Analysten in USD geführt wird, profitierten die europäischen Vermögensverwalter vor allem 2004 und 2005 vom starken amerikanischen Dollar gegenüber wichtigen Weltwährungen wie dem Euro, dem Schweizer Franken und dem britischen Pfund. Legte beispielsweise bei der UBS und der Allianz-Gruppe im Jahr 2004 das verwaltete Vermögen in den Heimatwährungen Schweizer Franken und Euro gerade mal um ein bis zwei Prozent zu, so betrug der Anstieg auf Dollar-Basis in beiden Fällen rund 10 Prozent.

Diese so genannten „Windfall-Profits" fallen bei den US-amerikanischen Investmenthäusern in der Regel nicht an. Im Gegenteil, ein starker Dollar dämpfte eher die Wachstumsraten, sofern nicht erhebliche Teile der Vermögenswerte in Fremdwährungen wie Euro, Franken oder Pfund angelegt waren.

Nicht jeder Millionär ist reich

Die 10 größten Vermögensverwalter weltweit		
Unternehmen/Gruppe	Land	Vermögensanlagen in Milliarden EUR Ende 2005
UBS	Schweiz	1.862
Barclays Global Investors	Großbritannien	1.283
Allianz-Gruppe	Deutschland	1.266
State Street Global Advisors	USA	1.221
AXA-Gruppe	Frankreich	1.064
Fidelity Investments	USA	1.024
Capital Group	USA	988
Credit Suisse	Schweiz	954
Vanguard Group	USA	780
Legg Mason	USA	721

Quelle: Watson Wyatt

Weltweit verwaltetes Kapital	
jeweils am Jahresende in Milliarden USD	
1995	5.386
1999	11.416
2002	11.324
2005	19.000

2. Nicht jeder Millionär ist reich

Ab wann ist jemand vermögend oder gar reich? Und wie viel Geld muss jemand haben, damit er für eine Bank, die sich als Asset Manager versteht, interessant wird? Reich ist jemand, der ein Finanzvermögen von mindestens einer Million USD hat. Nach Untersuchungen des Beratungsunternehmens Capgemini gibt es weltweit derzeit knapp acht Millionen „arme Millionäre" mit einem Finanzvermögen zwischen ein und fünf Millionen USD. Darüber rangieren knapp 800 000 „mittelgroße Millionäre", die es auf fünf bis dreißig Millionen USD bringen. Und die „Ultra-Vermögenden" mit

Vermögensverlagerung ins Ausland

mindestens dreißig Millionen USD Finanzvermögen sind eine Gesellschaft mit knapp 80 000 Mitgliedern.

Vor allem in den als Schwellenländern bezeichneten Regionen ist die Zahl der Millionäre laut einer Studie des Merrill Lynch Welt-Wohlstandsreports 2005 dynamisch gewachsen. So betrug der Millionärsanstieg in Singapur 22,4 Prozent, in Südafrika 21,6 Prozent, in Hongkong 18,8 Prozent, in Indien 14,6 Prozent, in den Vereinigten Arabischen Emiraten (V.A.E.) 12,3 Prozent und in Südkorea 10,5 Prozent. Die westlichen Wohlstandsländer, etwa die Vereinigten Staaten (+ 9,9 Prozent) oder Großbritannien (+ 8,9 Prozent) hinken hinterher.

Asset Management – eine Verständnisfrage

Was die Finanzindustrie rund um den Globus unter den Begriffen „Vermögensverwaltung" oder „Asset Management" versteht, ist weniger elitär, als es sich anhört. Denn allein die Zahl der weltweit „armen" Millionäre, Reichen und Ultra-Reichen genügt nicht, dass die Finanzhäuser auf ihre Kosten kommen, geschweige denn steigende Gewinne einfahren und auf diese Weise die angestrebte Eigenkapital-Rendite von mehr als zwanzig Prozent erreichen. Geld verdienen die Banken mit dem Massengeschäft, dem so genannten Private Banking. Die dominierende Form der Vermögensverwaltung bei den Finanzdienstleistern.

Das Produktangebot im Private Banking ist vielfältig und fast unüberschaubar. Eine zunehmende Bedeutung haben dabei Investmentfonds und Zertifikate sowie derivative Produktformen. Weitgehend standardisiert in ihrer Bauweise werden sie den Kunden – vor allem mit Anlagevermögen bis zu 500 000 EUR – als individuell, flexibel und auf persönliche Bedürfnisse zugeschnitten angeboten.

---

3. Suche nach Schutz der Privatsphäre

Immer mehr vermögende Bundesbürger transferieren ihre Vermögenswerte auf der Suche nach dem Schutz ihrer Privatsphäre vor allem ins benachbarte Ausland. Dabei geht es den „Flüchtlingen"

Suche nach Schutz der Privatsphäre

heute vorrangig nicht darum, Vermögenswerte vor der deutschen Steuer in Sicherheit zu bringen. Sie suchen bei den Auslandsbanken vielmehr den Schutz der persönlichen Privatsphäre. Unabhängig davon ist es bei richtiger Nutzung einer Auslandsbank problemlos möglich, beim Einsatz legalen Geldes über den Weg ins Ausland in Deutschland Steuern zu sparen.

> Welcher Bank in welchem Land sollte man sein Vermögen zur Anlage und Verwaltung anvertrauen?
>
> **Erstens:** Man sollte als Kapitaleigner zu seinem im Ausland geparkten Vermögen immer einen kurzen Weg haben.
>
> **Zweitens:** Man sollte seinen Berater persönlich kennen – intensiv, nicht nur per Telefon.
>
> Sie sollten Ihren Vermögensverwalter jederzeit „im Griff" haben.

Zwar macht ein Konto/Depot bei einer Bank auf dem Affenfelsen Gibraltar beispielsweise Sinn, wenn man an der spanischen Costa del Sol eine Immobilie besitzt und sich dort häufig im Jahr aufhält; es macht Sinn auf den Channel Islands, wenn dort beispielsweise über die Niederlassung einer Schweizer Bank Vermögenswerte in einem Trust gehalten werden, oder auch auf den Bahamas, wenn man eine Florida-Immobilie sein Eigen nennt und von dort aus bei Anlageentscheidungen selbst vor Ort aktiv werden kann. Grundsätzlich aber sollte man als Privatanleger von Bankverbindungen jenseits der Nachbarländer, etwa in der Karibik, nicht nur wegen der damit verbundenen Kosten die Finger lassen. Das heißt aber nicht, dass man bestimmte Vorteile einer Vermögensanlage bei Banken in Finanzplätzen von Drittstaaten – beispielsweise Singapur – nicht nutzen sollte.

Diskretion und Anonymität haben nichts mit der Entfernung von der Heimat zu tun. Diesbezüglich ist man als Anleger und Vermögender bei den Banken in der unmittelbaren Nachbarschaft bestens aufgehoben.

Vermögensverlagerung ins Ausland

4. Vertrauen ist gut – Kontrolle ist besser

> **Checkliste: Vertrauen ist gut – Kontrolle ist besser**
>
> Fragen, prüfen, testen – nicht jede professionelle Beratung schützt automatisch vor Verlusten. Um den richtigen Asset Manager im Ausland zu finden, sollten Sie folgende Punkte beachten:
>
> **Grundsätzlich gilt:** Gehen Sie sorgfältig bei der Auswahl des Vermögensverwalters vor. Passt Ihr Vermögenshintergrund zur Philosophie des jeweiligen Hauses? Schließen Sie nicht mit dem Erstbesten ab, sprechen Sie mit mehreren.
>
> **Ziele vereinbaren:** Fragen Sie sich vor dem ersten Beratungsgespräch, was Sie wollen. Wie hoch darf das Risiko sein, wann benötigen Sie Ihr Kapital wieder? Erst wenn der Berater Ihre individuellen Bedürfnisse erfasst hat, kann er Ihnen einen passenden Vorschlag unterbreiten.
>
> **Berater auf die Probe stellen:** Drei Fragen, damit Sie wissen, ob der Berater weiß, wovon er spricht: Hat er im Anlagebereich persönlich schon Verluste hinnehmen müssen, welche Anlagen waren für ihn besonders lukrativ, in welche Werte hat er persönlich gerade investiert?
>
> **Strategische Planung einfordern:** Ihr Berater sollte schriftlich formulieren, welche Anlageziele er langfristig verfolgt, auch sollte er Ihre Wünsche schriftlich festhalten.
>
> **Risikoprofil schriftlich fixieren:** Nur dann können Sie später Schadensersatz wegen möglicher Falschberatung geltend machen.
>
> **Unabhängigkeit überprüfen:** Berater haben meist den Auftrag, Ihnen hauseigene Anlageprodukte zu verkaufen. Fragen Sie, mit welchen Drittanbietern das Institut Ihres Beraters kooperiert und ob er alle auf dem Markt erhältlichen Produkte anbieten kann.

Vertrauen ist gut – Kontrolle ist besser

Fortsetzung: Checkliste: Vertrauen ist gut – Kontrolle ist besser

Gebühren offen legen: Verlangt die Bank eine Pauschale, sollten alle Kosten offen gelegt werden. Falls Kauf- und Verkaufsgebühren berechnet werden, sollten Sie klären, wie häufig das Depot umgeschichtet werden soll.

Erfahrung testen: Fragen Sie, wie lange Ihr Berater schon die Gelder anderer Leute verwaltet. Fünf Jahre sollten es mindestens sein.

Erfolg überprüfen: Welche Rendite hat die Bank nachweislich in der Vergangenheit für ihre Kunden erzielt? Welche Strategien hat sie dabei eingesetzt? Welche Risiken ist sie eingegangen?

Eigenen Stellenwert einschätzen: Hat Ihr Berater Zeit für Sie? Wie viele Kunden betreut er? Ideal sind bis zu 50 Mandate. Arbeitet er für mehr als 100 Kunden, könnte er den Überblick verlieren.

Anlagetaktik erfragen: Klammert sich der Berater an einen Leitindex, wird er kaum besser sein als andere. Nur wer eigenständig agiert, kann den Markt schlagen.

Steuern: Verpflichten Sie Ihren Verwalter, stets auch Ihre steuerliche Situation mitzuberücksichtigen.

Gerichtsstand: Kommt ein ausländischer Vermögensverwalter zum Einsatz, gilt in der Regel das in seinem Sitzland geltende Recht. Kommt es zu juristischen Auseinandersetzungen, wird in der Praxis eine Durchsetzung von Ansprüchen schwierig.

Grundsätzlich gilt: Eine „Sorglos"-Verwaltung Ihres Vermögens gibt es nicht. Kümmern Sie sich selbst um Ihr Vermögen oder schalten Sie eine neutrale Überwachungsinstanz ein.

Wichtig: Kommt ein ausländischer Vermögensverwalter zum Einsatz, muss man wissen, dass meist das im Sitzland geltende Recht und ein am Sitz der Bank befindlicher Gerichtsstand vereinbart ist.

Vermögensverlagerung ins Ausland

Kommt es dann zu juristischen Komplikationen, wird in der Praxis eine Durchsetzung von Ansprüchen schwierig.

5. Vermögensverwalter im Interessenkonflikt

In den letzten Jahren wurde Unabhängigkeit in der Investmententscheidung zum Erfolgsfaktor im Private Banking hochstilisiert – ohne dass das Misstrauen von Anlegern merklich kleiner geworden wäre. Denn Unabhängigkeit setzt für sie voraus, dass der Vermögensverwalter von Vertriebs-, Bestands- und Umsatzprovisionen, die einen wesentlichen Erlösfaktor darstellen, unabhängig ist. Provisionseinnahmen stellen mitunter aber auch heute noch die wesentliche Ertragssäule von Banken und Vermögensverwaltern dar. Die starke Vertriebsorientierung mancher Häuser – auch im Ausland – hat dazu geführt, dass bei der Entwicklung neuer Produkte das vorangetrieben wird, was künftig die stärkste Nachfrage erfährt. Die aber ist bei den Anlageprodukten am größten, die gerade die beste Wertentwicklung zeigen.

Der zyklische Verlauf der Wertentwicklung von Anlageprodukten macht es jedoch wahrscheinlich, dass der Trend abflacht, nachdem die bisherige Preisentwicklung einen großen Nachfrageeffekt ausgelöst hat, was natürlich nicht im Anlegerinteresse ist. Der Interessenkonflikt liegt auf der Hand:

- Das Interesse des Finanzdienstleisters, den Provisionsertrag zu maximieren, verlangt die Konzentration des „Vermögensberaters" auf den Vertrieb.

- Die Beratung, die der Komplexität und Schnelllebigkeit der internationalen Kapitalmärkte sowie der persönlichen Ziele und Umstände des Anlegers entspricht, gerät zur Nebensache.

Auch für den besten Vermögensberater gibt es hausinterne Ertrags- und Absatzziele. Seine Honorierung erfolgt in der Regel über einen fixen Gehaltsanteil und eine erfolgsabhängige Komponente. Der Bonus oder die Tantieme wird bemessen vom Gesamterfolg des Finanzdienstleisters sowie des persönlich erzielten Ertragsergebnisses. Falls der festgelegte Ertrag nicht erwirtschaftet wird, hat das Auswirkung auf die Höhe der variablen Vergütung oder auf Dauer sogar auf die Stellung des Beraters im Haus. Fragen Sie also, nach welchen Kriterien der persönliche Erfolg Ihres Beraters innerhalb des Hauses bemessen wird.

Aus Anlegersicht liegt es nahe, die Beratungsleistung und den Erfolg einer Vermögensberatung als Honorierungsbasis intelligenter Dienstleistung heranzuziehen und nicht die Vertriebs- und Umsatzleistung. In den USA setzt sich bei der Vermögensberatung immer mehr der „Fee-Only"-Advisor durch, der sich über seine Berufsorganisation „National Association of Personal Financial Advisor" verpflichtet, keine Vermittlungs- und Umsatzprovisionen zu akzeptieren, Investmentempfehlungen in keiner Weise durch Zahlungen beeinflussen zu lassen, Interessenkonflikte zum Nachteil des Anlegers proaktiv offen zu legen und alle Abrechnungsmodalitäten transparent zu machen.

6. Anonym- und Nummernkonten

Spricht man von Auslandsbanken, verbindet man das in der Regel auch mit Anonym- und Nummernkonten. Doch bis auf Banken in einigen wenigen Exotenstaaten gehören Anonymkonten heute weltweit der Vergangenheit an: Jeder Konto-/Depotinhaber muss sich legitimieren und auch der wirtschaftlich Berechtigte wird bankseitig hinterfragt. Damit funktioniert der früher häufig praktizierte Umweg nicht mehr, die Konto-/Depoteröffnung über einen Treuhänder durchführen zu lassen. Auch dieser Personengruppe gegenüber besteht eine Identifikationspflicht, die der Treuhänder gegenüber der Bank offen legen muss.

Vermögensverlagerung ins Ausland

Ausnahme:
Wenn etwa ein Vermögensinhaber über eine Stiftung in Panama eine Aktiengesellschaft in der Schweiz hält, in der Vermögenswerte geparkt sind, kann von einer Bank, beispielsweise in Liechtenstein oder der Schweiz bei Kontoeröffnung nur der Inhaber der AG – nämlich die panamaische Stiftung – identifiziert werden. Den oder die tatsächlichen Inhaber dieser Panama-Stiftung wird sie nicht in Erfahrung bringen. Der tatsächliche Vermögensinhaber bleibt also anonym.

Was bleibt, sind Nummernkonten: Der Konto-/Depotinhaber muss sich zwar bei Eröffnung legitimieren, sein Name erscheint in der Regel jedoch nicht in der EDV und ist hausintern nur wenigen Mitarbeitern bekannt. Alle Geld- und Depottransaktionen erfolgen bei dieser Kontenart mittels eines vereinbarten Codes.

Um diesen Kontotyp Dritten gegenüber noch sicherer zu machen, hat die Raiffeisenbank in der österreichischen Zollexklave Jungholz das so genannte Goldfinger-Nummernkonto entwickelt, das weltweit einmalig und geschützt ist. Über dieses Konto/Depot verfügt der Inhaber durch ein von ihm gewähltes Losungswort. Zusätzlich quittiert er bestimmte Transaktionen mittels elektronischem Fingercheck und einer Pseudonymunterschrift. Das System ist absolut fälschungssicher und gewährt bestmöglichen Schutz vor Datenveruntreuung.

7. Gesucht sind Diskretion und Sicherheit

Die wichtigsten Aspekte bei einer Vermögensverlagerung ins Ausland sind – unabhängig von möglichen Steuervorteilen – in erster Linie Diskretion und Sicherheit.

Gesucht sind Diskretion und Sicherheit

Spricht man von Diskretion, meint man Bankgeheimnis. Das ist in Deutschland seit April 2005 abgeschafft. Das von der Bundesregierung zu diesem Termin umgesetzte „Gesetz zum Kampf gegen Geldwäsche und Terrorismus" erlaubt nicht nur der Finanzbehörde eine Zugriffsmöglichkeit auf alle über 500 Millionen Konten und Depots von Bundesbürgern. Auch die Bundesagentur für Arbeit, Sozialämter oder BAföG-Stellen können seitdem Konten- und Depotbestände – ohne richterliche Erlaubnis – flächendeckend abfragen. Selbst der früher geltende Anfangsverdacht auf Steuerbetrug ist für eine Datenabfrage nicht mehr erforderlich.

Gläserner Bankkunde

Zur Überwachung des Steuerzahlers knüpft der Fiskus ein immer dichteres Kontrollnetz. Finanzämter und andere Behörden haben seit April 2005 Zugriff auf sämtliche Kontenstammdaten. Mit der Ertragsaufstellung erfährt der Finanzbeamte sogar detailliert von Kontenbewegungen. Und seit Juli 2005 gibt es EU-weite Kontroll-

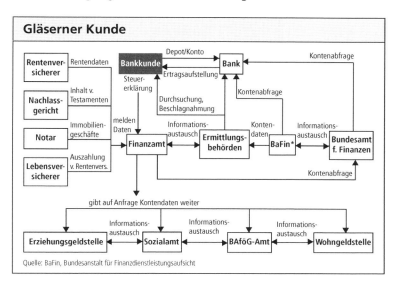

Vermögensverlagerung ins Ausland

mitteilungen über Zinserträge, ab 2006 kommt eine lebenslange Steueridentifikationsnummer hinzu.

Das Bankgeheimnis dient dem Schutz der Privatsphäre, es steht jedoch im natürlichen Konflikt mit dem legitimen Anspruch des Staates und der ehrlichen Steuerzahler auf eine möglichst gerechte und gleiche Besteuerung von Vermögen und Zinseinnahmen. Solange der Staat hier zu Lande nicht das Instrument der Abgeltungssteuer einführt, ist die Durchsetzung einer ordnungsgemäßen Besteuerung von Kapitaleinkünften nicht sichergestellt, da eine lückenlose Überprüfbarkeit seitens der Steuerbehörden nicht erfolgt. Mit der im Gesetz zur Förderung der Steuerehrlichkeit verankerten Möglichkeit zum Kontenabruf sind die Finanzbehörden nun in der Lage, die Angaben des Steuerpflichtigen im Einzelfall zielgerichtet überprüfen zu können.

8. Wo das Bankgeheimnis noch funktioniert

Checkliste: Wo das Bankgeheimnis noch funktioniert

Andorra: Das Fürstentum hat keine schriftliche Verfassung, das Bankgeheimnis beruht daher auf Gewohnheitsrecht.

Bahamas: Das Bankgeheimnis ist im „Banks and Trust Companies Act" von 1965 und in dessen „Amendement" von 1980 geregelt. Künftig sollen jedoch auf den Bahamas registrierte Gesellschaften ihre Bücher gegenüber den Finanzbehörden offen legen.

Cayman-Inseln: Strenges Bankgeheimnis, das dem schweizerischen Bankgesetz entspricht.

Gibraltar: Gewohnheitsrecht, Geldinstitute sind zu absoluter Diskretion verpflichtet.

Isle of Man: Der „Banking Act" von 1975 untersagt selbst der eigenen Regierung, Informationen über Bankkonten einzelner Kunden einzuholen. Gegenüber ausländischen Behörden gilt absolutes Stillschweigen.

Wo das Bankgeheimnis noch funktioniert

Fortsetzung: Checkliste: Wo das Bankgeheimnis noch funktioniert

Channel Islands Jersey und Guernsey: Das Bankgeheimnis ist auf Jersey zwar nicht gesetzlich geregelt, aber gewohnheitsrechtlich abgesichert. Auf Guernsey ist das Bankgeheimnis dagegen gesetzlich geschützt.

Liechtenstein: Banken und liechtensteinischen Behörden ist es strikt untersagt, Informationen über Bankkunden preiszugeben. Abgeschafft wurde jedoch das Bankgeheimnis für Mandanten von Treuhändern und Rechtsanwälten. Seit Ende 2000 müssen bei Treuhandkonten die wirtschaftlich Berechtigten gegenüber den Banken bekannt gegeben werden.

Luxemburg: Das Bankgeheimnis ist gesetzlich geschützt und gilt bei Ausländern auch gegenüber deren Steuerbehörden.

Monaco: Die monegassischen Gesetze stellen die Weitergabe vertraulicher Bankinformationen nach Artikel 308 Code Pénal unter Gefängnisstrafe. Das Bankgeheimnis kann jedoch bei all jenen Finanzinstituten, die eine Niederlassung in Frankreich unterhalten, von französischer Seite unterlaufen werden.

Österreich: Verfassung und Gesetze schützen das Bankgeheimnis. Es gilt jedoch nicht bei Straftaten und vorsätzlich begangener Steuerhinterziehung oder wenn es um die Meldepflicht bei der Erbschaft- oder Schenkungsteuer geht.

Schweiz: Das legendäre Schweizer Bankgeheimnis ist zivil- und strafrechtlich geschützt. Gefahr droht jedoch bei Abgabenbetrug. Dazu zählt nicht nur der Betrug mittels unrichtiger oder gefälschter Urkunden (Steuererklärung), sondern beispielsweise auch das Stellen überhöhter Rechnungen mit Kapitalrückfluss an den Rechnungssteller.

Vanuatu: Ein strafrechtlich geschütztes Bankgeheimnis besteht ausschließlich für Konten, die bei einer Exempted Bank geführt werden.

Zypern: Das Bankgeheimnis gilt nur für Konten, die bei der Central Bank of Cyprus geführt werden.

Wer sein Geld ausländischen Geldinstituten anvertraut, sollte wissen, dass es in einzelnen Ländern unterschiedliche Sicherungsgrenzen für Einlagen bei Banken gibt. Man sollte im Einzelfall genau überlegen, ob es wegen der Begrenzung der nationalen Einlagensi-

Vermögensverlagerung ins Ausland

cherung bei größeren Geldbeträgen nicht sinnvoll ist – unabhängig von der tatsächlichen Verfügungsgewalt –, weitere Konten auf den Namen des Ehepartners oder des/der Kinder zu eröffnen.

Spezialisierte Anwaltskanzleien

Sollte es im Verkehr mit ausländischen Banken oder Vermögensverwaltern zu rechtlichen Schwierigkeiten kommen, können Sie u.a. bei folgenden auf länderübergreifende Bankfragen spezialisierte Anwaltskanzleien nachfragen:

- **Liechtenstein**
  RAe Walch & Schurti
  Zollstrasse 9, FL-9490 Vaduz
  Tel.: 00423-2 37 20 00, Fax: 00423-2 37 21 00, www.walpart.li

- **Luxemburg**
  RAe Brockmann, Scheiner & Partner
  Berliner Allee 34-36, 40212 Düsseldorf
  Tel.: 0211-86 60 70, Fax: 0211-86 60 756, www.bsh-ralex.de

- **Österreich**
  RA Gerald Hausar
  Kärntner Ring 2, A-1010 Wien
  Tel.: 0043-1-5 05 28 06, Fax: 00423-1-50 52 80 06 17
  E-Mail: office@hausar.net

- **Schweiz**
  CMS von Erlach & Partner
  Dreikönigstrasse 7, CH-8022 Zürich
  Tel.: 0041-44-2 85 11 11, Fax: 0041-44-2 85 11 22, www.cmslegal.ch

9. Status und Sicherungsgrenzen der Einlagensicherungssysteme im EWR

Checkliste: Status und Sicherungsgrenzen der Einlagensicherungssysteme im Europäischen Wirtschaftsraum

Land	Status [1]	Entschädigungsbetrag [2]	
		EUR	Nationale Währung
Belgien	G (Ö/P) [3]	20 000	
Dänemark	P	40 000	300 000 DKK
Deutschland	P/Gl [4]	20 000 (90 %)	
Finnland	P	25 000	
Frankreich	P/Gl	60 000	
Griechenland	(Ö/P)	20 000	
Irland	Ö [3]	20 000 (90 %)	
Island	P	20 000	1 700 000 ISK
Italien	P	103 000	
Liechtenstein	P [5]	19 000	30 000 SFr
Luxemburg	P [3]	20 000	
Niederlande	P	20 000	
Norwegen	Ö/P	250 000	2 000 000 NOK
Österreich	P [6]	20 000	
Portugal	Ö/P	25 000	
Schweden	Ö	25 000	250 000 SEK
Spanien	G [3]	20 000	
Vereinigtes Königreich	Ö	22 000 (90 %) [7]	20 000 GBP (90 %)

Quelle: Europäische Kommission – 1) Status: gemischt: G; öffentlich: Ö; privat: P; gleich gestellt: Gl. – 2) Für Einzelregelungen zum Entschädigungsbetrag sowie zum Umfang der geschützten Gläubiger muss auf die jeweiligen nationalen Entschädigungseinrichtungen verwiesen werden. – 3) Entschädigung seit 01.01.2000 – 4) 90 Prozent der Einlagen, maximal 20 000 EUR; BVR und DSGV Institutssicherung; ergänzende Sicherung durch freiwillige Systeme insbesondere des BdB, VOB, der privaten Bausparkassen. – 5) Keine Angaben der Kommission in EUR. – 6) 90 Prozent der Einlagen von juristischen Personen gedeckt. – 7) 90 Prozent der Einlagen bis zu einem Höchstbetrag von 20 000 GBP.

Deutsche Bundesbank

Vermögensverlagerung ins Ausland

10. Im Visier der BaFin

Was Auslandsbanken in Deutschland (noch oder nicht) dürfen.

Ende 2003 hat die Bundesanstalt für Finanzdienstleistungsaufsicht (BaFin) die Erlaubnispflicht nach § 32 Abs. 1 KWG in Verbindung mit § 1 Abs. 1 u. Abs. 1a KWG von grenzüberschreitend betriebenen Bankgeschäften und/oder grenzüberschreitend erbrachten Finanzdienstleistungen festgeschrieben:

Betreiben von Bankgeschäften und/oder Erbringung von Finanzdienstleistungen im Inland

Wer im Inland gewerbsmäßig oder in einem Umfang, der einen in kaufmännischer Weise eingerichteten Geschäftsbetrieb erfordert, Bankgeschäfte betreiben oder Finanzdienstleistungen erbringen will, bedarf einer KWG-Erlaubnis. Die Erlaubnispflicht liegt bereits vor, wenn der Erbringer der Dienstleistung seinen Sitz oder gewöhnlichen Aufenthalt zwar im Ausland hat, sich aber im Inland zielgerichtet an den Markt wendet, um gegenüber inländischen Unternehmen und/oder Personen wiederholt und geschäftsmäßig solche Bankgeschäfte bzw. Finanzdienstleistungen anzubieten.

Anbieter aus Nicht-EWR-Staaten

Anbieter aus Nicht-EWR-Staaten, die Bankgeschäfte bzw. Finanzdienstleistungen in Deutschland zielgerichtet vertreiben wollen, müssen deshalb zur Erlangung der hierzu erforderlichen Erlaubnis ein Tochterunternehmen oder eine Zweigstelle in Deutschland gründen.

Anbieter aus EWR-Staaten

Für Unternehmen aus den EWR-Staaten besteht neben der Möglichkeit der Errichtung einer Zweigniederlassung unter den europäischen Passvorschriften auch die Möglichkeit des Betreibens erlaubnispflichtiger Geschäfte im Wege des grenzüberschreitenden Dienstleistungsverkehrs ohne entsprechende inländische Präsenz.

Passive Dienstleistungsfreiheit

Sofern nur bereits bestehende Kundenbeziehungen weitergeführt werden oder die Initiative zum Abschluss der Verträge über Bankgeschäfte und/oder Finanzdienstleistungen ausschließlich vom Kunden ausgeht, wie dies insbesondere bei institutionellen Anlegern regelmäßig der Fall ist, fällt dies grundsätzlich unter die passive Dienstleistungsfreiheit und führt nicht zu einer Erlaubnispflicht.

Relevante Fallkonstellationen für eine Erlaubnispflicht

Die Maßstäbe für ein zielgerichtetes Wenden an den Markt erläutert die BaFin exemplarisch anhand der Bankgeschäfte in Form des Kreditgeschäfts und des Underwriting sowie der Finanzdienstleistungen in Form des Drittstaateneinlagengeschäfts und des Finanztransfergeschäfts. Zudem präzisiert die BaFin Fälle erlaubnispflichtiger Vertriebsaktivitäten:

- **Kundenbesuche von (freien) Mitarbeitern eines ausländischen Instituts**

    Sofern ein ausländisches Institut durch zielgerichtete Besuche potenzieller Kunden neue Kunden in Deutschland für die von dem ausländischen Institut angebotenen Bankgeschäfte und/oder Finanzdienstleistungen gewinnt, geht die BaFin von einer Erlaubnispflicht des ausländischen Unternehmens aus, sofern keine passive Dienstleistungsfreiheit vorliegt.

- **Vermittlung durch inländische Institute/(freie) Mitarbeiter**

    Sofern ein ausländisches Institut neue Kunden in Deutschland durch Nutzung inländischer Institute/(freier) Mitarbeiter gewinnt, geht die BaFin

Im Visier der BaFin

ebenfalls von einer Erlaubnispflicht des ausländischen Unternehmens für die dem Kunden angebotenen Bankgeschäfte und/oder Finanzdienstleistungen aus.

Nach der BaFin soll dies selbst dann gelten, wenn das im Inland tätige Institut oder der im Inland tätige (freie) Mitarbeiter selbst über eine Erlaubnis für die vermittelnde Tätigkeit verfügt. Der Erlaubnispflicht unterliegt dabei bereits das Nutzen einer solchen Vertriebsorganisation bzw. das Eingehen entsprechender Vertragsbeziehungen (z. B. durch Kooperationsvereinbarungen oder Provisionszahlungen).

Post/Telefax/E-Mail

Sofern potenzielle in Deutschland ansässige Kunden direkt über den Postweg oder mittels Telefax/E-Mail durch ein ausländisches Institut angesprochen werden, um ihnen Bankgeschäfte und/oder Finanzdienstleistungen anzubieten, geht die BaFin von einer Erlaubnispflicht des ausländischen Unternehmens aus, falls dies nicht im Rahmen einer bestehenden Geschäftsbeziehung oder auf Initiative des Kunden erfolgt.

Internetangebote

Sofern sich ein ausländisches Unternehmen durch spezielle Angaben bzw. aktive Werbemaßnahmen im Internet zielgerichtet an den deutschen Markt wendet, um seine Bankgeschäfte und/oder Finanzdienstleistungen anzubieten, geht die BaFin ebenfalls von einer Erlaubnispflicht des ausländischen Unternehmens aus.

Maßgeblich ist dabei der Inhalt der Website im Rahmen einer Gesamtbetrachtung und nicht die Ausrichtung einer Website anhand der technischen Verbreitung im Internet. Hierbei gelten die bereits entwickelten Kriterien für den Vertrieb von ausländischen Investmentanteilen im Internet bzw. für Angebote von Wertpapieren über das Internet (wie Disclaimer, Sprache, Produktbeschreibung, Finanz- oder sonstige länderspezifische Kundeninformationen und rechtliche Rahmenbedingungen, Preisangaben und Zahlungsmodalitäten sowie die Nennung deutscher Ansprechpartner). Die Tatsache des tatsächlichen Absatzes der angebotenen Bankgeschäfte und/oder Finanzdienstleistungen gegenüber den in Deutschland ansässigen Kunden spricht jedoch für ein zielgerichtetes Anbieten auf dem deutschen Markt.

- Werbung

Maßgeblich für die Frage, ob bestimmte Werbemaßnahmen einer Erlaubnispflicht unterliegen, ist - unabhängig von der Art und Form der Verbreitung - die inhaltliche Ausgestaltung. Anzeigen, die Aussagen über die jeweilige Dienstleistung enthalten, um potenziellen Kunden konkrete Bankgeschäfte und/oder Finanzdienstleistungen anzubieten, unterliegen der Erlaubnispflicht. Anderes gilt höchstens bei Anzeigen, die lediglich allgemein werbenden Charakter haben, wie allgemein gehaltenen Bewerbungen des ausländischen Instituts (Sympathie-Werbung).

Da die Abgrenzung im Einzelfall nicht immer eindeutig zu vollziehen ist, stellt die BaFin bei der Beurteilung eine Gesamtbetrachtung an, ob noch davon ausgegangen werden kann, dass die Kunden aus eigener Initiative, d. h. im Rahmen der passiven Dienstleistungsfreiheit, an das ausländische Institut herangetreten sind.

Freistellungsmöglichkeiten

Ausländische Institute haben die Möglichkeit, für begrenzte Geschäftsbereiche eine Freistellung von der Erlaubnispflicht zu beantragen. Diese erfolgt aufgrund einer Einzelfallprüfung der BaFin und setzt unter anderem voraus, dass das ausländische Unternehmen wegen der Art der von ihm betriebenen Geschäfte insoweit nicht der Aufsicht der BaFin bedarf und einer effektiven Herkunftsstaatsaufsicht unterliegt, die mit der BaFin zusammenarbeitet. Hierfür hat das Unternehmen entsprechende Bescheinigungen der Heimataufsichtsbehörde vorzulegen.

Vermögensverlagerung ins Ausland

11. Mit Bargeld über die Grenze

Wer Bargeld oder Vermögenswerte über die Grenze schafft, sollte wissen, was ihn dort erwartet:

Checkliste: Bargeld-Knigge für den Grenzübertritt

Wer beim Grenzübertritt größere Euro-Mengen bar mit sich führt, muss innerhalb einer 30-Kilometer-Grenzzone mit Fragen von Beamten des Zoll- und Bundesgrenzschutzes rechnen: Auch auf Flughäfen und Bahnhöfen kann jeder kontrolliert werden.

„Führen Sie mehr als 15 000 EUR mit?" – Beantworten Sie diese Frage mit ja, müssen Sie auch die Höhe des Betrages, dessen Herkunft und den Verwendungszweck benennen und sich legitimieren.

Auf den Gesamtbetrag kommt es an: Dazu zählen neben Bargeld auch Schecks, Wertpapiere, Edelmetalle und -steine sowie alles, was sich ansonsten zur Geldanlage eignet.

Vorsicht: Daten-Speicherung! Klingt Ihre Erklärung zur Quelle des mitgeführten Geldes und zu dessen Verwendungszweck nicht plausibel, müssen die Beamten bei Verdacht auf Steuerhinterziehung eine Kontrollmitteilung an Ihr zuständiges Finanzamt ausstellen.

Womit Sie rechnen müssen: Bei Verdacht dürfen die Beamten Sie auch körperlich durchsuchen.

Wenn Sie erwischt werden: Entdecken die Beamten bei der Durchsuchung, dass Sie Beträge über 15 000 EUR verschwiegen oder nicht korrekt angegeben haben, dürfen diese das gesamte mitgeführte Geld sofort beschlagnahmen, um dessen Herkunft zu klären.

Wann eine Geldbuße droht: Wenn Ihnen nachgewiesen werden kann, dass Sie das Geld vorsätzlich verschwiegen haben, wird bis zur Hälfte des gefundenen Betrages einbehalten. Bis zu einem Viertel, wenn Sie nur fahrlässig gehandelt haben.

Wann der Staat zuschlägt: Sollten Sie das Geld auf schwer zu entdeckende Weise verborgen haben oder einen Gegenstand mit sich führen, der sich auch als Waffe benutzen lässt, kann der gesamte Betrag als Geldbuße kassiert werden.

Mit Bargeld über die Grenze

Fortsetzung: Checkliste: Bargeld-Knigge für den Grenzübertritt

Wer nicht fragt …: Wenn Sie mit mehr als 15 000 EUR eine deutsche Grenze überqueren und von den Beamten nicht nach dem Mitführen von Geld befragt werden, brauchen Sie das von sich aus auch nicht anzugeben. Wichtig: Bei der Einreise nach Frankreich und in die USA müssen Vermögenswerte ab 10 000 EUR auch ohne Befragung deklariert werden.

Vorbeugen macht sich bezahlt: Wer mit (schwarzem) Bargeld ins Ausland fährt, sollte an der Grenze dafür immer eine gute Erklärung parat haben. Reisedokumente, Hotelbuchungen, Flugreservierungen (noch nicht bezahlt!) sollten griffbereit sein. Auch Prospekte oder Kataloge ausländischer Kunst-Auktionshäuser bieten sich an, denn der Kunstmarkt ist nun mal ein Bargeschäft.

Geldwäsche

Andere Länder, andere Sitten. Spanien ist innerhalb der EU das Land mit dem größten Bargeldumlauf in 500-EUR-Noten. Jeder weiß, wofür die Geldscheine gebraucht werden: für den Handwechsel etwa von Ferienhäusern, die meist zum Teil bar bezahlt werden. Natürlich wissen das auch die spanischen Behörden. Ohne eine „flexible Finanzierungspraxis" – sagen sie – könnte der spanische Ferienhausmarkt kaum leben. Über die Grenze zwischen Italien und der Schweiz im Tessin fahren jeden Abend Hunderte von Autos mit dem Ziel Spielbank Campione. Der winzigen italienischen Enklave um das Schweizer Hoheitsgebiet am Luganer See. Dabei werden beträchtliche Summen an EUR-Bargeld hin- und her gefahren. Wenn es in diesem Grenzraum Bargeldkontrollen „nach deutscher Art" geben würde, müsste wohl auch die Spielbank ihre Pforten schließen. Zum Kampf gegen Geldwäsche ist ganz Europa verpflichtet, doch Deutschland ist der „Musterknabe".

Vermögensverlagerung ins Ausland

12. Mehrwert gesucht

Bundesbürger verlagern Vermögenswerte nicht nur aus Steuergründen ins Ausland. Sie erwarten von einer Bankbeziehung im Ausland auch einen konkreten Mehrwert. Für sie ist eine renommierte Adresse leicht daran erkennbar, dass sie ohne Hast, dafür aber umso systematischer und ihren individuellen Bedürfnissen entsprechend beraten werden. Standardisierte Fragebögen und Kundenraster sind dort im Privatkundengeschäft ebenso verpönt wie ein aggressiver Produktverkauf. Bei guten Adressen wird größter Wert auf eine kontinuierliche Weiterentwicklung der Vermögensverwaltung mit Hilfe moderner Computersysteme und Plattformen gelegt.

13. Steuerliche Vorteile durch eine Kapitalanlage im Ausland

Checkliste: Steuerliche Vorteile durch eine Kapitalanlage im Ausland

- Steuerstundungseffekt, dadurch Liquiditätsvorteil und Ausnutzung des Zinseszinseffekts
- Keine Planung und Berechnung der Ausnutzung des Freistellungsbetrages erforderlich, um ZaSt-Abzug zu vermeiden
- Keine automatische Meldung der ZaSt-Ausnutzung an das Bundesamt für Finanzen
- Keine Berücksichtigung der unterschiedlichen Bemessungsgrundlagen für ESt und ZaSt
- Vermeidung des sofortigen ZaSt-Abzuges
- Keine aufwändige Planung der Zinserträge und Stückzinsen zur Ausnutzung des Stückzinstopfes
- Selbstbestimmung des Starttermins des Besteuerungsverfahrens durch Abgabe der Steuererklärung im Folgejahr
- Keine EU-Quellensteuer

Bankgeheimnis ade!

4

1. Schöne neue Welt:
   Der gläserne Bankkunde 60
2. Der komplizierte Blick aufs Konto . . 61
3. Faktische und rechtliche Folgen der
   Offenlegungspflicht 62
4. Noch ein Schlupfloch weniger 62
5. Der Fiskus erfährt immer mehr 64
6. Das Netz gegen Geldwäsche
   wird dichter 65
7. Das Bankgeheimnis wird
   international an Gewicht einbüßen . 66
8. Lebensversicherungen unter der
   Fahnder-Lupe 67

1. Schöne neue Welt: Der gläserne Bankkunde

Seit April 2005 steht den deutschen Finanzbehörden zur Aufspürung nicht versteuerter Gelder in Deutschland ein automatisiertes Verfahren zum Abruf von Kundeninformationen zur Verfügung. Abrufbar sind Name und Geburtsdatum des Kontoinhabers und gegebenenfalls eines Verfügungsberechtigten, Name und Anschrift eines abweichend wirtschaftlich Berechtigten, Kontonummer sowie Tag der Errichtung und der Auflösung des Kontos bzw. Depots. Diese Möglichkeiten zur Kontenüberwachung haben das Bankgeheimnis in Deutschland faktisch abgeschafft.

Der automatisierte Kontenabruf stellt für die deutschen Finanzbehörden zwar kein Instrument zur breitflächigen Kontenrasterung dar, und sie können auf diesem Weg auch keine Informationen über Kontostände und Kontoumsätze erlangen. Die Wohnsitzfinanzämter können jedoch feststellen, bei welchem der rund 2 400 Kreditinstitute in Deutschland ein Geldanleger in- oder ausländischer Herkunft eines von rund 497 Millionen Konten oder Depots unterhält oder – davon abweichend – wirtschaftlich berechtigt ist. Der in der deutschen Abgabenordnung (AO) enthaltene Paragraph 30a („Schutz deutscher Bankkunden") ist zwar erhalten geblieben, er wird aber mit dem Kontenabruf dergestalt umschifft, dass den deutschen Finanzbehörden seitdem alle relevanten Kontendaten offen stehen.

Das Gesetz sieht weitere flankierende Maßnahmen vor:

- Jegliche Änderung in den Kontostammdaten ist seitens der Banken dokumentationspflichtig, damit wird eine lückenlose chronologische Kontrolle möglich.

- Bis drei Jahre nach Löschung müssen alle Daten für den Fiskus und andere Sozialbehörden zugänglich sein.

- Der Kontenabruf erfolgt anonym. Weder Kunde noch Bank werden vom Kontenabruf in Kenntnis gesetzt. Lediglich im Rahmen der steuerlichen Veranlagung erfährt der Kontoinhaber, ob ein unbemerkter Zugriff auf seine Daten erfolgt ist.

Die Kosten des Abrufs trägt natürlich der Steuerpflichtige.

2. Der komplizierte Blick aufs Konto

Das Bundesfinanzministerium (BMF) strebt an, dass die Beamten in Finanzämtern und anderen Behörden, wie etwa den Sozialämtern, eines Tages vollautomatisch per Knopfdruck auf die von den Banken extra eingerichteten Datensätze zugreifen zu können.

Derzeit ist man davon jedoch noch weit entfernt. Der Grund dafür sind technische Probleme. Deshalb müssen die Behörden heute noch so vorgehen: Zweifelt der Sachbearbeiter an den Angaben des Bürgers, soll er ihn grundsätzlich dazu befragen. Hält der Beamte anschließend die Abfrage immer noch für nötig, füllt er ein Formular aus, das der Amtsleiter unterschreiben muss. Dieses Formular wird per Post an das Bundeszentralamt für Steuern geschickt, eine Behörde, die dem BMF unterstellt ist. Dort wendet sich ein Mitarbeiter an die Bundesanstalt für Finanzdienstleistungsaufsicht (BaFin), um deren Server zu nutzen. Die BaFin kann bereits seit drei Jahren auf die Datensätze bei den Banken zugreifen. Der Datenpool wurde im Zuge der Anschläge des 11. September 2001 eingerichtet, um organisierte Geldwäsche und die Finanzsysteme von Terror-Organisationen zu bekämpfen. Andere Behörden, wie das Sozialamt, müssen sich für eine Kontenabfrage (noch) an eine Finanzbehörde wenden.

Bankgeheimnis ade!

3. Faktische und rechtliche Folgen der Offenlegungspflicht

Faktische und rechtliche Folgen der Offenlegungsfrist

- Eine Verknüpfung von Kontodaten ist für den Fiskus zur effizienten steuerlichen Veranlagung jederzeit möglich.
- Sämtliche Vermögensverhältnisse lassen sich so feststellen.
- Treuhandkonten von Rechtsanwälten, Notaren etc. sind nicht mehr geschützt. Damit greift der Fiskus auch in das grundlegende Vertrauensverhältnis zwischen Klient und rechtsberatenden Berufen ein.
- Es gibt kein Widerspruchsrecht für den Bankkunden vor einem geplanten Kontenzugriff, nicht einmal ein Anhörungsrecht wird ihm zugebilligt.
- Einschränkung des Grundrechts auf informationelle Selbstbestimmung.
- Kein Rechtsmittel gegen rechtswidrige Datenabrufe. Erst im Nachhinein, indem der Steuerpflichtige Einspruch gegen seinen Steuerbescheid einlegt, kann er sich gegen den Zugriff wehren. Dann ist es aber zu spät.
- Es gibt (noch) keine neutrale Kontrolle durch Datenschutzbeauftragte.

4. Noch ein Schlupfloch weniger

Als Ende März 2005 die Steueramnestie auslief und das Kontenabrufverfahren in Deutschland Realität wurde, hatten die Bundesbürger nach Schätzungen von Experten noch rechtzeitig etwa 350 Milliarden EUR ins Ausland transferiert. Gut 90 Milliarden EUR sollen allein in Österreich liegen. Der „Trend zur Kapitalflucht" ging sogar so weit, dass deutsche Kreditinstitute in Österreich Zweigniederlassungen gründeten. Doch seit Februar 2006 ist ein Gesetz in Kraft getreten, dass die errichteten Schutzwälle zwischen Deutschland

Noch ein Schlupfloch weniger

und anderen EU-Mitgliedstaaten durchbricht. Kontenabfragen sind seitdem europaweit möglich. Es handelt sich dabei um die Umsetzung eines bereits aus dem Oktober 2001 stammenden Protokolls des Europäischen Rates, betreffend die Rechtshilfe in Strafsachen zwischen Mitgliedstaaten der Europäischen Union. Es soll den nationalen Strafverfolgungsbehörden ermöglichen, auch im Ausland befindliche Gelder zu finden und Zahlungsflüsse nachzuvollziehen.

Voraussetzung ist, dass gegen eine Person ein strafrechtliches Ermittlungsverfahren wegen eines Deliktes geführt wird, das auch im Ausland mit einer bestimmten Strafe bedroht wird. Dazu gehört u.a. auch die einfache Steuerhinterziehung. Umgesetzt haben das Protokoll neben Deutschland, Österreich und Belgien bisher noch zwölf Länder. Doch auch die restlichen EU-Mitgliedstaaten sind zur Umsetzung verpflichtet. Nationale Vorbehalte wie bei der EU-Zinssteuer sind ausgeschlossen, so dass z.B. auch Luxemburg das Protokoll umsetzen muss.

Die neue Regelung ermöglicht es den Strafverfolgungsbehörden, nach Einleitung eines Ermittlungsverfahrens umfassend Einsicht in Auslandskonten zu nehmen. Dabei geraten nicht nur eigene Konten ins Visier der Fahnder, sondern auch solche, für die der Betroffene nur eine Verfügungsbefugnis besitzt oder die er treuhänderisch durch einen Dritten halten lässt.

Sind die Auslandskonten erst einmal entdeckt, können auch die auf diesen Konten getätigten Bankgeschäfte abgefragt werden. Die Finanzbehörden erhalten dadurch Auskünfte über sämtliche Kontobewegungen. Dies umfasst u.a. auch die Angaben zu den Empfängern im In- und Ausland. Wer also sein Geld beispielsweise von Österreich nach Luxemburg oder nach Osteuropa transferiert hat, muss damit rechnen, dass dem Fiskus auch diese Auslandskonten bekannt werden können.

Von all diesen Ermittlungsmaßnahmen erfährt der Betroffene nichts. Denn anders als im Rahmen des innerdeutschen Kontenabrufs muss der Steuerpflichtige nicht vorher gefragt werden, ob

Bankgeheimnis ade!

er Auskünfte freiwillig erteilt. Da gegen ihn bereits ein Steuerstrafverfahren eingeleitet worden ist, haben die Steuerfahndungsstellen das Recht, das gesamte Verfahren vor dem Steuerpflichtigen geheim zu halten. Hinweise auf Bankkonten im Ausland können die Steuerfahnder dabei auf unterschiedlichen Wegen erhalten: lange Aufenthalte im europäischen Ausland, Auslandsimmobilien, Kontrollmitteilungen von Zollbehörden an die Finanzverwaltung im Rahmen der Devisenverkehrsüberwachung im Grenzgebiet etc.

Sind die Konten erst einmal dem Fiskus bekannt, ist auch die Möglichkeit beendet, sich noch durch Selbstanzeige wenigstens strafrechtlich vor Sanktionen zu schützen. Schnelle und ausgewogene Beratung ist daher wichtig. Im Übrigen sollten sich Steuerpflichtige nicht darauf verlassen, dass das in einigen Ländern – z.B. in Luxemburg und in Österreich – bestehende Bankgeheimnis sie vor einer Informationsfreigabe bewahrt. Genau diesen Schutzmechanismus hebelt das Protokoll ausdrücklich aus.

Fazit: Haben erst einmal sämtliche EU-Mitgliedstaaten das Protokoll in innerstaatliches Recht umgesetzt, dürfte die Zeit der sicheren Geld-Häfen in Europa – mit Ausnahme Liechtensteins und der Schweiz – wohl endgültig vorbei sein.

5. Der Fiskus erfährt immer mehr

Die Möglichkeiten zur Informationsbeschaffung, sowohl im Steuer- wie im Strafverfahren, haben für den Fiskus erheblich zugenommen. Seit Ende der Steueramnestie sind zusätzliche Überprüfungsbefugnisse in der Abgabenordnung und dem Finanzverwaltungsgesetz geschaffen worden, etwa die Umsatzsteuernachschau. Hinzu kommt ein gesteigertes Ahndungsrisiko durch neue Tatbestände für Straftaten und Ordnungswidrigkeiten, die vom Steuerverkürzungsbekämpfungsgesetz auch ins Umsatzsteuergesetz eingefügt wurden. Was man als Steuersünder nicht vergessen sollte:

Selbst wenn der Fiskus jemandem heute noch nicht „auf die Schliche" gekommen ist, verjährt eine Tat erst nach 13 Jahren.

Auch wurde in der Finanzverwaltung bundesweit kräftig aufgerüstet – mittlerweile sind 3 000 Fahndungsprüfer im Einsatz. Bei deren technischer Ausstattung hat es in den letzten Jahren einen Quantensprung gegeben. In der Finanzverwaltung sind Vorfeldermittlungen verstärkt und ein frühzeitiger Informationsaustausch eingeführt worden, ebenso ein elektronischer Zugriff bei Betriebsprüfungen mit mathematischen Plausibilitätskontrollen und eine enge Zusammenarbeit mit Ermittlern gegen Schwarzarbeit, Korruption, Geldwäscherei sowie mit den Rentenversicherern und Zollämtern. 2007 wird außerdem jeder Steuerpflichtige eine lebenslang gültige Identifikationsnummer erhalten.

Zugriff hat der Fiskus auch auf Datenbanken, selbst beim Kraftfahrtbundesamt, den Meldebehörden, der Deutschen Post und dem Telekom-Regulierer. Das Bundesamt für Finanzen hat ferner eine eigene lernfähige Suchmaschine namens „Xpider" entwickelt, die im Internet Gewerbetreibende aufspürt. Und selbst aus den Speichern von Fotokopiergeräten können die IT-Fahnder der Finanzverwaltung scheinbar gelöschte Informationen beschaffen.

George Orwells Roman „1984" ist in Deutschland von der Wirklichkeit längst überholt worden.

6. Das Netz gegen Geldwäsche wird dichter

In Geldwäschedelikte verstrickte Personen und Firmen werden es künftig schwerer haben, das Geld in den regulären Wirtschaftskreislauf zu überführen. Experten schätzen, dass allein in Deutschland bislang Jahr für Jahr Gelder mit einem Volumen von 100 Milliarden EUR „gewaschen" werden. Nach Inkrafttreten der EU-Richtlinie gegen Geldwäsche, Korruption und Terrorismusfinanzierung Ende

Bankgeheimnis ade!

2005 sind Banken, Sparkassen, Kapitalanlagegesellschaften und Versicherungen dazu angehalten, noch intensiver als bisher sowohl die Transaktionen als auch den Kundenstamm auf Verdachtsmomente zu überprüfen. Aber auch Anwälte und Wirtschaftsprüfer sollen bei der Bekämpfung der Geldwäsche helfen und bei Verdacht auf Geldwäsche sofort das Bundeskriminalamt informieren.

Jede Bank legt Kriterien fest, nach denen sie Ihre Geldströme EDV-gestützt durchforstet. Überweisungen von und nach Staaten auf der Schwarzen Liste der OECD werden in jedem Fall genau geprüft. Nachfragen stellen Banken auch an Kunden, wenn deren Geldtransfers den üblichen Rahmen sprengen. „Know your customer – kenne deinen Kunden" lautet die Handlungsmaxime der Banken. Nach der jüngsten Reform (dritte EU-Directive) zur Verbesserung der Geldwäschebekämpfung sind die Kunden noch gläserner geworden.

Auf der Suche nach den Geldquellen von Terroristen wird seit 2001 der internationale Überweisungsverkehr systematisch kontrolliert. Täglich werden von Swift (Society for Worldwide Interbank Financial Telecommunication), einer der ergiebigsten Datenbanken weltweit mit Sitz in Brüssel, über 12 Millionen Finanztransfers an amerikanische Ermittler weitergeleitet. Sie koordiniert Finanztransaktionen zwischen 7 800 Institutionen in mehr als 200 Staaten.

7. Das Bankgeheimnis wird international an Gewicht einbüßen

Der technologische Fortschritt und der politische Wille machen die Steuer- und Justizbehörden immer erfolgreicher beim Verfolgen undeklarierter Vermögen. So wird derzeit beispielsweise in der Schweiz diskutiert, die Unterscheidung zwischen Steuerhinterziehung und -vermeidung aufzugeben. Das Bankgeheimnis bekäme dann weniger Gewicht. Der Grundsatz „Kenne deinen Kunden" wird künftig in jedem Fall noch strenger gehandhabt werden.

Langfristig werden die Nachbarländer Liechtenstein, Luxemburg, Österreich und die Schweiz mit ihrem Bankgeheimnis nicht durchkommen. Das gilt insbesondere für Liechtenstein und die Schweiz. Die EU sitzt am längeren Hebel. Eine Konfrontationsstrategie dieser beiden Länder könnte den beiden Finanzplätzen großen Schaden zufügen. Hier wird Harmonisierung angesagt sein, bei der die Länder nicht notwendig der Europäischen Union beitreten, sich aber im Blick auf das Bankgeheimnis europäischen Standards anpassen. Das würde bedeuten, dass man auch bei Steuerhinterziehung Amtshilfe leistet.

8. Lebensversicherungen unter der Fahnder-Lupe

Im Frühjahr 2006 hat das Finanzamt für Fahndung und Strafsachen in Hannover eine Lebensversicherung durchsucht. Im Anschluss hieran hat die Lebensversicherung ihre Kunden über diese Maßnahme informiert. Das Schreiben offenbart, dass es sich um eine Rasterfahndung handelt. Die Steuerfahndung hat sich für die Daten sämtlicher Kunden interessiert, die rückwirkend bis 1995 eine der drei nachfolgenden Kriterien erfüllen:

- laufende Beitragszahlung von mehr als 10 000 EUR
- Einmalzahlungen von mehr als 50 000 EUR
- Bareinzahlungen oder Zahlungen aus dem Ausland von mehr als 10 000 EUR

Dabei wird von den Fahndern geprüft, ob die im Rahmen des Vertrages eingesetzten Finanzmittel – so weit sie steuerpflichtig sind – auch ordnungsgemäß versteuert wurden. Da diese Vorgehensweise derjenigen entspricht, die bis vor einiger Zeit bei den Bankendurchsuchungen praktiziert wurde, gehen Experten davon aus, dass in den nächsten Monaten Meldungen über ähnliche Maßnahmen bei anderen Lebensversicherungen bekannt werden.

Bankgeheimnis ade!

Ihr Zeichen	Unser Zeichen	Telefon	Fax	Blatt	Datum
		(0511) 9565 –	(0511) 95 65 –		

Hannoversche Leben, Karl-Wiechert-Allee 10, 30622 Hannover

Lebensversicherung

Sehr geehrter

im Rahmen steuerstrafrechtlicher Ermittlungen hat das "Finanzamt für Fahndung und Strafsachen Hannover" bei der Hannoverschen Lebensversicherung AG Vertragsdaten der Jahre 1995 bis 2005 beschlagnahmt. Die Ermittlung richtet sich nicht gegen die Hannoversche Leben. Sie erfolgt vielmehr zwecks Überprüfung von Versicherungsverträgen im Hinblick auf deren ordnungsgemäße Versteuerung. Die Hannoversche Leben ist gesetzlich verpflichtet, diese Daten an das Finanzamt weiterzugeben. Grundlage für diese Ermittlungsmaßnahme ist ein entsprechender Beschluss des Amtsgerichts Hannover.

Von dieser Ermittlungsmaßnahme sind alle Kapital- und Rentenversicherungsverträge betroffen, die eines oder mehrere der nachfolgenden Kriterien erfüllen:

– lfd. Beitragszahlungen von mehr als EUR 10.000,-- (DM 20.000,--)
– Einmalzahlungen von mehr als EUR 50.000,-- (DM 100.000,--)
– Bareinzahlungen oder Zahlungen aus dem Ausland von mehr als EUR 10.000,-- (DM 20.000,--)

Hiervon ist auch Ihr Vertrag betroffen. Sofern Sie mehrere Verträge bei uns haben oder hatten, mussten wir die Vertragsdaten aller Ihrer Verträge weitergeben, obwohl unter Umständen nur bei einem Vertrag die vorstehend genannten Kriterien gegeben waren.

Das Finanzamt Hannover wird die beschlagnahmten Daten (persönliche Daten wie Name und Anschrift sowie die Vertragsdaten wie Vertragsart, Laufzeit, eingezahlte Beträge, erhaltene Leistungen, etc.) voraussichtlich innerhalb der nächsten sechs Wochen an Ihr zuständiges Finanzamt weiterleiten. Es ist dann davon auszugehen, dass Ihr Finanzamt prüfen wird, ob die im Rahmen des o. g. Vertrages eingesetzten Finanzmittel (laufende Beiträge und Einmalbeiträge) aus ordnungsgemäß versteuerten Einnahmen kommen bzw. die aus den Verträgen erhaltenen Leistungen (z.B. Zinsen aus Beitragsdepots, laufende Rentenleistungen etc.) – soweit sie steuerpflichtig sind – ordnungsgemäß versteuert wurden.

Wir empfehlen Ihnen deshalb, Ihre Steuererklärungen auf diesen Vorgang hin zu überprüfen und sich bei Zweifelsfragen gegebenenfalls mit Ihrem steuerlichen Berater in Verbindung zu setzen.

Mit freundlichen Grüßen
Hannoversche Lebensversicherung AG

Hannoversche Lebensversicherung AG · Karl-Wiechert-Allee 10 · 30622 Hannover · Telefon (0511) 95 65-0 · Fax (0511) 95 65-6 56 · **Bankverbindung:**
NORD/LB Hannover · BLZ 250 500 00 · Konto 101 055 739 · IBAN-Nr. DE12 2505 0000 0101 0557 39 · SWIFT-BIC: NOLADE2H · **Vorstand:** Frank Hilbert (Sprecher)
Claus Blänkner · Lothar Herzog · **Vorsitzender des Aufsichtsrates:** Uwe H. Reuter · **Registergericht:** Amtsgericht Hannover, HRB 61011 · **USt.-IdNr.:**
DE115 658 091 · **www.hannoversche-leben.de**

Die EU-Zinsrichtlinie 5

1. Schwarzgeldfalle Zinsrichtlinie 70
2. Ausnahmen von der
   EU-Zinsrichtlinie 71
3. Steuerpflichtige haben die Wahl ... 75
4. EU-Zinsrichtlinie – ein Flop? 76

1. Schwarzgeldfalle Zinsrichtlinie

Nachdem auch die Schweiz der Zinsbesteuerung zustimmte, ist Artikel 17 Absatz 2 der EU-Zinsrichtlinie im Juli 2005 in Kraft getreten. Davon betroffen sind natürliche Personen, die in einem EU-Mitgliedstaat steuerlich ansässig sind und Zinszahlungen aus einem anderen EU-Mitgliedstaat erhalten. Liegt die Zahlstelle der Zinsen in einem anderen Mitgliedsland als der Eigentümer ansässig ist – Konto/Depot im EU-Ausland –, erteilt die Zahlstelle Auskünfte an die zuständige ausländische Behörde.

Für EU-Bürger heißt das, Zinserträge im Heimatland vollständig zu versteuern. Denn den Finanzbehörden werden seit Juli 2005 mindestens einmal jährlich folgende Informationen über den Zinsempfänger mitgeteilt:

- Identität und Wohnsitz des Zinsempfängers
- Name und Anschrift der Bank
- Kontonummer des Kunden
- Höhe der Zinszahlung

Checkliste: Wie die Staaten vorgehen

Informationsaustausch zu Zinserträgen von EU-Ausländern:
Deutschland · Dänemark · Estland · Finnland · Frankreich · Griechenland · Großbritannien · Irland · Italien · Lettland · Litauen · Malta · Niederlande · Polen · Portugal · Schweden · Slowakei · Slowenien · Spanien · Tschechische Republik · Ungarn · Zypern
Dazu kommen die assoziierten Gebiete: Cayman-Islands · Montserrat · Anguilla und Aruba · Gibraltar

Quellensteuerabzug: Belgien · Luxemburg · Österreich
Dazu die assoziierten Gebiete: Andorra · British Virgin Islands · Channel Islands · Guadeloupe · Guyana · Isle of Man · Liechtenstein · Martinique · Monaco · Niederländische Antillen · Réunion · San Marino · Schweiz · Turks & Caicos

Nicht betroffen: Drittstaaten/Steueroasen wie Dubai · Hongkong · Singapur

Ausnahmen von der EU-Zinsrichtlinie

Sollte es sich dabei um im Ausland geparkte Schwarzgeldbestände handeln, werden diese den Finanzbehörden im Heimatland automatisch bekannt. Verhindern kann man das nur, wenn schwarze Vermögenswerte in Staaten mit praktiziertem Bankgeheimnis – Belgien, Luxemburg, Liechtenstein, Österreich, Schweiz – oder zu Banken in Drittstaaten außerhalb Europas verlagert werden.

> Belgien, Luxemburg und Österreich beteiligen sich nicht an dem Informationsaustausch. Anleger können sich zumindest bis 2011 auch auf das Bankgeheimnis dieser EU-Länder verlassen. Diese Staaten sowie Liechtenstein und die Schweiz behalten seit In-Kraft-Treten der EU-Zinsrichtlinie nur eine anonyme Quellensteuer in Höhe von 15 Prozent ein. Dieser Quellensteuersatz steigt im Jahr 2008 auf 20 Prozent und ab 2011 auf 35 Prozent.
>
> Die EU-Quellensteuer für Österreich, Belgien und Luxemburg ist keine Abgeltungssteuer. Dies bedeutet, dass die im Ausland angefallenen Kapitaleinkünfte nach wie vor im Heimatland mit dem persönlichen Steuersatz versteuert werden müssen. Wer diese Einkünfte nicht in seiner Einkommensteuererklärung angibt, macht sich strafbar.

2. Ausnahmen von der EU-Zinsrichtlinie

Checkliste: Ausnahmen von der EU-Zinsrichtlinie

Folgende Wertpapierkategorien sind von der EU-Zinsrichtlinie ausgenommen:
- Ausschüttende Fonds mit max. 15 Prozent Anleiheanteil
- Thesaurierende Fonds mit max. 40 Prozent Anleiheanteil
- Emissionen von Anleihen, die vor dem 1. März 2001 begeben worden sind („Grandfathered"-Anleihen). Bei Aufstockung solcher Emissionen ab dem 1. März 2002 kann die Befreiung abhängig vom jeweiligen Emittenten entfallen.

Die EU-Zinsrichtlinie

Fortsetzung: Checkliste: Ausnahmen von der EU-Zinsrichtlinie

- Steueroptimierte, risikoarme Fonds setzen z.B. statt auf zinstragende Anlageformen vorwiegend auf den gleichzeitigen Kauf von Index-Zertifikaten und den Verkauf von Index-Futures. Da die Futures stets um die Geldmarktverzinsung teurer verkauft werden können, dieser Aufschlag aber bis zum Laufzeitende abgebaut wird, fließt dem Anleger aus einer wertstabilen geldmarktnahen Fondsanlage ein nahezu komplett quellen- und einkommensteuerfreier Wertzuwachs zu.
- Reines Aktiendepot im Ausland, da weder Dividendenerträge noch Kursgewinne unter den Zinsbegriff der Zinsrichtlinie fallen. Allerdings zwackt der Fiskus in vielen Ländern bei Dividendenzahlungen an Ausländer eine Quellensteuer ab, die sich Steuerehrliche bei der Erklärung in Deutschland anrechnen lassen können.

Nicht zur Anwendung kommt die Zinssteuer, wenn

- die Zahlstelle und der Empfänger der Zinszahlung im gleichen Staat ansässig sind,
- die Zahlstelle in einem Drittstaat und somit außerhalb der EU-Steuerhoheit liegt (z.B. in Hongkong, Singapur, Dubai),
- der Empfänger der Zinszahlung eine juristische Person ist. Eine vermögensverwaltende GmbH oder AG fällt beispielsweise nicht darunter. Auch können Stiftungen Zinsen abzugsfrei kassieren. Beim Einsatz von Trusts zu Steuerzwecken sollte man sich beraten lassen.

Die Richtlinie limitiert die „qualifizierte Empfängereigenschaft" ausdrücklich auf „natürliche Personen". Stiftungen, Trusts und andere in der Vermögensverwaltung eingesetzte juristische Personen sind von der EU-Quellensteuer ausgenommen.

Auch kann die Meldepflicht beispielsweise durch Zwischenschalten einer Lebensversicherungspolice auf Grundlage eines individuellen oder fondsgebundenen Vermögensmanagements oder durch Gründung und Zwischenschaltung sonstiger juristischer Personen, z.B. einer Vermögensverwaltungs-GmbH, umgangen werden. Aber Anleger sollten auf Richtlinienänderungen achten. Denkbar ist, dass der Begriff „juristische Person" künftig dahingehend ein-

Ausnahmen von der EU-Zinsrichtlinie

geschränkt wird, dass nur aktive Gewerbe darunter fallen und bei passiven Sitzgesellschaften auf die tatsächlichen wirtschaftlichen Eigentümer abzustellen ist.

Rechtsunsicherheit besteht derzeit auch bei der Umgehung der EU-Zinsrichtlinie durch Gründung eines Trusts oder die Vorschaltung einer Stiftung. Als Zahlstelle können sie nur dann gelten, wenn die Stiftung als Scheingeschäft zu qualifizieren ist und die Trustees eines Trusts natürliche Personen sind.

Ungeachtet dessen eröffnet sich für Banken durch die Verteilung von Beratungsstelle und Depotführungsstelle auf unterschiedliche Standorte und Länder eine Regelungslücke, die sich so lange nicht schließt, als die meldepflichtige Zahlstelle zwischen meldepflichtigen Zinsen und sonstigen Kapitalerträgen selektieren muss und es der Beratungsstelle an der „Erkennbarkeit" mangelt, wenn sie nur Kapitalerträge gutschreibt, aber nicht erkennen kann, wie sich diese Beträge zusammensetzen. Diese Regelungslücke lässt sich bei den Finanzinstituten durch die Beratung „On-Shore" und Konto-/Depotführung „Off-Shore" nutzen und lösen. Für Banken in Liechtenstein, Österreich und der Schweiz ist das jederzeit durchführbar. Anleger können das nutzen.

Ausgenommen ist aber auch das physische Coupongeschäft. Werden Coupons im Gesamtwert von unterhalb der geltenden Legitimationsgrenze von 15 000 EUR am Schalter einer Bank bar eingelöst, muss und darf die „Zahlstelle" Bank Informationen über den Zinsempfänger für eine Meldung an die zuständigen Finanzbehörden nicht erfragen.

Weitere „attraktive" Möglichkeiten, die Quellensteuer zu umgehen

Lebens- und Rentenversicherungen auf Basis eines fondsbezogenen Vermögensmanagements: Der Anleger kann einerseits Fondsauswahl treffen, er kann sich aber auch für ein gemanagtes Portfolio entscheiden und damit seine bisherige Anlagestrategie beibehalten. Einige

Die EU-Zinsrichtlinie

> *Fortsetzung: Weitere „attraktive" Möglichkeiten, die Quellensteuer ...*
>
> Versicherer akzeptieren auch ein bereits vorhandenes Aktien-, Renten- oder Fondsdepot als Einmalprämie. Die Kapitalauszahlung ist für Deutsche steuerfrei, wenn dem Vertrag eine mindestens fünfjährige Prämienzahlungsdauer und eine zwölfjährige Vertragsdauer zugrunde liegen.
>
> Bereits vor In-Kraft-Treten der EU-Zinsabgeltungssteuer hatten sich die Banken in den Nachbarländern nicht nur mit einer Vielzahl interessanter Finanzprodukte auf die neue Situation eingestellt, sie setzten bei der Vermögensverwaltung auch zunehmend juristische Personen ein, in die Vermögenswerte eingebracht werden.
>
> Institute, die in Drittstaaten Niederlassungen unterhalten, beraten ihre EU-Kunden zwar nach wie vor etwa in Vaduz oder Zürich, deren Konten werden aber längst bei den Niederlassungen in Singapur, Hongkong oder anderen Drittstaaten geführt – mit steuerfreien Zinsauszahlungen.
>
> Schließlich: „Islamische Anleihen" sind auf dem Vormarsch. Diese Papiere haben keinen Zins, sondern Gewinnkupons. Gewinne – wie Dividenden – unterliegen aber nicht der Zinsabschlagsteuer.
>
> Das EU-Zinssteueraufkommen wird also kräftig verdünnt.

Zahlstellenprinzip

Steuerpflichtig ist diejenige Zahlstelle, welche dem EU-Richtlinienentwurf unterliegende Zinsen direkt dem wirtschaftlich Berechtigten auszahlt. Dabei soll die Steuer nur auf grenzüberschreitende Zinszahlungen an natürliche Personen in EU-Staaten erhoben werden. Da das von der EU eingeführte Informationssystem jedoch nicht weltweit eingeführt wurde, kann die maßgebliche Zahlstelle bankseitig aus dem Anwendungsbereich der Richtlinie heraus in einen zinssteuerfreien Bereich verlegt werden. Damit das EU-Zinssystem letztlich voll umfänglich funktionieren kann, braucht es die Einbeziehung von Finanzplätzen wie Japan, Hongkong oder Singapur. Sobald das System innereuropäisch funktioniert, wird es sicherlich Bestrebungen geben, daraus ein weltweit wasserdichtes System zu machen. Langfristig gesehen ist es also fraglich, ob die Auslagerung von Vermögensteilen auf außereuropäische Finanzplätze Anleger vor den Fängen der Meldesysteme schützen wird.

3. Steuerpflichtige haben die Wahl

Steuerehrliche, die Geld in Belgien, Liechtenstein, Luxemburg, Österreich oder der Schweiz angelegt haben und in ihrer Anlagepolitik auf steuerpflichtige Zinsen nicht verzichten wollen, haben die Wahl:

- Entweder entrichten diese Anleger 15 Prozent – später 20, dann 35 Prozent – im Ausland an Zinsabschlag und lassen sich diesen Zinsabschlag bei ihrer Einkommensteuerveranlagung anrechnen.
- Oder sie bevollmächtigen ihre ausländische Bank, den deutschen Fiskus über ihre im Ausland bezogenen Zinseinnahmen mit Kontrollmitteilung zu informieren.

Steuerpflichtige haben durch die ungeschmälerte Auszahlung des Zinsertrages zunächst einen Liquiditätsvorteil, weil sie bis zur nächsten deutschen Steuererklärung frei über den andernfalls fälligen Steuereinbehalt verfügen können. Bislang erfuhr der Fiskus von den Zinsen des Steuerehrlichen erst durch die Erträgnisaufstellung, die auch viele Auslandsbanken den Kunden für ihre Steuererklärung an die Hand geben.

Anleger, die nicht steuerehrlich sein wollen, werden aber diese Bescheinigung der Steuererklärung nicht beilegen. Sie dürften den Steuerabzug von zunächst 15 Prozent in Kauf nehmen. Eine Bescheinigung, um die Zinsen zu Hause anrechnen zu können, ist für sie sogar gefährlich.

Die EU-Zinsrichtlinie

4. EU-Zinsrichtlinie – ein Flop?

Noch ehe sie richtig praktiziert wird, droht die EU-Zinsrichtlinie ins Leere zu laufen: Nach den ersten sechs Monaten kamen in der Schweiz lediglich 100, in Luxemburg 48, auf Jersey 13, in Belgien 9,7 und in Liechtenstein 2,5 Millionen EUR zusammen. Die Finanzminister sind die Dummen. Zu spät haben sie erkannt, dass die EU-Zinsrichtlinie zu viele Schlupflöcher offen lässt. Doch da sich die Finanzminister Steuerausfälle nicht länger leisten können, ahnt man schon die Konsequenzen. Eine Abgabe auf „grenzüberschreitende Geld- und Kapitalströme" aus der EU in Richtung jener Staaten, die das Bankgeheimnis hüten, wird die Folge sein.

Weitere Informationen zur EU-Zinsrichtlinie:

- www.bff-online.de
  Das Bundesamt für Finanzen bietet Infos rund um die EU-Zinsrichtlinie und die hiesigen Anwendungsvorschriften.
- www.bundesfinanzministerium.de
  BMF-Schreiben und Erläuterung zur Zinsinformationsverordnung.

Checkliste: Wo Deutsche ihr Schwarzgeld parken

Nach Schätzungen der Deutschen Steuergewerkschaft liegen allein über 400 Milliarden EUR schwarzes Geld bei Banken im Ausland, jährlich kommen schätzungsweise fünf Milliarden dazu. Sichere Häfen sind:

- Schweiz — 150 Milliarden EUR
- Luxemburg — 80 Milliarden EUR
- Österreich — 50 Milliarden EUR
- Sonstige Länder — 138 Milliarden EUR

Dazu kommen Milliarden-EUR-Beträge legalen Geldes, die mit zunehmender Tendenz ins Ausland transferiert werden – zusätzlich verstärkt durch die seit April 2005 bestehende Kontenabrufmöglichkeit durch Finanz- und Sozialämter.

Die Euro-Währungsunion auf dem Prüfstand

6

1. Schwere Zeiten in Sicht 78
2. Kriterien für die Euro-Reife 79
3. Osteuropa klopft an die Euro-Tür ... 80
4. Experten warnen vor Euro-Erweiterung 80
5. Der Euro im Steigflug? 81

1. Schwere Zeiten in Sicht

Seit die Währungsunion 1999 mit dem Festzurren der Wechselkurse besiegelt wurde, leiden vor allem die südeuropäischen Mitgliedsstaaten darunter, ökonomische Unterschiede gegenüber anderen Ländern nicht mehr durch Währungsabwertungen ausgleichen zu können. Solange die europäischen Länder noch eigene Währungen hatten, dienten Veränderungen der Wechselkurse als Puffer: Die schwächere wirtschaftliche Entwicklung eines Landes führte tendenziell zu einer Abwertung der nationalen Währung, wodurch sie die preisliche Wettbewerbsfähigkeit der heimischen Unternehmen verbesserte. Seit der Einführung des Euro gibt es diesen Puffer nicht mehr. Um sich der wachsenden Konkurrenz aus Asien oder Osteuropa zu erwehren, müssen die Unternehmen innerhalb der Währungsunion ihre Kosten in den Griff bekommen.

Dies ist Stand 2006 aber nicht allen Staaten gelungen: Während die Lohnstückkosten in Deutschland und Frankreich in den letzten Jahren gesunken sind, legten diese in Italien und Spanien kräftig zu. Ähnlich sieht es in Griechenland und Portugal aus. Getrieben von den hohen Lohnsteigerungen, haben in diesen Ländern auch die Verbraucherpreise stärker zugelegt als im Euroland-Durchschnitt. Folge: Die südeuropäischen Länder wurden weniger wettbewerbsfähig, ihre Außenhandelspositionen verschlechterten sich. Doch kann der Wechselkurs keinen Beitrag zum Abbau dieses Ungleichgewichts leisten, weil die Südeuropäer eine gemeinsame Währung mit den Überschussländern – vor allem Deutschland – haben.

Das ist der Unterschied zu den USA, wo eine Dollar-Abwertung eines Tages helfen dürfte, das Leistungsbilanzdefizit von mehr als 6 Prozent des Bruttoinlandsprodukts zu verringern. Es besteht also die Gefahr, dass Südeuropa in eine Krise hineinschlittert, mit schwachem Wachstum, steigender Arbeitslosigkeit und explodierenden Staatsschulden.

Die einzige Chance der südeuropäischen Staaten liegt darin, durch Lohnzurückhaltung und geringere Preissteigerungen den realen, um Inflationsunterschiede bereinigten Wechselkurs zu ihren Gunsten zu beeinflussen. Das geht aber nur über Reformen, die Arbeits- und Gütermärkte flexibler und dynamischer zu machen. Jetzt rächt es sich, dass diese Voraussetzungen für das Funktionieren der Währungsunion nicht schon vorher geschaffen wurden.

2. Kriterien für die Euro-Reife

Checkliste: Kriterien für die Euro-Reife

Nach dem Maastricht-Vertrag müssen Anwärterstaaten vor der Übernahme des Euro mehrere Bedingungen erfüllen:

Ein hohes Maß an Preisstabilität: Die Inflationsrate darf in den vergangenen zwölf Monaten nicht höher gelegen haben als die durchschnittliche Inflationsrate der drei EU-Staaten mit der niedrigsten Teuerungsrate plus 1,5 Prozentpunkte. Zusätzlich werden weitere Inflationskennziffern geprüft.

Eine auf Dauer tragbare Finanzlage der öffentlichen Hand: Verlangt wird ein ausgeglichener Staatshaushalt oder ein Überschuss. Wenn das Defizit allerhöchstens 3 Prozent des BIP beträgt, muss eine Abnahme erwartet werden. Der Schuldenstand darf höchstens 60 Prozent des BIP betragen oder muss sich dauerhaft und rasch genug dieser Marke annähern.

Wechselkursstabilität: Das Land muss seinen Wechselkurs seit zwei Jahren ohne Abwertung und ohne starke Spannungen in den Bandbreiten des Wechselkursmechanismus II (5 Prozent) gehalten haben.

Zinskonvergenz: Der langfristige Zinssatz darf für ein Jahr nicht höher gelegen haben als der Durchschnitt der langfristigen Zinsen in den drei EU-Staaten mit den niedrigsten Zinssätzen zuzüglich 2 Prozent.

Vereinbarkeit der Rechtsnormen mit dem Maastricht-Vertrag: Dabei geht es vor allem um die Unabhängigkeit der Notenbank und ihre Eingliederung in das Eurosystem.

Die Euro-Währungsunion auf dem Prüfstand

Fortsetzung: Checkliste: Kriterien für die Euro-Reife

Reale Konvergenz: Nicht exakt spezifiziert, aber vorgeschrieben ist eine Prüfung der wirtschaftlichen Konvergenz anhand der Marktintegration, der Leistungsbilanzsalden, der Lohnstückkosten und anderer Kennziffern.

3. Osteuropa klopft an die Euro-Tür

Die Entscheidung der EU-Kommision, Litauen angesichts der hohen Inflation (3,1 Prozent) vom Euro-Beitritt 2007 auszuschließen, brachte auch die Euro-Pläne der anderen Ost-Kandidaten durcheinander. Vor diesem Hintergrund wird Lettland den Beitritt 2008 ebenfalls kaum schaffen. Auch die Chancen Estlands und Litauens, 2008 den Euro einzuführen, stehen nicht gut. Dagegen hat die Slowakei die Chance, früher als bisher geplant beizutreten. Damit haben sich die Aussichten in den EU-Neumitgliedern in den vergangenen zwei Jahren grundlegend verschoben: Nur Slowenien wird 2007 den Euro einführen.

Begehrte Euro-Mitgliedschaft
– mit geplantem bzw. beschlossenem Beitrittsdatum

Estland 2008 · Lettland 2008 · Litauen 2008 · Polen 2010 ·
Tschechien 2010 · Slowakei 2009 · Ungarn 2010 ·
Slowenien 2007 beschlossen · Rumänien 2009 · Bulgarien 2009 ·
Malta 2008 · Zypern 2008

4. Experten warnen vor Euro-Erweiterung

Führende Volkswirtschaftler warnen vor einer übereilten Erweiterung der Euro-Zone. Die anstehende Aufnahme neuer Mitglieder drohe künftige Entscheidungen der EZB zu erschweren und wirtschaftlich mehr zu schädigen als zu nutzen. Im Grunde genommen sei der EZB-Rat schon jetzt zu groß. Schon heute sind die kleinen Länder im EZB-Rat überrepräsentiert. Dies könne zu Zinsentscheidungen führen, die für die Währungsunion insgesamt schädlich seien. Die EZB habe ohnehin das Problem, für sehr viele unterschiedliche Staaten einen gemeinsamen Zins zu setzen. Dieses Problem wird mit dem Beitritt der Oststaaten weiter verschärft.

5. Der Euro im Steigflug?

Keine Angst vorm Dollar-Crash. Der „Greenback" schwächelt, doch die Sorge vor einem bevorstehenden Absturz der US-Währung ist unbegründet. An den Kapitalmärkten herrscht die Meinung vor, dass die Weltgemeinschaft eine Abwertung der US-Währung hinnehmen wird, um den Fehlbetrag der US-Leistungsbilanz zu korrigieren. Ein Interesse an einer starken Abwertung hat in den großen Wirtschaftsblöcken jedoch niemand. Das gilt insbesondere für die Europäer. In der EZB wie auch bei den nationalen Finanzministerien der Euro-Zone herrscht die Auffassung vor, dass der wirtschaftliche Aufschwung innerhalb der EU immer noch wackelig ist. Niemand ist bereit, die Konjunkturerholung zu riskieren, nur um den Dollar kräftig abwerten zu lassen. Eine Aufwertung des US-Dollars würde überdies der EZB in unerwünschter Weise die Hände binden. Jenseits aller konjunkturellen Erwägungen halten die Notenbanker das Zinsniveau für zu niedrig, das Geldmengenwachstum für zu hoch. Mögliche Zinserhöhungen würden also deutlich erschwert, wenn eine kräftige Euro-Aufwertung auf Konjunktur und Inflation durchschlagen würde.

Auch die Amerikaner haben kein Interesse an einer kräftigen Wechselkurskorrektur. Die US-Exportindustrie trommelt zwar unverdrossen für einen billigeren Dollar. In der Notenbank Fed und im US-Finanzministerium ist aber die Sorge groß, dass eine starke Abwertung des US-Dollars die Teuerung anheizen würde. Die Infla-

Die Euro-Währungsunion auf dem Prüfstand

tionsgefahr ist aktuell mindestens so groß wie das Risiko einer konjunkturellen Abschwächung.

Ob die Rechnung der Staatengemeinschaft aufgeht, ist eine andere Frage. Eine stärkere Dollar-Abwertung würde den Abbau des Fehlbetrags im US-Außenhandel erheblich erleichtern. Voraussetzung dafür wäre allerdings, dass Europäer und Japaner bereit wären, zum Ausgleich ihre eigene Wirtschaft mit niedrigen Zinsen anzukurbeln. Die Aufforderung an China, den Renminbi schneller aufzuwerten, ist für die innenpolitische US-Bühne bestimmt. In Wahrheit ist den Amerikanern nicht besonders daran gelegen. Denn China würde bei einer Lockerung der Währungskoppelung auch die Käufe von US-Staatsanleihen reduzieren. Dann würden Finanzturbulenzen und steigende Zinsen drohen.

Eine vermeintliche Sanierung der US-Defizite über den Dollar müsste vom Rest der Welt bezahlt werden – durch entsprechende wechselkursbedingte Verluste an Wettbewerbsfähigkeit. Selbst für die USA wäre nicht sicher, ob die Rechnung aufgeht. Denn beim Importweltmeister treibt jede Dollar-Abwertung über steigende Einfuhrpreise die Inflation an. Ob im Leistungsbilanzdefizit eine Gefahr für Dollar und Weltwirtschaft besteht, lässt sich mit rein ökonomischen Analysen kaum beurteilen – schon weil sie den Einfluss der Politik ausblenden. Festzustellen ist jedoch ein nachlassender Einfluss der amerikanischen Supermacht. Potenzielle Supermächte wie China und Indien führen sich gegenüber Washington immer selbstbewusster auf. So verweigert sich Peking der amerikanischen Forderung, seine Währung aufzuwerten.

Der Glanz des Dollars wird zwar matter, auch hat der Euro seit dem Jahr 2000 gegenüber dem Dollar an Wert gewonnen, problematisch wird es aber erst, wenn eine Dynamik in Gang kommt, die die großen Notenbanken nicht mehr steuern können.

Finanzplätze auf dem Prüfstand 7

1. Notenbanken in der Zwickmühle . . 84
2. Nearshores – Europäische
   Finanz- und Bankplätze 86

   Deutschland · Schweiz · Liechtenstein · Österreich · Luxemburg · Andorra · Channel Islands · Gibraltar · Großbritannien · Isle of Man · Madeira · Malta · Monaco · Zypern

3. Offshore – Karibik/Mittelamerika . . 137

   Bahamas · Barbados · Bermudas · British Virgin Islands · Cayman Islands · Niederländische Antillen · Panama

4. Offshore – Naher Osten, Afrika,
   Asien, Ozeanien 149

   Bahrain · Dubai · Quatar · Mauritius · Seychellen · China · Hongkong · Shanghai · Singapur · Indien/Bombay · Labuan/Malaysia · Japan · Vanuatu

5. Wohin geht der Trend? 175

Finanzplätze auf dem Prüfstand

1. Notenbanken in der Zwickmühle

Der schwache US-Dollar bereitet den Zentralbanken weltweit Sorge. Viele von ihnen besitzen große Dollar-Reserven und haben ein Problem: Behalten sie ihr Geld, müssen sie hohe Kapitalverluste fürchten. Verkaufen sie hingegen, riskieren sie, den Werteverfall der weltweit wichtigsten Reservewährung zu beschleunigen.

Checkliste: Notenbankpolitik im Vergleich

Was Europas Zentralbank anders macht als andere Notenbanken:
Europäische Zentralbank
Geldmenge: Die EZB beobachtet zur Inflationskontrolle die Geldmenge M3. Mittlerweile schenkt die Notenbank der Geldmenge aber weniger Beachtung.
Mandat: Vorrangige Aufgabe der EZB ist es, die Preisstabilität zu sichern. Die Notenbank steuert eine Teuerung von höchstens, aber nicht deutlich unter 2 Prozent an. Wenn Preisstabilität gewährleistet ist, soll die EZB weitere politische Ziele der EU unterstützen.
Wechselkurse: Über Grundfragen der Wechselkurse können die EU-Finanzminister entscheiden. Sie haben dies aber de facto der Notenbank überlassen.
Vermögenspreise: Die EZB lehnt eine aktive Steuerung von Vermögenswerten ab, hat aber Sympathie für die Idee durchblicken lassen, wonach eine Zentralbank mit leicht höheren Zinsen spekulative Blasen verhindern soll.
Federal Reserve
Geldmenge: Monetäre Größen kommen in der Strategie der US-Notenbank Fed nicht vor. Sie stellte sogar die Veröffentlichung des Aggregats M3 ein.
Mandat: Die Fed muss sowohl ein angemessenes Wirtschaftswachstum, als auch Preisstabilität gewährleisten. Ein explizites Inflationsziel hat sie nicht. Es gibt aber inoffizielle Richtwerte für die Teuerung. Der neue Fed-Chef gilt als Anhänger eines festen Zielwerts.
Wechselkurse: Über die Wechselkurse entscheidet das Finanzministerium in Absprache mit der Fed. Die derzeitige Regierung verfolgt bislang offiziell eine Politik des starken Dollars.

Notenbanken in der Zwickmühle

Fortsetzung: Checkliste: Notenbankpolitik im Vergleich

Vermögenspreise: Die Fed ist eine erklärte Gegnerin davon, mögliche spekulative Übertreibungen an den Aktien- oder Immobilienmärkten mit den Mitteln der Zinspolitik zu bekämpfen.

Bank of England

Geldmenge: Monetäre Größen spielen in der Bankstrategie keine Rolle. Der Notenbankchef hat jedoch angedeutet, dass er die Geldmenge als nützlichen Indikator sieht.

Mandat: Oberstes Ziel der Bank of England ist die Preisstabilität, daneben muss sie die allgemeine Wirtschaftspolitik unterstützen. Die Regierung gibt das Inflationsziel vor. Es liegt wie in der Euro-Zone bei ca. 2 Prozent.

Wechselkurse: Seitdem Spekulanten Anfang der 90er Jahre den Austritt des Pfunds aus dem EU-Währungssystem erzwangen, stehen die Briten festgelegten Wechselkursen skeptisch gegenüber.

Vermögenspreise: Die britischen Notenbanker konzentrieren sich auf die Inflation und nehmen Vermögenspreise weniger wichtig. Es gibt jedoch Stimmen, die sich für eine stärkere Berücksichtigung solcher Größen aussprechen.

Bank of Japan

Geldmenge: Monetäre Indikatoren spielen keine große Rolle. Allerdings hat die Notenbank in der Deflation versucht, über eine steigende Geldmenge die Wirtschaft anzukurbeln.

Mandat: Die Notenbank soll über „Preisstabilität zu einer gesunden Entwicklung der Volkswirtschaft beitragen". Ein offizielles Inflationsziel gibt es nicht, die Bank hat aber angedeutet, eine Teuerung zwischen 0 und 2 Prozent anzupeilen.

Wechselkurse: Über die Devisenkurspolitik entscheidet das Finanzministerium, welches die Notenbank konsultiert. Die Japaner haben zuletzt regelmäßig am Devisenmarkt interveniert.

Vermögenspreise: Nach dem Platzen einer großen Spekulationsblase kämpfte Japan lange Zeit mit fallenden Vermögenspreisen. Wie die Bank of Japan auf ein erneutes Anziehen der Preise reagieren wird, hat sie nicht eindeutig verlauten lassen.

2. Nearshores – Europäische Finanz- und Bankplätze

Der europäische Finanzplatz verändert sich. Osteuropa steht in den Startlöchern und die großen Staaten Westeuropas müssen sich bewegen. Die westeuropäischen Finanzplätze werden sich in den nächsten Jahren mit neuen Chancen, aber auch Risiken konfrontiert sehen und einem steten Wandel unterworfen sein.

Finanzplatz Deutschland

Draußen hat sich die Welt verändert, aber die deutschen Banken haben den Wandel verschlafen. Die Übernahme der HypoVereinsbank im Juni 2005 durch die italienische Unicredito ist bestes Beispiel dafür – ein Banken-Neuling, den vorher kaum jemand kannte.

Überall sind in den neunziger Jahren neue, dynamische Banken von internationalem Rang entstanden: in Großbritannien, USA, Spanien, Italien – nur eben nicht in Deutschland. Eine Ausnahme ist die Deutsche Bank.

Der einst so stolz schimmernde Lack des deutschen Bankenstandorts ist stumpf geworden. Auch feinste Geldhäuser sind dabei, in die Zweit- und Drittklassigkeit abzusteigen. Die Zeiten, als deutsche Banken eine hohe internationale Reputation genossen und vor allem im europäischen Vergleich Benchmarks darstellten, sind 2006 eine längst vergangene Ära. Die Konsolidierung im deutschen Bankwesen hat in den letzten Jahren zu einem Rückgang der selbständigen inländischen Institute um gut ein Drittel geführt. Gleichzeitig wurde mit dem Rückzug aus der Fläche ein Viertel der Filialen geschlossen. Dazu kommt ein anhaltender Drang ausländischer Bankinstitute auf den lukrativen deutschen Markt, der die deutsche Finanzszene zwingt, sich besser aufzustellen. Deutschland ist der attraktivste Markt Europas für Privatbanken und Ver-

Nearshores – Europäische Finanz- und Bankplätze

mögensverwalter. Der Kampf der Banken um das Vermögen deutscher Anleger wird immer härter. Rund 600 Milliarden EUR liquides finanzielles Vermögen wollen betreut und verwaltet werden. Hinzu kommen rund 350 Milliarden EUR, die im Ausland liegen.

Der wohlhabende Deutsche hat rund zwei Drittel seines Vermögens in Immobilien investiert. Eine umfassende Immobilienberatung und -finanzierung ist daher ein ganz wesentlicher Bestandteil der ganzheitlichen Vermögensplanung. Das absolute Vermögen der deutschen HNWI ist zwar beachtlich, wächst heute aber kaum noch. Da die Vermögenden meist in dritter oder vierter Generation international verstreut leben, ist das tatsächlich in Deutschland vorhandene Vermögen eher geringer als allgemein angenommen. Banken müssen die HNWI daher weltweit in komplexen Fragestellungen bedienen können, wollen sie an das gesamte Vermögen herankommen.

Die größten Banken Deutschlands		
	Bilanzsumme in 2005 in Mio. EUR	Anzahl der Beschäftigten
Deutsche Bank	992 161	63 427
HypoVereinbank	493 523	61 251
Dresdner Bank	461 372	34 208
Commerzbank	444 861	33 056
Landesbank Baden-Württemberg	404 915	12 551
DZ Bank Konzern	401 628	23 849
KfW Bankengruppe	341 143	3 740
Bayerische Landesbank Girozentrale	340 854	9 754
WestLB	264 955	6 700
Eurohypo	234 303	2 392

Finanzplätze auf dem Prüfstand

Deutsche Banken im Nachteil

Dem steht für deutsche Banken ein komplexes Regelwerk entgegen, das nicht nur an sich schwer zu überblicken oder in der Beratung einzubauen ist, sondern das sich auch permanent ändert. Deutsche Banken dürfen offiziell nicht einmal für eine umfassende Beratung notwendige Funktionen wahrnehmen. Dadurch wird das langfristige Estate Planning erheblich gestört, was auch ein Hauptgrund für den nicht versiegenden Geldzufluss in die benachbarten Finanzplätze Liechtenstein, Luxemburg, Österreich und die Schweiz darstellt.

Die Steueroptimierung beherrscht in Deutschland die Vermögensberatung, doch darf die Steuerberatung von deutschen Banken nicht ausgeführt werden. Daher sind neben der eigenen Kompetenz der Banken Steuerberater und Rechtsanwälte als Netzwerk sowie professionelles Reporting sehr wichtig. Neue Gesetze, häufig auch rückwirkend implementiert, führen immer wieder zu neuen Produkten, erfordern Wissen und Flexibilität.

Die Leistungsversprechen der meisten Banken ähneln sich. Da Produkte und Berater quasi austauschbar sind, fällt den Banken eine Differenzierung schwer. Ein großes Problem für viele Kunden ist, dass die meisten Banken reine Produktverkäufer geworden sind und von der „totalen Kundenorientierung" nur wenig zu spüren ist.

Die vermögenden Deutschen erwarten ein überzeugendes Image (Brand) mit dahinter stehender stabiler und qualitativ hochwertiger Bank. Sie haben hohe Erwartungen an Vertrauen, Sicherheit, Exklusivität und Beständigkeit. Gleichzeitig sind sie preissensibler und anspruchsvoller geworden. Sie verlassen ihre Bank hauptsächlich wegen Unzufriedenheit mit Service, Beratung oder Performance. Für diese Zielgruppe ist bankseitig ein eigenständiges innovatives Produkt- und Leistungsspektrum notwendig.

Ausländische Banken haben meist mehr Erfahrung im HNWI-Segment, doch speziell in Deutschland tun sich Onshore-Anbieter ohne

Nearshores – Europäische Finanz- und Bankplätze

etablierte Namen beim Markteintritt bei potenziellen Kunden schwer. Besonders angelsächsische Wettbewerber haben sich deshalb wieder zurückgezogen. In der Regel kennen deutsche Banken die Besonderheiten des Marktes besser, besonders auch die Steuergesetze. Dennoch bemühen sich viele ausländische Anbieter, mit hohen Investitionen den deutschen Markt zu erschließen. UBS und Credit Suisse sind ganz vorn, aber auch kleinere Schweizer Banken wie Pictet, Julius Bär, Rothschild oder Sarasin verstärken ihr Engagement. Dazu kommt die Liechtensteiner LGT. Viele Banken versuchen, durch Akquisition die kritische Masse zu erreichen, was aber nicht immer gelingt (z.B. ING und BHF; KBL und Merck, Finck & Co.).

Spezialanbieter, wie beispielsweise externe Vermögensverwalter, genießen wegen ihrer Unabhängigkeit hohes Vertrauen und erzielen generell bessere Renditen. Doch nur rund 30 Prozent der HNWI werden von diesen bedient. Top-Wettbewerber sind die Deutsche Bank und Sal. Oppenheim, die UBS sowie für einzelne Regionen dort stark verankerte Privatbanken (z.B. Berenberg, Warburg, Hauck Aufhäuser und Lampe).

Vorstöße im Geschäft mit den Superreichen
Deutsche Bank reorganisiert das Private Wealth Management (für Kunden mit mehr als 2 Millionen EUR Assets), Übernahme der Wilhelm von Finck AG
Dresdner Bank bietet HNWI-Betreuung für Kunden mit mehr als 5 Millionen Assets
Commerzbank intensiviert die Bemühungen im HNWI-Segment (internationale Ausrichtung)
Hypo Vereinsbank lanciert eine Neuausrichtung im HNWI-Segment mit exklusivem Betreuungsmodell
WestLB realisiert einen Wiedereinstieg durch Übernahme der Weberbank
LBBW übernimmt die BW Bank zwecks Ausbau in dem Segment

Finanzplätze auf dem Prüfstand

Fortsetzung: Vorstöße im Geschäft mit den Superreichen

Sal. Oppenheim übernimmt die BHF-Bank

M.M.Warburg kauft Hallbaum, Marcard Stein, Carl F. Plump und das Bankhaus Löbbecke

Berenberg eröffnet bundesweit neue Filialen

Merck Finck übernimmt die Private-Banking-Einheiten der WestLB und der Westfalenbank

UBS Deutschland verstärkt sich durch den Kauf der Sauerborn AG, zuvor hat sie bereits Schröder Münchmeyer und das Deutschlandgeschäft von Merrill Lynch erfolgreich integriert.

Credit Suisse gibt das Onshore-Geschäft mit Affluents auf, ist jedoch mit neuer Qualitätsoffensive erfolgreich bei den HNWI

ABN Amro übernimmt Delbrück, Bethmann Maffei

LGT eröffnet mehrere Büros und plant weitere Expansion

Pictet, Julius Bär, Rothschild und Sarasin verstärken ihr Deutschland-Geschäft – teilweise auch wegen aufsichtsrechtlicher Bestimmungen

Führende Auslandsbankadressen in Deutschland:

- Credit Suisse (Deutschland) AG
  Messeturm, 60308 Frankfurt a.M.
  Tel.: 069-75 38 0, Fax: 069-75 38 24 44, www.credit-suisse.com/de
- LGT Bank in Liechtenstein & Co. OHG
  Schwindstraße 10, 60325 Frankfurt a.M.
  Tel.: 069-90 74 60, Fax: 069-9 07 46 400, www.lgt.com
- Sarasin Wertpapierhandelsbank AG
  Friedrichstraße 9, 80801 München
  Tel.: 089-33 99 74 0, Fax: 089-33 99 74 33, www.sarasin.de
- UBS Wealth Management
  Stephanstraße 14–16, 60313 Frankfurt a.M.
  Tel.: 069-21 79 0, Fax: 069-21 79 65 11, www.ubs.com

Nearshores – Europäische Finanz- und Bankplätze

Finanzplatz Schweiz

Die von der Schweizerischen Nationalbank (SNB) erstellte Erfolgsrechnung „Die Banken in der Schweiz per Ende 2005" ist beeindruckend:

- Die Kreditinstitute haben im vergangenen Jahr einen Gewinn von 24,8 Milliarden CHF ausgewiesen.
- Das entspricht einem Zuwachs von 58,9 Prozent.
- Ende 2005 beschäftigte der Finanzplatz 119 464 Mitarbeiter.

Über die Motive des starken Zuwachses deutscher Kunden lässt sich die Nationalbank nicht aus. Doch fragt man die Banken, heißt es übereinstimmend: „Die Deutschen, die zu uns kommen, haben einfach genug von der Regulierungswut des Gesetzgebers, von der Schnüffelei der Finanzämter und der großen Ungewissheit, wie viel vom erarbeiteten und versteuerten Einkommen für die Zukunft übrig bleiben wird. Mit Blick auf ihre Altersvorsorge und auf das Vererben wird zunehmend mit dem Vermögenstransfer ins Ausland geliebäugelt."

Die Kundendepots mit Wertpapieren aller Art sind bei den Schweizer Banken, davon allein 337 am Bankplatz Zürich, im gleichen Zeitraum um 24,4 Prozent auf 4 412,2 Milliarden CHF gestiegen. Davon entfallen auf ausländische Depotinhaber mehr als die Hälfte, nämlich 2 601 Milliarden CHF. Alle Schweizer Inländer brachten es nur auf 1 811 Milliarden CHF Depotvermögen. Darin eingeschlossen sind auch die Vermögen jener Ausländer, die ihren Wohnsitz in der Schweiz haben – darunter eine Vielzahl Deutscher. Gleichzeitig sind die Vermögensbestände ausländischer Unternehmen um 35 Prozent gestiegen. Auch die von Treuhändern verwalteten Vermögen nahmen bei den Schweizer Banken 2005 um 20 Prozent zu.

Ein eindeutiger Beweis für Vertrauen und Diskretion am Finanzplatz Schweiz.

Finanzplätze auf dem Prüfstand

Zukunftsaussichten

Die Zukunftsaussichten für die Stabilität des schweizerischen Bankensystems beurteilt die SNB günstig. Die Konjunkturentwicklung in der Schweiz und in den anderen für den Schweizer Bankensektor relevanten Wirtschaftsräumen ist positiv. Auch haben die meisten Banken die hohen Gewinne dazu genutzt, ihre Eigenmittel aufzustocken. Sie befinden sich somit in einer robusten Situation, um möglichen Schocks gegenüber widerstandsfähig zu sein. Die politische Sicherheit, eine starke Währung und die garantierte Diskretion der Banken haben die Schweiz zum international bedeutendsten Finanzplatz für Vermögensverwaltung gemacht.

Banken in der Schweiz	2004	2005	Veränderung
Jahresgewinn (Mio. CHF)	15 607	24 797	+ 58,9
Jahresverlust (Mio. CHF)	120	142	+ 18,8
Bruttogewinn (Mio. CHF)	23 103	29 687	+ 28,5
Bilanzsumme (Mrd. CHF)	2 491	2 846	+ 14,3
Wertpapierbestände in Kundendepots (Mrd. CHF)	3 546	4 412	+ 28,4
Treuhandgeschäfte (Mrd. CHF)	315	376	+ 19,7
Anzahl Institute	338	337	− 0,3
Personalbestand	115 628	119 464	+ 3,3

Quelle: Schweizerische Nationalbank

Das Bankgeheimnis, das die Eidgenossen im Sommer 2004 tapfer gegenüber der EU verteidigt haben, und die Nummernkonten sind nicht die einzigen Standortvorteile. Infolge der veränderten Rahmenbedingungen gehen Schweizer Banken heute verstärkt mit Produkt- und Serviceinnovationen in den internationalen Wettbewerb. Und solange der Einsatz von Kontroll- und Überwachungsinstrumenten in der EU immer stärker wächst, können Schweizer Vermögensverwalter zumindest mit ihrer diskreten Bankkultur Vermögende aus Europa und darüber hinaus überzeugen.

Das verfassungsrechtlich verankerte Bankgeheimnis (Art. 13 BV) gilt jedoch nicht unbeschränkt. Besteht Verdacht auf kriminelle Aktivitäten – Terrorismus, organisiertes Verbrechen, Geldwäsche, aber auch Steuerbetrug etc. –, wird es aufgehoben. Bei Steuerhinterziehung hingegen bleibt es intakt. Sie wird durch eine hohe Quellensteuer von 35 Prozent, die höchste aller OECD-Staaten, und andere Maßnahmen wie die Steuereinschätzung bekämpft.

Die Banken befolgen die „Know your customer"-Regeln strikt. Bei jeder Konto-/Depoteröffnung muss der Kunde identifiziert und gegebenenfalls auch der wirtschaftlich Berechtigte festgestellt werden. Demnach sind auch die Namen der Inhaber von Nummernkonten bekannt, allerdings nur einem kleinen Mitarbeiterkreis innerhalb des Instituts. In Bezug auf das Bankgeheimnis gibt es zwischen Nummern- und „normalen" Konten keinen Unterschied.

Anteilsgebundene Lebensversicherung

Mit der anteilsgebundenen Lebensversicherung Life Portfolio International der Credit Suisse verbinden Anleger zwei Vorteile: Sie haben die Möglichkeit, in attraktive Anlagen zu investieren und gleichzeitig ihren Nachlass einfach und individuell zu regeln.

Mit einer Einmalzahlung (Einmaleinlage) investieren sie in Anlageprodukte oder in ein Vermögensverwaltungsmandat ihrer Wahl. Durch die Integration der Anlage in eine Lebensversicherung profitiert der Anleger von zusätzlichen Vorteilen wie beispielsweise der maßgeschneiderten Nachlassplanung. Während der gesamten Laufzeit können weitere Geldeinlagen oder Übertragungen von Wertpapieren erfolgen. Auch sind Geldbezüge jederzeit durch einen Teilrückkauf möglich. Im Todesfall erhalten die Begünstigten den aktuellen Wert der in Life Portfolio International integrierten Anlage(n) ausbezahlt.

Finanzplätze auf dem Prüfstand

> ### Checkliste: Vorteile und Risiken gegenübergestellt
>
> **Attraktive Anlagen:** Der Versicherungsnehmer kann aus einer Vielzahl von Anlageprodukten auswählen: Strukturierte Anlagen, Anlagefonds, Direktanlagen (Aktien, Obligationen) und Treuhandanlagen. Entscheidet er sich für ein Vermögensverwaltungsmandat, bietet ihm die Bank verschiedene Strategien an. Ändern sich die finanziellen Bedürfnisse des Versicherungsnehmers, kann er einen Wechsel der Anlagen bzw. des Anlageprofils verlangen.
>
> **Nachlassplanung durch freie Begünstigung:** Der Versicherungsnehmer bestimmt frei, wer die Leistungen im Todesfall erhalten soll. Zudem kann er festlegen, dass die Leistung im Todesfall zu einem späteren Zeitpunkt an die begünstigte(n) Person(en) ausbezahlt wird. Pflichtteile können von den pflichtteilsberechtigten Erben eingefordert werden. Soll die Begünstigung geändert werden, ist das jederzeit möglich. Die Auszahlung erfolgt direkt an die begünstigte(n) Person(en).
>
> **Flexibilität:** Teilrückkäufe sind während der gesamten Vertragslaufzeit möglich, der Vertrag kann auch ganz aufgelöst werden. Die Auszahlung erfolgt dann in bar oder durch Übertragung der Vermögensanlage.
>
> **Direkte Auszahlung im Todesfall:** Die Begünstigten erhalten den aktuellen Wert der im Portfolio International gehaltenen Anlagen direkt ausbezahlt.
>
> **Risiken**
>
> **Verlustrisiko:** Die der Lebensversicherung zugrunde liegenden Anlageinstrumente haben ein Gewinn- oder Verlustpotenzial wie vergleichbare Direktanlagen in diese Anlagen. Der Versicherungsnehmer trägt das mögliche Verlustrisiko.
>
> **Kein Kapitalschutz:** Entwickeln sich die Anlagen negativ, kann der Rückzahlungsbetrag tiefer liegen als das ursprünglich eingesetzte Kapital. Eine bestimmte Leistung bei Auszahlung wird seitens der Bank nicht garantiert.
>
> Weitere Risiken, die bei Anlagen anfallen können, kommen im Einzelfall hinzu.

Fortsetzung: Checkliste: Vorteile und Risiken gegenübergestellt

Mindesteinlage: 150 000 Euro in den Vertragswährungen EUR, CHF, USD oder GBP. Weitere Einzahlungen sind möglich.

Ausschüttung: Es erfolgt keine Ausschüttung während der Vertragslaufzeit

Verkaufsrestriktionen: USA, US-Personen, Bermuda

Versicherungsgesellschaft: Credit Suisse Life (Bermuda)

Weitere Informationen: Credit Suisse Private Banking, Tel.: 0041-44-3 33 71 16, Fax: 0041-44-3 33 97 37

Innovation und Tradition auf Schweizer Art

Schweizer Banken sind traditionell bekannt für ihre Diskretion und eine auf Sicherheit beruhende hohe Beratungsqualität. Die Schweiz wäre aber nicht der weltweit wichtigste Standort für Privatbanken geworden, hätten sich ihre Banken auf das Bankgeheimnis allein verlassen. Vielmehr gehören die Schweizer Banken zu den innovativsten Anbietern von Finanzdienstleistungen weltweit. Private Banking umfasst die ganzheitliche Beratung in sämtlichen Finanzangelegenheiten:

- von der Anlage über den Erwerb von Firmenanteilen bis zur Nachlassplanung
- von der Steuerberatung bis zur Immobilienfinanzierung

Schon vor Jahren haben Schweizer Banken damit begonnen, ihre Berater auf die Bedürfnisse deutscher Kunden auszubilden, etwa in Fragen zum Steuer- und Erbrecht. Dabei stützt sich der Schweizer Bankier auf eine jahrhundertealte Tradition der Vermögensverwaltung und kann aus einem Angebotssortiment auswählen, das kaum Wünsche offen lässt.

Mit einem umfangreichen Sortiment strukturierter Produkte sind viele Banken nicht zuletzt dank ihrer internationalen Verbindungen

Finanzplätze auf dem Prüfstand

in der Lage, praktisch jeden Kundenwunsch nach Maß zu erfüllen: Laufzeit, Risikoneigung, Währung und Basisprodukt treffen die individuellen Bedürfnisse punktgenau.

So kann der Anleger beispielsweise wählen, ob er für seine Investition vollen Kapitalschutz oder die steuerlich günstigere Variante einer etwas riskanteren Anlage bevorzugt: Neigt er zu einer fest zugesicherten Zinszahlung oder zum Kursgewinn oder zu einer Kombination dieser Möglichkeiten? Anlagen in Wertschriften, Währungen, Edelmetallen, Zinsen oder Rohstoffen können sowohl bei steigenden als auch bei fallenden Kursen vorgenommen werden. Für jedes einzelne Produkt ist ein Gutachten zur Besteuerung durch den deutschen Fiskus vorhanden.

Ein Vermögender, der Anlageentscheidungen lieber Experten überlässt, erteilt der Bank einen Vermögensverwaltungsauftrag. Damit stellt er sicher, dass seine Vermögenswerte laufend überwacht und den aktuellen Marktentwicklungen angepasst werden. Der Kunde hat die Wahl zwischen einer Vielzahl von möglichen Risikoprofilen und Anlagewährungen. Auch steuerliche Gesichtspunkte werden berücksichtigt und auf die geltende Gesetzgebung hin überprüft.

Anleger, die ihr Vermögen selbst verwalten wollen, erhalten bei großen Finanzinstituten Zugang zu sämtlichen bedeutenden Finanzplätzen der Welt. Nahezu jedes Wertpapier kann beschafft werden, vom „blue chip" bis zum Nischenanbieter – Analyse inklusive. Alle für die Steuererklärung notwendigen Informationen werden in einem Steuerauszug zusammengestellt. Das gilt auch für die seit Anfang 2005 in Deutschland erforderliche steuerliche Dokumentation privater Veräußerungsgewinne.

Darüber hinaus offerieren die Banken eine Vielzahl von Beratungsleistungen, die über die herkömmliche Vermögensverwaltung hinausgeht und sich an bestimmte Zielgruppen, beispielsweise Unternehmer, richtet: Nachfolgeregelung und Nachlassplanung.

Nearshores – Europäische Finanz- und Bankplätze

Auf die individuelle Situation des Kunden abgestimmte Produkte berücksichtigen die einschlägigen Vorschriften des Steuer- und Erbrechts. Beispielsweise können – je nach Lage – frei wählbare Anlagefonds und Vermögensverwaltungsmandate in eine Versicherungslösung eingebracht und die steuerlichen Vorteile einer Versicherung genutzt werden, ohne die Anlageentscheidungen selbst aus der Hand geben zu müssen.

Devisen – profitieren von Dollar, Euro, Yen & Co

Wer nicht nur in die banküblichen Produkte investieren will, kommt um die Anlage in Fremdwährungen kaum herum. Nach Berechnungen der Bank für Internationalen Zahlungsausgleich (BIZ) werden täglich an den internationalen Devisenmärkten fast 2 000 Milliarden USD umgesetzt. Seit einiger Zeit können auch Privatanleger an diesen gewaltigen Bewegungen verdienen. Ihr Anteil am Devisenmarktumsatz macht weltweit mittlerweile 15 Prozent aus. Doch während Devisen in den angelsächsischen Ländern schon eine dritte Anlageklasse bilden, steckt die Entwicklung in Deutschland noch in den Kinderschuhen – mit deutlich steigender Tendenz.

Was macht den Reiz des Devisenmarktes aus, wie funktioniert er? Landeswährungen stehen in engem Zusammenhang mit der wirtschaftlichen Lage eines jeden Staates. Sie bewegen sich immer gegen andere Währungen. Ein schwacher USD bedeutet auf der anderen Seite eine Erstarkung von EUR, CHF und Yen. Es kommt darauf an, diese Entwicklungen vorauszusehen und anhand von Zahlungsströmungen zu realisieren, dass die Währung eines bestimmten Landes für seine wirtschaftliche Entwicklung über- oder unterbewertet ist. Hierauf gründet sich dann die zumeist kurzfristige Spekulation auf die Zukunft. Für diese Geschäfte braucht man vielschichtige Informationen, die für Privatanleger nicht immer zugänglich sind – auch wenn es mittlerweile moderne Online-Handelsplattformen gibt. Privatanleger benötigen in der Regel Zwischenhändler, die so genannten Devisen-Broker. Eine Alternative sind Investitionen in Devisen- und Währungsfonds. Letztere sind seit zwei Jahren auch auf dem deutschen Markt zugelassen.

Ein Engagement in Devisen lohnt sich

Die Gewinnchancen im Devisenmarkt sind überdurchschnittlich hoch, wenn man sich der Unterschiede zu den klassischen Anlagemärkten bewusst ist. Der Devisenmarkt als Ganzes kann nicht steigen oder fallen, er ist ein geschlossener Markt: Wer Dollar kaufen will, muss Euro verkaufen. Auch darf man die volkswirtschaftliche Bedeutung des Devisenhandels nicht vergessen. Exporteure und Zentralbanken wollen Gewinne nicht maximieren, sondern feste Kalkulationsgrundlagen schaffen. Die unterschiedliche Zielsetzung sowie die niedrigen Transaktionskosten, die hohe Marktliquidität und die Unabhängigkeit zu anderen Märkten machen den Devisenmarkt attraktiv: Ein Terminmarkt, an dem – wie bei Optionen – die Rechte an einer Währung, nicht aber die Währung selbst ge- oder verkauft werden. Wesentlicher Pluspunkt für den privaten Anleger ist dabei die fehlende Nachschusspflicht: Der Verlust ist bei den meisten Anbietern auf 75 Prozent des Einsatzes begrenzt. Gewinnen können Anleger jedoch ein Vielfaches von dem, was sie eingesetzt haben. Die so genannte Hebelwirkung (Leverage-Effekt) macht dies möglich. Sie kann auf dem Devisenmarkt bei einem Faktor von bis zu 100 liegen. Damit lassen sich schon über kleinste Kursbewegungen zwischen Währungen hohe Gewinne realisieren.

Die Bedeutung des Devisenhandels wird für Privatanleger zunehmen. Dabei spielen die weltweiten politischen und ökonomischen Veränderungen eine wesentliche Rolle: Je mehr beispielsweise die USA wirtschaftlich an Bedeutung zugunsten etwa von China und Indien verlieren, um so rasanter wird sich der Devisenmarkt in den nächsten Jahrzehnten entwickeln – und mit ihm auch die Chancen für Investoren.

Nearshores – Europäische Finanz- und Bankplätze

In Europa sitzen die Spezialisten für Anlagen in Devisen und Devisenfonds in der Schweiz – und das zumeist nicht in den Banken!

Weitere Informationen zu Anlagemöglichkeiten in Devisen und Devisenfonds:

- MOMENT Invest AG Vermögensmanagment
  Kraftstrasse 29, CH-8044 Zürich
  Tel.: 0041-43-268 05 75, Fax: 0041-43-268 05 76,
  info@moment-invest.com

Wichtig für Aussiedlungswillige

Wer sich mit dem Gedanken trägt, den Wohnsitz beispielsweise in die Schweiz zu verlegen, darf auf die Experten der beiden großen Banken, aber auch größere Privatbanken vertrauen. Ihr Leistungsspektrum umfasst u.a. die Suche nach einer passenden Liegenschaft und deren Finanzierung, die Abklärung der deutsch/schweizerischen steuerlichen Situation, das Begleiten von Verhandlungen mit lokalen Behörden und Ämtern.

Führende Bankadressen:

- Bank Julius Bär & Co. AG
  Bahnhofstrasse 36, CH-8010 Zürich
  Tel.: 0041-44-5 88 88 11 11, Fax: 0041-44-5 88 88 11 22
  www.juliusbaer.ch
- Bank Hofmann AG
  Talstrasse 27, CH-8001 Zürich
  Tel.: 0041-44-2 17 51 11, Fax: 0041-44-2 17 51 99
  www.hofmann.ch
- Bank Jungholz AG
  Poststr. 6, CH-9000 St. Gallen
  Tel.: 0041-71-2 28 41 00, Fax: 0041-71-2 28 41 09
  www.bankhaus-jungholz.com
- Bank Leu AG
  Bahnhofstrasse 32, CH-8001 Zürich
  Tel.: 0041-44-2 19 11 11, Fax: 0041-44-2 19 31 97, www.leu.com

Finanzplätze auf dem Prüfstand

- Bank Sarasin & Cie. AG
  Löwenstrasse 11, CH-8022 Zürich
  Tel.: 0041-44-2 13 91 91, Fax: 0041-44-2 21 04 54, www.sarasin.ch
- Bank Vontobel AG
  Bahnhofstrasse 3, CH-8022 Zürich
  Tel.: 0041-58-2 83 71 11, Fax: 0041-58-2 83 76 50
  www.vontobel.ch
- Clariden Bank Group
  Claridenstrasse 26, CH-8022 Zürich
  Tel.: 0041-58-2 05 62 62, Fax: 0041-58-2 05 63 03
  www.clariden.com
- Credit Suisse Private Banking (CSPB)
  Paradeplatz 8, CH-8001 Zürich
  Tel.: 0041-44-3 33 09 00, Fax: 0041-44-3 33 09 10
  www.credit-suisse.com/privatebanking
- Lombard Odier Darier Hentsch & Cie
  Utoquai 31, CH-8008 Zürich
  Tel.: 0041-44-2 14 11 11, Fax: 0041-44-2 14 15 81, www.lodh.com
- Pictet & Cie. Banquiers
  Bärengasse 25, CH-8022 Zürich
  Tel.: 0041-58-3 23 77 77, Fax: 0041-58-3 23 77 78, www.pictet.com
- UBS AG – Private Banking
  Paradeplatz 6, CH-8001 Zürich
  Tel.: 0041-44-2 34 11 11, Fax: 0041-44-2 39 91 11, www.ubs.com
- Wegelin & Co. Privatbankiers
  Bohl 17, CH-9004 St. Gallen
  Tel.: 0041-71-2 42 50 00, Fax: 0041-71-2 42 50 50, www.wegelin.ch
- Zürcher Kantonalbank (ZKB)-Private Banking
  Bahnhofstrasse 9, CH-8001 Zürich
  Tel.: 0041-44-84 01 40, Fax: 0041-44-85 08 58, www.zkb.ch

Finanzplatz Liechtenstein

Mitte 2006 werden hier von 15 Banken, rund 300 Treuhandgesellschaften sowie über 76 000 Stiftungen und Trusts Vermögen von rund 120 Milliarden EUR verwaltet. Das Fürstentum mit etwa

Nearshores – Europäische Finanz- und Bankplätze

34 000 Einwohnern ist heute eines der Länder mit den weltweit höchsten Pro-Kopf-Einkommen. 13 Prozent der Erwerbstätigen sind im Bereich Finanzdienstleistungen tätig.

Zwei Faktoren ziehen ausländisches Kapital ins Fürstentum, dessen Hauptstadt Vaduz eher einer ländlichen Kleinstadt als einer Finanzmetropole ähnelt. Erstens ist das Bankgeheimnis strenger als das der Schweiz und hat primär den Schutz der Privatsphäre zum Ziel. Zweitens leistet Liechtenstein bei Steuerdelikten keine Rechtshilfe.

Dass der Finanzplatz Liechtenstein heute ein Drittel des BIP Liechtensteins ausmacht, ist kein Zufall. Jahrzehntelang konnte sich die Tradition im Private Banking fortentwickeln. Der Finanzplatz nutzte die sich bietende Chance und erstarkte gleichzeitig aus Krisen. Werte, die seit Jahren umkämpft sind – wie das Bankgeheimnis –, konnten dabei gesichert werden. Doch gleichzeitig stellte sich der Banken- und Finanzplatz den primär internationalen Forderungen nach mehr Transparenz. Kaum ein anderer europäischer Finanzplatz hat in derart kurzer Zeit solch vielfältige Veränderungen durchgemacht wie der liechtensteinische, so viele Lehren gezogen und so große Anpassungsfähigkeit bewiesen. Die EWR-Mitgliedschaft seit 1995 war ein wesentlicher Anstoß für diesen Erfolg.

Dass die Finanzwirtschaft Liechtensteins heute gefestigt ist und Krisen bewältigen kann, zeigen die Ereignisse um die Jahrtausendwende. Das Fürstentum sah sich massiven Angriffen von Deutschland, der EU und anderen internationalen Organisationen wie etwa der OECD ausgesetzt. Durch eine konzertierte Aktion von Politik, Ermittlungsbehörden und Finanzwirtschaft sowie durch die Verschärfung der Anti-Geldwäsche-Gesetze konnte ein dauerhafter Imageschaden für das ganze Land abgewendet werden: Der Finanzplatz Liechtenstein wurde reformiert und für die globalen Herausforderungen des neuen Jahrtausends fit gemacht.

Es wurden nicht nur neue Verordnungen und Aufsichtsinstanzen geschaffen, auch das Selbstverständnis der „Akteure" im Land

Finanzplätze auf dem Prüfstand

selbst hat sich geändert. Transparenz und Kooperationswille sind die bestimmenden Handlungsmuster. Zurückhaltung und Diskretion bleiben dabei seit jeher gleichzeitig Erkennungszeichen und Qualitätsmerkmal der Banken. Dabei zwang die Kleinheit des Landes den Finanzplatz über Jahrzehnte hinweg, ein großes Mehr an Kreativität, Flexibilität und Servicementalität sicherzustellen. Liechtensteinisches Banking wurde zu einem Inbegriff für modernes Private Banking, für echte Kundenbetreuung und für individuelle und lebenslange persönliche Beratung.

Der Druck der internationalen Märkte – ob politisch oder wirtschaftlich – wird in den kommenden Jahren nicht nachlassen. Der liechtensteinische Finanzplatz hat sich frühzeitig für die neuen Herausforderungen gewappnet. Nicht nur die Bekämpfung der Geldwäscherei, die inzwischen in Europa mustergültig ist, auch die permanente flexible Anpassung der Strategien jeder einzelnen Bank lassen die Kleinheit zu einem echten Vorteil werden. Die Stabilität und Berechenbarkeit der politischen Rahmenbedingungen – die in 2006 mit der 200-Jahr-Feier zur Souveränität Liechtensteins Ausdruck fand – sind gerade im europäischen Kontext ein weiterer wichtiger Erfolgsfaktor des Kleinstaates. Wichtig auch, dass das Fürstentum als EWR-Mitglied inmitten der europäischen Entwicklung als ernst zu nehmender und seriöser Partner wahrgenommen wird und aktiv die Gestaltungsmöglichkeiten nutzt.

Fazit: Der liechtensteinische Finanzplatz ist der Balance zwischen Transparenz einerseits und Diskretion andererseits seit Jahren ausgesetzt. Das hat dazu geführt, dass dieser heute als Kleiner unter den Großen bestehen kann.

Bei deutschen Anlegern beliebt sind vor allem steuerbegünstigte Privatstiftungen, Anstalten oder Treuhandunternehmen. Sie sind einfach, schnell und relativ günstig zu gründen. Die flexiblen Anlagemöglichkeiten bieten dabei auch für die Nachlassregelung gute Bedingungen. Wie in anderen Steueroasen kommt auch im Fürstentum die Wertpapierverwaltung im Lebensversicherungsmantel

Nearshores – Europäische Finanz- und Bankplätze

zunehmend in Mode. Besonderer Vorteil der Liechtenstein-Policen: steuerfreie Auszahlung und Konkursprivileg.

Führende Bankadressen:

- Centrum Bank AG
  Kirchstrasse 3, FL-9490 Vaduz
  Tel.: 00423-2 38 38 38, Fax: 00423-2 38 38 39, www.centrumbank.li
- LGT Bank in Liechtenstein AG
  Herrengasse 12, FL-9490 Vaduz
  Tel.: 00423-2 35 11 22, Fax: 00423-2 35 15 22, www.lgt.com
- Liechtensteinische Landesbank LLB
  Städtle 44, FL-9490 Vaduz
  Tel.: 00423-2 36 88 11, Fax: 00423-2 36 88 22, www.llb.li
- Raiffeisen Bank (Liechtenstein) AG
  Austrasse 51, FL-9490 Vaduz
  Tel.: 00423-2 37 07 07, Fax: 00423-2 37 07 77, www.raiffeisen.li
- VP Bank – Verwaltungs- und Privatbank AG
  Aeulestrasse 6, FL-9490 Vaduz
  Tel.: 00423-2 35 66 55, Fax: 00423-2 35 65 00, www.vpbank.com

Eine Bank für Unternehmer …

ist die im Jahr 2000 von Unternehmern gegründete Bank Alpinum AG. Anfänglich auf das Investment Banking orientiert, widmet sie sich heute dem klassischen Private Banking: Vermögensverwaltung, Anlageberatung und alle Serviceleistungen rund um das Family Office. Ein unabhängiger Spezialist, der sich zu strikter Produktneutralität verpflichtet. Im Fokus bei ganzheitlicher Beratung und Produktauswahl steht das Kundeninteresse. Gerade Unternehmern, die ihre Vermögenswerte unter einem Dach betreut wissen möchten, werden hier die kompletten Dienstleistungen eines Family Office geboten. Da das Vermögen von Unternehmern und ihren Familien häufig in vielfältigen Anlageformen gebunden ist, erfordert das eine übergreifende Perspektive und die Bündelung

Finanzplätze auf dem Prüfstand

von Kompetenzen aus unterschiedlichen Bereichen. Hier hilft die unternehmerische Prägung der Bank Alpinum und ihrer handverlesenen Betreuer, diese Schnittstellen besonders effektiv zu nutzen. Zentraler Teil der Beratung ist die internationale Nachlassplanung. Mit Treuhandlösungen, Stiftungen und Gesellschaftsstrukturen in und außerhalb Liechtensteins werden mit Netzwerkpartnern vor allem Unternehmern bestmögliche Umsetzungen geboten.

Weitere Informationen:

- Bank Alpinum AG
  Städtle 17, FL-9490 Vaduz
  Tel.: 00423-2 39 62 11, Fax: 00423-2 39 62 21, www.bankalpinum.com

Informationen zu Treuhändern:

- Liechtensteinische Treuhändervereinigung
  Bangarten 22, FL-9490 Vaduz
  Tel.: 00423-2 31 19 19, Fax: 00423-2 31 19 20, www.thv.li

Lebensversicherungen aus Liechtenstein: Konkursprivileg und Insolvenzschutz

Es gibt viele Gründe, sich mit der Lebensversicherung aus Liechtenstein zu befassen. Am bekanntesten sind das Konkursprivileg und das Versicherungsgeheimnis. Auch für die Gestaltung der Erbfolge zu Lebzeiten und von Todes wegen, das so genannte Estate-Planning, bieten sich bemerkenswerte Optionen. Nicht zuletzt managt hier nicht die Versicherungsgesellschaft das Vermögen, sondern der persönliche Vermögensverwalter des Inhabers der Police. Selbst Immobilien lassen sich hierbei mit einbringen.

Wenn es um den Schutz eigener Werte geht, empfiehlt sich die Streuung – nicht nur im Sinne des klassischen Asset Management, sondern auch nach Rechtsordnungen, um die dortigen Optionen gezielt fruchtbar zu machen. Die Lösung muss nicht immer nur im Inland liegen.

Checkliste: Was Lebensversicherungen aus Liechtenstein leisten

Werterhaltung durch Schutz vor Insolvenz
Während das Versicherungsgeheimnis vor allem der Diskretion dient, soll der Insolvenzschutz das Vermögen einer Lebensversicherung für die Familie erhalten und vor Begehrlichkeiten Dritter bewahren. Auch in der Schweiz ist beides bekannt. Während in der Schweiz das Vermögen zugunsten von Abkömmlingen und Ehepartnern gesichert werden kann, gestattet das Versicherungsrecht in Liechtenstein auch die Begünstigung nichtehelicher Lebenspartner.

Altersvorsorge für Unternehmer
Der Schutz einer Altersvorsorge hat in Liechtenstein und der Schweiz ein weitaus höheres Gewicht als die Interessen eventueller Gläubiger. Dies zeigt sich nicht nur an der Privilegierung privater Lebensversicherungen. Auch die gesetzliche und betriebliche Altersvorsorge auf Rentenbasis ist dort nahezu vollständig gegen Insolvenz und Vollstreckung geschützt. In Deutschland haben Gerichte entschieden, dass nicht nur künftige Rentenansprüche gepfändet werden können.

Risiko betrieblicher Altersvorsorge
Jüngere Urteile zeigen, dass im Falle der Insolvenz eines Unternehmens die betriebliche Altersvorsorge (bAV) des Unternehmers und seiner nahen Angehörigen in der Regel wertlos werden. Diese praktischen Gefahren werden indes bis heute von einigen Beratern und fast allen Vermittlern im eigenen Provisionsinteresse gerne beiseite geschoben. Auf den Punkt gebracht, ist für den privaten Bereich die Lebensversicherung in Liechtenstein mindestens ebenso interessant wie die Teilverlagerung eines Unternehmens in die Schweiz.

Totalverlust im Inland
Wie aktuell die Gefahren für die Altersvorsorge des Unternehmers sein können, zeigt der Blick in den letzten Bericht des Petitionsausschusses des Deutschen Bundestages: Ein Unternehmer war insolvent geworden. Seine Lebensversicherung mit Pensionszusage war in kompletter Höhe und ohne jedweden Insolvenzschutz gepfändet worden. Das zuständige Ministerium kennt dieses Dilemma und möchte bald nachbessern – auf recht niedrigem Niveau.

Finanzplätze auf dem Prüfstand

Fortsetzung: Checkliste: Was Lebensversicherungen ...

Konkursprivileg als Gestaltung
Daher wird es auch in Zukunft weiter Kunden mit hohem Interesse an einer Absicherung über das Ausland geben. Erscheint ein deutscher Insolvenzverwalter in Liechtenstein, hat er prinzipiell keine anderen Möglichkeiten als jeder andere Gläubiger. Der Versicherer wird ihm keine Auskunft erteilen, allenfalls höflich auf das Versicherungsgeheimnis hinweisen. Entscheidend ist, die Gestaltung rechtzeitig umzusetzen, denn auch im Ausland gibt es so genannte Anfechtungsfristen.

Unterschriften im Ausland
Die Werbung mit der Konkurssicherheit ist im Inland nicht erwünscht. Das Konkursprivileg soll beispielsweise dann nicht greifen, wenn deutsche Staatsangehörige mit gewöhnlichem Aufenthalt in Deutschland das ausländische Recht als vertragliche Grundlage wählen, und wenn der Vertrag gleichzeitig unter Mitwirkung einer „deutschen Mittelsperson" (beispielsweise Vermittler, Makler, Banker) zustande kommt. Ist dem Versicherungskunden die Konkurssicherheit wichtig, muss er sich persönlich auf den Weg machen, um vor Ort seine Police einzukaufen, also nicht auf deutschem Boden zu unterschreiben.

Vermögensschutz durch Wohnsitz
Für eine optimale Gestaltung wird an einen Ehrenberufler im Ausland „überwiesen". Um jede rechtliche Diskussion über „Anknüpfungspunkte in Deutschland" von Anfang an auszuschließen, kann sich der Investor dort bei der Beschaffung eines Wohnsitzes helfen lassen. Solch ein Wohnsitz muss nicht auf unbegrenzte Dauer beibehalten werden, denn nach dem europäischen Versicherungsvertragsrecht ist es möglich und damit unschädlich, wenn der Wohnsitz später wieder verlegt wird. Bei Abschluss des Versicherungsvertrages muss dieser ausländische Wohnsitz dann der gewöhnliche Aufenthalt sein.

Provision oder Honorarberatung
Beide Wege einer Vergütung sind nur dann unkritisch, wenn die ausländische Rechtswahl aufgrund des Wohnsitzes wirksam vereinbart werden kann. Von einer schädlichen Mittelsperson kann nämlich nicht nur gesprochen werden, wenn eine Vergütung an einen Vermittler bezahlt wird, sondern auch bei Schriftverkehr, Telefonaten,

Nearshores – Europäische Finanz- und Bankplätze

Fortsetzung: Checkliste: Was Lebensversicherungen …

sonstiger Anbahnung durch Personen, die sonst auch als Mittelspersonen für Versicherer tätig sind – dies kann der Kunde zur Absicherung dem Anwalt seines Vertrauens überlassen, denn dieser ist keine Mittelsperson.

Vorsorge bei Nachlassregelungen
Auch im Wege der vorweggenommenen Erbfolge oder bei der Nachlassplanung werden derartige Versicherungsmäntel zum Vermögensanfall „außerhalb der Erbmasse" benutzt. Auch Immobilien können wirtschaftlich in einen solchen Versicherungsmantel gepackt werden, was der Fachmann auch „wrappen" nennt. In eine Police können grundsätzlich nur Wertpapiere eingelegt werden. Das Depot kann sich bei einer Bank im In- oder Ausland befinden. Auch Immobilien, belegen im In- und/oder Ausland, lassen sich in Wertpapiere verwandeln. Dies wird traditionell auch überall dort gerne umgesetzt, wo die Grunderwerbsteuer hoch ist – es wechseln beim Verkauf dann nur Aktien den Besitzer. Die Immobilie wurde also einmalig auf beispielsweise eine ausländische Aktiengesellschaft übertragen – die Aktien verwahrt ein Treuhänder oder sie werden dann in die Police eingebracht.

Weitere Informationen:

- Johannes Fiala, Rechtsanwalt
  De-la-Paz-Str. 37, D-80639 München
  Tel.: 089-17 90 90-0, Fax: 089-17 90 90-70, Mail: info@fiala.de

Finanzplätze auf dem Prüfstand

Im Vergleich: Bankdepot	Lebensversicherung
■ Individuelle Vermögensverwaltung und freie Vermögensanlage	■ Vermögensverwaltung und -anlage innerhalb der vorgegebenen Anlagestrategie
■ Besteuerung der Zinsen	■ Bei Wahl der Verrentung: Besteuerung der Rente mit dem Ertragsanteil. Bei Wahl der Kapitalzahlung: Steuervergünstigung, sofern die Versicherung mind. 12 Jahre Laufzeit hatte und der Begünstigte im Erlebensfall mind. 60 Jahre alt ist.
■ Spekulationsfristen sind zu beachten	■ Keine Spekulationsfristen im Deckungsstock der Versicherung
■ Volle Erbschaft- und Schenkungsteuer	■ Gestaltungsmöglichkeiten bei der Erbschaft- und Schenkungsteuer
■ Fällt in den Nachlass	■ Fällt nicht in den Nachlass
■ Weniger Gestaltungsmöglichkeiten bei Auszahlung	■ Freie Wahl der Begünstigten – „Stiftung light"

Quelle: Raiffeisen Bank (Liechtenstein) AG

Finanzplatz Österreich

Der Finanzplatz Österreich ist bei deutschen und internationalen Anlegern gefragter denn je, da er nicht unbedeutende Vorteile in sich birgt: Österreichisches Bankgeheimnis, leichte Erreichbarkeit,

Nearshores – Europäische Finanz- und Bankplätze

attraktive Konditionen, keine Zinsabschlagsteuer und auf den deutschen Kapitalmarkt spezialisierte Banking-Experten. Der Schutz der Privatsphäre in finanziellen Dingen blickt in Österreich auf eine jahrhundertealte Tradition zurück und ist durch das Bankgeheimnis langfristig verfassungsrechtlich abgesichert. Die Alpenrepublik gehört damit zu den Ländern mit dem besten Schutz der Privatsphäre in Bezug auf Kapitalanlagen.

Besonders interessant für deutsche Anleger sind die Banken in den Zollexklaven Jungholz und Kleinwalsertal:

- Die Kontoführung erfolgt nach österreichischem Recht
- Keine Grenzüberschreitung im üblichen Sinne
- Einzahlungen auf Konten können von Deutschland aus mittels Inlandsüberweisung getätigt werden (keine Meldepflicht beim Bundesministerium für Finanzen gemäß § 59 AO)
- Deutsche Steuerfahnder haben im Verdachtsfall keine Zugriffsmöglichkeiten auf Konten und Depots
- Keine Erbschaftsteuer-Meldung an das Finanzamt im Todesfall
- Möglichkeit des Vertragsabschlusses zugunsten Dritter
- Wertpapiertransaktionen an deutschen Börsen werden zu Inlandskonditionen abgewickelt

Private Banking der Spitzenklasse

Empfehlenswert ist das Bankhaus Jungholz in der Tiroler Zollexklave Jungholz im Allgäu. Was dessen Private-Banking-Team in den vergangenen Jahren auf die Beine gestellt hat, verdient höchste Anerkennung. Die Beratungstiefe ist fachlich vorbildlich und objektiv. Ein klarer Kurs in der Anlagestrategie, der Kunden nicht ins Risiko schickt. Die Leistung kann sich problemlos mit der großer Häuser auch in der Schweiz messen lassen. Ganz im Sinne einer

Finanzplätze auf dem Prüfstand

objektiven Kundenbetreuung führen die österreichischen Banker im Allgäu keine eigenen Finanzprodukte und schließen so Interessenkonflikte gegenüber ihren Kunden aus. Um zudem Zielkonflikte auszuschließen, erhalten die Private-Banking-Berater keine absatzorientierten Zielvorgaben und Prämien, sie werden stattdessen an der Kundenzufriedenheit gemessen. Diese kompromisslose Konzentration auf die Bedürfnisse seiner Kunden ist beim Bankhaus Jungholz gelebte und überprüfbare Realität.

Wie viel deutsches Geld ins südliche Nachbarland schon geflossen ist, lässt sich nicht genau beziffern. Nach Angaben der Österreichischen Nationalbank (OeNB) lagen Anfang 2006 jedoch gut 13 Milliarden EUR deutschen Geldes auf österreichischen Konten. Damit haben sich die Einlagen der Deutschen in den vergangenen fünf Jahren beinahe verdoppelt. Hinzu kommt eine vermutlich noch höhere Summe auf Wertpapierdepots. Schätzungen reichen von 50 bis 90 Milliarden EUR. Schon bei den Banken in den Zollausschlussgebieten Jungholz in Tirol und Kleinwalsertal in Vorarlberg, wo praktisch nur deutsche Bürger Konten und Depots unterhalten, dürften rund 10 Milliarden EUR geparkt sein – Tendenz steigend.

Damit Privates privat bleibt

Deren Interesse an den Banken im Nachbarland ist durch das Projekt „gläserner Steuerbürger" gewachsen. Darauf reagieren die österreichischen Finanzhäuser entsprechend. So gibt es etwa im Bankhaus Jungholz ein „Goldfinger-Konto", bei dem die laufende Identifikation des Kunden per Fingerabdruck erfolgt. Durch dieses einmalige System in der Bankenwelt werden Daten weder auf einem Großrechner noch in anderen EDV-Systemen gespeichert, wodurch die Privatsphäre besser geschützt ist.

Dass Österreich als Steueroase zum Schwarzgeld-Paradies taugen könnte, ruft schon seit längerer Zeit Kritik hervor. Zwar ist die im EU-Vergleich kleine Volkswirtschaft als Finanzplatz nur ein Neben-

Nearshores – Europäische Finanz- und Bankplätze

schauplatz, wegen ihrer geopolitischen Lage zwischen Ost und West jedoch ein attraktiver Zufluchtsort für Geldwäscher. Diese Form der Kriminalität floriert stark, wie Untersuchungen der Linzer Universität belegen. Berechnungen prognostizieren für das vergangene Jahr auf der ganzen Welt ein Volumen von illegal eingeschleusten Geldern, die reingewaschen werden, in Höhe von 1,4 Billionen USD. Vor vier Jahren hatte dieser Wert noch bei 0,8 Billionen USD gelegen. Für Österreich liegt das geschätzte Volumen bei 753 Millionen EUR, nach 516 Millionen vor drei Jahren. Zum Vergleich: Für Deutschland haben die Linzer Ökonomen um Professor Friedrich Schneider im gleichen Zeitraum einen Anstieg von 8,2 auf 10,3 Milliarden EUR errechnet.

Führende Bankadressen:

- Bankhaus Jungholz
  Haus Nr. 20, A-6691 Jungholz
  Tel.: 0043-5676-80 00, Fax: 0043-5676-800 48 00
  www.bankhaus-jungholz.com
- Bankhaus Carl Spängler & Co. AG
  Schwarzstrasse 17, A-5024 Salzburg
  Tel.: 0043-662-86 86 0, Fax: 0043-662-86 86 158
  www.spaengler.at
- Hypo Landesbank –
  Vorarlberger Landes- und Hypothekenbank AG,
  Filiale Riezlern/Kleinwalsertal
  Walserstrasse 31, A-6991 Riezlern
  Tel.: 0043-5517-50 01 80 33, Fax: 0043-5517-50 01 80 50
  www.hypovbg.at
- Raiffeisenbank Kleinwalsertal AG – Private Banking
  Walserstrasse 61, A-6991 Riezlern
  Tel.: 0043-5517-2 02 01, Fax: 0043-5517-2 02 290
  www.raibakwt.com
- Schoellerbank AG
  Makartplatz 3, A-5024 Salzburg
  Tel.: 0043-662-8 68 41 43, Fax: 0043-662-86 84 26
  www.schoellerbank.at

Finanzplätze auf dem Prüfstand

Finanzplatz Luxemburg

Hohes Ansehen genießt der Finanzplatz Luxemburg. Kundeneinlagen von rund 250 Milliarden EUR bei den knapp 170 Banken und ein verwaltetes Fondsvermögen der über 9 000 registrierten Fonds von 1,05 Billionen EUR sind Beweis dafür. Die Stärke des Finanzplatzes liegt in seiner Internationalität, seiner Kompetenz und in einer weit reichenden Produktpalette. Das Wachstum im financial engineering mit höchstem Technologiestand, im Handel mit Derivaten und in der aktiven Verwaltung von Fondsvermögen zeigt, dass das Großherzogtum in den vergangenen Jahren dem Stadium eines auf einträgliche back office-Aufgaben konzentrierten Platzes entwachsen ist.

Der Finanzsektor steuert 24 Prozent zum luxemburgischen BIP bei. Er beschäftigt rund 27 000 Mitarbeiter, was 10 Prozent der aktiven Bevölkerung entspricht. Ein beachtlicher Dienstleistungsüberschuss gleicht das Handelsbilanzdefizit des Großherzogtums aus und sorgt für eine positive Zahlungsbilanz.

Luxemburger „Fondsfabrik" – Fondsanzahl nach Domizil	
■ Fonds insgesamt	9 153
■ Deutschland	1 240
■ Irland	799
■ Österreich	578
■ Großbritannien	133
■ Frankreich	89
■ Liechtenstein	66
■ Schweiz	38
■ Sonstige	66

Quelle: CSSF

Das Standbein der privaten Vermögensverwaltung entwickelt sich solide und ist durch die europäische Rechts- und Steuersicherheit gefestigt worden. Wer sein Vermögen bei den Banken in Luxem-

Nearshores – Europäische Finanz- und Bankplätze

burg anlegt, kann darauf vertrauen, dass das gesetzlich verankerte und strafrechtlich geschützte Bankgeheimnis sein Recht auf Wahrung der Privatsphäre in finanziellen Belangen wirksam absichert. Das gilt bei Ausländern auch gegenüber deren Steuerbehörden.

Luxemburg spielt seit Jahren in der Spitzenliga der weltweiten Investmentfonds-Standorte. Für Fonds gibt es eine Vielzahl von Gestaltungsmöglichkeiten – über 2 000 unterschiedliche Fondsprodukte sprechen dafür. Hedgefonds etwa, jenseits der Grenzen noch in den Kinderschuhen, sind hier längst gängige Praxis. Dies gilt ebenso für Pfandbriefe und Verbriefung. Und die neue Gesellschaftsform der SICAR bietet sich als Sammelbecken für das in Europa so dringend benötigte Risikokapital an.

Internationale Verbindungen, Kompetenz und Erfahrungen ermöglichen es den in Luxemburg ansässigen Finanzinstituten, als zentrale Drehscheibe für grenzüberschreitende Dienstleistungen an den Finanzsektor zu fungieren – sei es im Devisenhandel, in der Liquiditätsbeschaffung oder in der Börsennotierung für globale Rentenpapiere. Hier macht sich bezahlt, dass der Finanzplatz Luxemburg nicht erst durch eine Nachfrage der Privatkundschaft aus dem Boden geschossen ist, sondern dass er viel tiefere und ältere Wurzeln von Banken und internationalen Handelsbewegungen hat.

Was das Know-how in der Vermögensverwaltung betrifft, können es die luxemburgischen Banken, darunter allein rund 50 Niederlassungen deutscher Geldhäuser, ohne weiteres mit den Schweizer Vermögensverwaltern aufnehmen. Doch im Gegensatz zur Schweiz wird hier eine Klientel bedient, deren Vermögen geringer ist als etwa das der typischen Private-Banking-Kunden in der Schweiz. Bereits ab 125 000 bis 250 000 EUR wird man im Großherzogtum gut bedient: Flexible Nummernkonten, Investmentfonds oder Lebensversicherungen – auch als Mantel für Wertpapiervermögen – bieten solide Anlagevarianten.

Finanzplätze auf dem Prüfstand

Schwarzgeld im Visier

Gefährlich wird der Finanzplatz künftig für all jene, die dort in der Vergangenheit Schwarzgeld geparkt haben. Neuerdings helfen die Finanzbehörden des Großherzogtums den deutschen Steuerfahndern bei deren Kampf gegen Steuerhinterziehung. Das bestehende Rechtshilfeabkommen wird konsequent umgesetzt. Vorsicht ist also angebracht – und eine mögliche Verlagerung schwarzer Vermögenswerte beispielsweise in die Schweiz oder nach Liechtenstein auch.

Was der Finanzplatz Luxemburg noch zu bieten hat

Börse: An der Luxemburger Börse werden rund 30 000 Wertpapiere – überwiegend Euro-Anleihen – notiert, die von über 4 100 Emittenten aus 100 verschiedenen Ländern stammen.

Clearstream: Clearstream, eine der führenden internationalen Clearing und Settlement-Organisationen für Bonds, Aktien und Investmentfonds sowohl für den inländischen als auch für den grenzüberschreitenden Markt, ist seit 1970 im Großherzogtum ansässig. Der Wert der verwahrten Wertpapiere beläuft sich auf ca. 7,5 Trillionen EUR. Pro Jahr werden 61,8 Millionen Transaktionen abgewickelt. Clearstream zählt die weltweit größten Finanzinstitute zu seinen Kunden.

Holding- und Finanzbeteiligungsgesellschaften: Während die Hauptaktivität der Holdings darin besteht, Beteiligungen an in- und ausländischen Firmen zu erwerben und zu verwalten, geht der Handlungsspielraum der Finanzbeteiligungsgesellschaften über die Anlage in Wertpapieren hinaus. Daher unterliegen beide Gesellschaftsformen in Luxemburg auch unterschiedlichen Steuerbestimmungen.

Versicherungs- und Rückversicherungsgesellschaften: Rund 100 Versicherungsunternehmen und 270 Rückversicherungsgesellschaften haben ihren Sitz in Luxemburg. Mit der Verwirklichung des großen EU-Binnenmarktes rücken nicht nur die Banken und Versicherungsunternehmen näher aneinander, sondern auch die Tendenz zu einer Verschmelzung der beiden Geschäftsbereiche nimmt deutlich zu.

Ergänzende Dienstleistungen: Vermögensverwalter, Wirtschaftsprüfer, Makler, Anwälte etc. vervollständigen das Bild des Finanzplatzes. Dieser ist in der Lage, sowohl dem privaten als auch dem institutionellen Anleger eine umfassende Palette kommerzieller und finanzieller Dienstleistungen anzubieten. Die Flexibilität des Finanzplatzes, verbunden mit dem professionellen Know-how der beteiligten Akteure, ermöglicht eine schnelle und zeitnahe Reaktion auf neue Markttrends und veränderte Rahmenbedingungen. Dazu kommen ein hohes Maß an Servicequalität, hohe Sicherheitsstandards und ein hoher Schutz der Privatsphäre der Kunden.

Abgeltungssteuersatz: Mit 10 Prozent ist dieser der niedrigste Satz zur Versteuerung von Kapitaleinkünften innerhalb der EU.

Fonds-Policen aus Luxemburg

Dem Anleger bietet das Großherzogtum die Möglichkeit, die Prämie für eine fondsgebundene Lebensversicherung nicht in Form von Geld, sondern in Wertpapieren einzubringen. Damit behält er im Prinzip die Zusammensetzung seines Portfolios bei. Dies wird in seiner Gesamtheit jedoch in den rechtlichen Rahmen einer Lebensversicherung eingebracht, was insbesondere dann sinnvoll ist, wenn es sich um Rentenwerte mit hohem Coupon oder um Aktien handelt, die innerhalb der Spekulationsfrist umgeschichtet werden.

Finanzplätze auf dem Prüfstand

Vorteile einer luxemburgischen Lebensversicherung

Luxemburgische Lebensversicherungen – auch die fondsgebundenen – sind den deutschen Steuervorschriften angepasst, um sämtliche Steuervergünstigungen mitnehmen zu können. Weitere Vorteile:

Vererben: Der Begünstigte erwirbt mit Eintritt des Versicherungsfalls einen eigenen unmittelbaren Anspruch auf die Versicherungsleistung. Im Todesfall der versicherten Person zahlt die Versicherung direkt an den Begünstigten aus, ohne darüber gesetzliche Erben oder Miterben zu benachrichtigen. Damit besteht für den Erblasser die Möglichkeit, Dritte auch außerhalb der Erbberechtigten zu begünstigen und Erbpflichtteile zu umgehen.

Widerruf: Der Versicherungsnehmer kann eine oder mehrere Personen als Begünstigte einsetzen. Will er während der Laufzeit des Vertrags den Begünstigten austauschen, kann er das jederzeit durch einfache schriftliche Mitteilung an den Versicherer. Eine Änderung des Testaments oder der Gang zum Notar sind dazu nicht erforderlich.

Pfändungs-Schutz: Das luxemburgische Code Civil macht luxemburgische Lebensversicherungs-Policen weitgehend pfändungssicher. Insbesondere für Selbständige und Freiberufler, die sich ein Vermögen für die private Altersvorsorge aufbauen, ist dieser Pfändungsschutz ein nicht zu verachtender Aspekt.

Kosten: Die meisten Banken lassen sich diese Form der Vergütungsverwaltung gut bezahlen. Die Gebühren betragen meist 1,5 bis 2 Prozent des Depotwerts.

Führende Bankadressen:

- ABBL Luxemburger Bankenvereinigung
  Carré Bonn, 20, rue de la Poste, L-2010 Luxembourg
  Tel.: 00352-46 36 60-1, Fax: 00352-46 09 21, www.abbl.lu

- Banque de Luxembourg S.A.
  14, Boulevard Royal, L-2449 Luxembourg
  Tel.: 00352-26 20 26 60, Fax: 00352-499 24 55 99
  www.banquedeluxembourg.com

Nearshores – Europäische Finanz- und Bankplätze

- Banque Générale du Luxembourg (BGL)
  27, Avenue Monterey, L-2951 Luxembourg
  Tel.: 00352-47 99 27 61, Fax: 00352-47 99 31 12, www.bgl.lu
- Banque LB Lux S.A.
  3, rue Jean Monnet, L-2180 Luxembourg
  Tel.: 00352-42 43 41, Fax: 00352-4 24 34 50 99
- Commerzbank International Luxembourg S.A. – Private Banking
  25, rue Edward Steichen, L-2540 Luxembourg
  Tel.: 00352-4 77 91 11, Fax: 00352-4 77 91 12 27 0
  www.commerzbank.com
- Hauck & Aufhäuser Banquiers Luxembourg S.A.
  23, Avenue de la Liberté, L-1931 Luxembourg
  Tel.: 00352-4 51 31 41, Fax: 00352-4 51 31 42 29
  www.hauck-aufhaeuser.lu
- KBL Kredietbank Luxembourgoise S.A.
  Boulevard Royal 43, L-2955 Luxembourg
  Tel.: 00352-4 79 71, Fax: 00352-4 79 77 39 12, www.kbl.lu

Andorra

In Andorra zahlt man mit Euro, obwohl der Pyrenäenstaat nicht zur EU gehört. Diese Sonderstellung verzinst sich gut auf den örtlichen Banken. Auch nach dem Pro-Kopf-Einkommen übertrifft Andorra alle anderen EU-Staaten. Und damit das so bleibt, wehren sich die Andorraner mit aller Macht gegen das Begehren der Europäischen Union, sich in steuer-, zoll- und wirtschaftlichen Fragen dem strengen EU-Standard anzupassen. Dennoch haben sich die Banken im Fürstentum der EU-Zinsrichtlinie nicht entziehen können, sie haben sich für den Quellensteuerabzug entschieden. Und obwohl es nicht den Anschein hat, ist das andorranische Finanzsystem streng geregelt. So gibt es seit 1994 ein gesetzlich geregeltes Bankgeheimnis, seit 2000 steht auch Geldwäsche aus Korruption, Mafia und Terrorismus unter Strafe. Devisenbestimmungen gibt es nicht, Kapitalein- und -ausfuhr sind frei. Da Frankreich und Spanien jedoch Einschränkungen im De-

Finanzplätze auf dem Prüfstand

visenverkehr haben, sollte die Mitnahme größerer Geldbeträge nach Andorra vermieden werden (besser: Bank- oder Orderschecks).

Das Fürstentum unterhält mit keinem Land Rechtshilfe-, Amtshilfe- oder Steuerabkommen, auch gibt es mit Deutschland kein DBA. Ohne Doppelbesteuerungsabkommen gilt das Welteinkommensprinzip. Deshalb sollte bei einer Wohnsitznahme in Andorra der deutsche Steuerberater konsultiert werden. Andorra kennt keine direkten Steuern, weder Einkommen- noch Körperschaftsteuer, weder Vermögen- noch Erbschaftsteuer. Das Fürstentum ist also für alle, die dort wohnen, eine echte Steueroase. Neu ist die Aufnahme des Tatbestands der Steuerhinterziehung ins Strafgesetzbuch. Seit 2006 gilt diese bei Zinssteuerhinterziehung.

Die Banken im Fürstentum sind mit allen wichtigen Finanzzentren verbunden. Zu ihnen kommen vorrangig Franzosen und Spanier. Für Deutsche haben die Finanzhäuser in der unmittelbaren Nachbarschaft mehr zu bieten. Deutsche Spanienurlauber fühlen sich hauptsächlich von Europas größtem Duty-Free-Shop in den Pyrenäenstaat gezogen.

Für Unverbesserliche dennoch alle Banken:

- Grup Agricol Reig-Andbanc
  Carrer Manuel Cerqueda Escaler 6, Escaldes-Engordany
  Tel.: 00376-87 33 33, Fax: 00376-86 39 05, www.andbanc.com

- Banc Internacional i Banca Mora
  Av. Meritxell, 96, Andorra la Vella
  Tel.: 00376-88 44 88, Fax: 00376-88 44 99, www.bibm.ad

- Banca Privada d'Andorra
  Av. Carlemany, 119, Escaldes-Engordany
  Tel.: 00376-87 35 00, Fax: 00376-87 35 17

- Banc Sabadell d'Andorra
  Av. Del Fener, 7, Andorra la Vella
  Tel.: 00376-73 56 00, Fax: 00376-73 56 01, www.bsa.ad

Nearshores – Europäische Finanz- und Bankplätze

- Caixabank
  Placa Rebés, 3, Andorra la Vella
  Tel.: 00376-87 48 74, Fax: 00376-73 56 01, www.caixabank.ad
- Crèdit Andorrà
  Av. Meritxell, 80, Andorra la Vella
  Tel.: 00376-88 80 35, Fax: 00376-88 88 81, www.creditandorra.ad

Channel Islands

Als attraktiver Finanzplatz mit intaktem Bankgeheimnis gelten seit langem die Channel Islands. Sie sind rechtlich selbstständig mit eigener Steuerhoheit, stehen aber unter dem Schutz der britischen Krone. Vor allem Jersey und Guernsey haben sich so zu Finanzzentren ersten Ranges entwickelt. Das Bankgeheimnis ist zwar nur gewohnheitsrechtlich abgesichert – es funktioniert jedoch. Dafür haben die Inseln ein Trustgesetz. Werden Konten und Depots von einem Vermögenstrust verwaltet, unterliegt der Treuhänder, das kann auch eine Bank sein, der Geheimhaltungspflicht. Dadurch bleibt die Anonymität privater Anleger gewahrt.

Ausländern ist es fast unmöglich, Immobilien zu erwerben. Auch werden keine Daueraufenthaltsgenehmigungen erteilt. Die Inseln kennen keine Erbschaftsteuer, was sehr zu ihrer Attraktivität für britische Staatsbürger beiträgt, die einer hohen Erbschaftbesteuerung unterliegen. Doch in erster Linie bieten Guernsey und Jersey attraktive Steuergestaltungsmöglichkeiten für Unternehmen. Mittlerweile haben sich dort deshalb über 37 000 Gesellschaften niedergelassen. Mit Deutschland gibt es kein Doppelbesteuerungsabkommen. Geldgeschäfte und Investments können ohne Devisenein- und -ausfuhrrestriktionen getätigt werden.

Das Finanzgeschäft wurde zur großen Erfolgsstory. Während die Channel Islands vor 20 Jahren Investoren noch mit Steuerkonzessionen locken mussten, ist heute Fachkompetenz der Finanzdienstleister ausschlaggebend. 76 Banken haben sich allein auf Guern-

Finanzplätze auf dem Prüfstand

sey niedergelassen, nur ein paar weniger als auf der Nachbarinsel Jersey. Auf beiden Inseln insgesamt rund 100 Finanzinstitute, darunter auch einige deutsche. Hinzu kommen 352 Versicherungsunternehmen. Damit liegt Guernsey als Versicherungsplatz weltweit nach den Bermuda- und den Cayman-Islands an dritter Stelle.

Während die Piraten der Channel Islands früher stahlen, was andere transportierten, transportierten die Banker der Inseln vor der fränzösischen Küste in den vergangenen Jahren, was andere stahlen – dem Fiskus und damit dem Volksvermögen der großen Länder. Aber natürlich wird bei den Banken auch viel sauberes Geld bewegt. Doch es trifft den Kern der „Karriere" von Jersey und Guernsey seit den siebziger Jahren. Damals entwickelten sich die Inseln durch freundliche Gesetze, niedrige oder gar keine Steuern und eine diskrete Handhabung von Geldströmen zu einem der großen Finanzzentren Europas. Heute sind auch die Banken und vielen Direktoren von Offshore-Firmen verpflichtet, die Identität und die Herkunft der zu verwaltenden Gelder festzustellen.

Derzeit werden auf den Channel Islands über 500 Milliarden EUR verwaltet – häufig über Trusts. Wichtigster Offshore-Platz ist Jersey mit rund 330 Milliarden EUR Anlagevolumen, mehr als doppelt so viel wie bei den Banken auf Guernsey und zehnmal so viel wie auf der Isle of Man – seit 1999 ein Zuwachs von 72,5 Milliarden EUR, vor allem von institutionellen Investoren. Darunter auch rund 500 Fonds, die sich aus steuerlichen Gründen auf den Channel Islands niedergelassen haben. Sie verwalten bereits über 50 Milliarden Euro. Mit rund 25 Prozent stellen Briten die größte Anlegergruppe. Das durchschnittliche Anlagevolumen pro Kunde liegt zwischen 100 000 und 500 000 Euro.

Finanzdienstleister auf Jersey und Guernsey erwarten durch die EU-Zinsrichtlinie einen sprunghaften Geschäftsanstieg im Offshore-Anlagebereich. Die meisten Banken bieten inzwischen steueroptimierte Finanzprodukte für EU-Bürger an. Darunter sind auch

Nearshores – Europäische Finanz- und Bankplätze

offene Immobilienfonds, die in Strategie, Beleihungskriterien sowie bei Beleihungs- und Bewertungsaspekten im Gegensatz zu den strikten Vorgaben im deutschen Investmentgesetz weitgehend frei vereinbar sind. Schon dadurch tragen sie höhere Chancen, aber auch höhere Risiken.

Ausgewählte Bankadressen:

Guernsey:
- ANZ Bank (Guernsey) Ltd.
  Frances House, Sir William Place, St. Peter Port,
  Tel.: 0044-1481-72 67 71, Fax: 0044-1481-72 78 51

- Coutts (Guernsey) Ltd.
  Coutts House, Le Truchot, St. Peter Port, GY1 4AH
  Tel.: 0044-1481-72 61 01, Fax: 0044-1481-72 82 72

- Rabobank Guernsey Ltd.
  Holland House, St. Julian's Ave, St. Peter Port, GY1 3UY
  Tel.: 0044-1481-72 51 47, Fax: 0044-1481-72 51 57

Jersey:
- Citibank (Channel Islands) Ltd.
  38 Esplanade, St. Helier JE4 8QB
  Tel.: 0044-1534-60 50 00, Fax: 0044-1534-60 81 90

- HSBC Private Bank (Jersey)
  1 Grenville Street, St. Helier JE4 9PF
  Tel.: 0044-1534-60 65 00, Fax: 0044-1534-60 65 04

- Lloyds TSB Bank (Jersey) Ltd.
  Lloyds TSB House, 25 New Street, St. Helier JE4 8RG
  Tel.: 0044-1534-50 30 00, Fax: 0044-1534-50 30 47

- Barclays Private Clients International
  Tel.: 0044-84 56 01 53 44
  www.internationalbanking.barclays.com

- Royal Bank of Scotland International
  Tel.: 0044-1534-28 52 00
  www.rbsint.com

Finanzplätze auf dem Prüfstand

Gibraltar

Die britische Kronkolonie zählt Mitte 2005 nicht nur über 75 000 Offshore-Gesellschaften, die sich dort vornehmlich aus dem englischen und asiatischen Raum niedergelassen haben. Sie zählt auch über 30 Banken, die für rund 100 000 Kunden Vermögenswerte von über 25 Milliarden EUR verwalten. Auch von vielen Deutschen, die an der spanischen Costa del Sol das Leben genießen und Gibraltar als steuersparenden Finanzplatz nutzen.

Für sie bieten die Banken vor Ort einen exzellenten Service. Ansonsten ist die Kronkolonie für Vermögende uninteressant. Gleiches bekommt man besser in den Nachbarländern. Selbst wenn man über Gibraltar im Einzelfall eine juristische Lösung für bestimmte Problemfälle, z.B. Spanien-Immobilien, sucht, wird sie beispielsweise über Banken in der Schweiz immer geboten.

Ausgewählte Bankadressen:

für Deutsche an der Costa del Sol

- Barclays Bank Offshore Financial Services (Gibraltar) Ltd.
  Regal House, 3 Queensway, Gibraltar
  Tel.: 00350-7 85 65, Fax: 00350-7 99 87
- Hispano Commerzbank (Gibraltar) Ltd.
  2nd Floor, Don House, 30–38 Main Street, Gibraltar
  Tel.: 00350-7 41 99, Fax: 00350-7 41 74
- Jyske Bank (Gibraltar) Ltd.
  76 Main Street, Gibraltar
  Tel.: 00350-7 27 82, Fax: 00350-7 27 32

Finanzplatz Großbritannien

Als im Januar 1999 der Euro bankintern Zahlungsmittel, drei Jahre später offizielle Währung in den Teilnehmerstaaten wurde und Frankfurt längst als Sitz der neu zu schaffenden Europäischen Zentralbank (EZB) bestätigt war, sah es für die Zukunft des Finanzplatzes

Nearshores – Europäische Finanz- und Bankplätze

Großbritannien – sprich London – nicht rosig aus. Viel Geschäft – vor allem aus dem Euro-Währungsbereich – würde an diesem altehrwürdigen Finanzplatz vorbeilaufen, denn Großbritannien war der neuen Währungsgemeinschaft nicht beigetreten. Der Londoner Finanzplatz – schlicht „City" genannt – lebte von seinem über Jahrhunderte aufgebauten guten Ruf vor sich hin. Mit dem berühmten „Big Bang" in den achtziger Jahren wurden auf Regierungsgeheiß über Nacht jedoch alle Barrieren im Finanz- und Bankenbereich niedergerissen. Binnen kürzester Zeit erfolgte von ausländischen Interessenten, vornehmlich amerikanischer Adressen, ein Aufkauf im großen Stil.

Doch in den letzten Jahren sind die britischen Banken selbst in die Offensive gegangen. In der internationalen Rangliste belegen sie heute Spitzenplätze. Bestes Beispiel ist der britisch-asiatische Finanzkonzern HSBC, der, gemessen an Marktkapitalisierung, Bilanzsumme und Erträgen, jeweils unter den Top 5 der Bankenwelt zu finden ist. HSBC repräsentiert einen Bankenverbund mit rund 10 000 Niederlassungen in 76 Ländern. Aber auch die Royal Bank of Scotland, HBOS, Barclays und Lloyds TSB gehören, gemessen am Kernkapital, zu den Top 25 im globalen Bankgeschäft.

Mitte 2006 zeigt die Londoner Finanzszene ein Bild, das selbst die kühnsten Optimisten nicht erwartet hatten. War allgemein vermutet worden, dass Frankfurt oder Paris zur europäischen Finanzmetropole Nummer eins aufsteigen, baute London seine führende Stellung aus. Auf manchen Sektoren wird heute sogar New York übertroffen. Die weltweiten Wirtschafts- und Bankenadressen halten London mit seinen gut ausgebauten Strukturen die Treue und wickeln ihre Euro-Transaktionen bevorzugt über die City ab. Arbeitstäglich fließen rund 680 Milliarden USD an ausländischen Währungen, die Anlage suchen oder als Kredit begeben werden, über London. Davon stammen drei Viertel aus Dollar- und Euro-Quellen. Die Gesamtaktiva beliefen sich Ende 2005 auf 8,07 Billionen EUR, davon hielten britische Banken 3,68 Billionen EUR (46 Prozent) und ausländische Institute 4,37 Billionen EUR (54 Prozent).

Finanzplätze auf dem Prüfstand

Als Finanzplatz führend in Europa

Es ist in den vergangenen Jahren für international tätige ausländische Banken gewissermaßen zur Pflicht geworden, in London auf breiter Basis präsent zu sein. Zahlreiche Großbanken, etwa die Deutsche Bank, die niederländische ABN Amro und selbst die konservative französische BNP Paribas, haben große Teile ihrer Investmentaktivitäten nach London verlegt. Manche Häuser beschäftigen in der City, speziell im Bondsbereich, mehr Händler als in ihren Zentralen. Aktuell sind über 500 Banken (Frankfurt 152) und mehr als 150 Wertpapierhäuser aus zahlreichen Ländern in London ansässig. Der Anteil von Banken aus der EU hat sich an den Aktiven binnen eines Jahrzehnts von 43 auf 50 Prozent erhöht. Über 330 000 Menschen sind im Finanzdistrikt beschäftigt.

Neben den traditionellen Geschäften werden 60 Prozent aller Eurobonds in der City begeben. Der Finanzplatz London mausert sich zum weltweit führenden Platz für Hedge-Fonds. 2005 wurden 78 Börseneinführungen ausländischer Unternehmen an der Londoner Stock Exchange, die 10,8 Milliarden USD einspielten, eingeführt. Damit wurde New York überrundet. Wurden 1999 an der Wall Street 41 Milliarden USD aus dem IPO-Geschäft eingespielt, waren es im vergangenen Jahr nur noch 7 Milliarden USD. Auch auf diesem Sektor ist die City weltweit führend. In den kommenden Jahren werden sich vor allem russische und chinesische Unternehmen zur Börseneinführung drängen. Heute ist Großbritannien der größte Online-Banking-Markt Europas. Im Private Banking profitiert Großbritannien von seinen Offshore-Standorten, die zu den bedeutenderen Zielgebieten im Offshore-Banking gehören.

Von den boomenden City-Geschäften profitieren auch andere Bereiche, vor allem der Immobilienmarkt. Auch auf dem Arbeitsmarkt für Bankkräfte ist die Situation sehr gut. Vor allem die niedrigen Einkommensteuern gelten neben den hohen beruflichen Herausforderungen als Anziehungskraft. 2008 sollen rund 400 000 Personen bei City-Bankadressen beschäftigt sein.

Nearshores – Europäische Finanz- und Bankplätze

> **Beitritt zur Wirtschafts- und Währungsunion?**
>
> Die britische Regierung will den Euro nur einführen, wenn dies im wirtschaftlichen Interesse Großbritanniens liegt. Falls sich die Regierung für eine Euro-Einführung ausspricht, wird die Entscheidung von der Bevölkerung in einem Referendum getroffen. Derzeit erfüllt Großbritannien drei der vier Maastricht-Kriterien: Inflationsrate 2 Prozent, Haushaltsdefizit in Prozent des BIP 3,3 (3 Prozent), Gesamtverschuldung in Prozent des BIP 40,8, Langfrist-Zins 4,39 Prozent (Rendite 10-jähriger Staatsanleihen).

Jagd auf Steuersünder

Seit Mitte 2006 ist auch in Großbritannien das Bankgeheimnis gefallen. Hundertausende britischer Steuerzahler müssen nach einem Rechtsstreit, den die britischen Steuerbehörden gegen die Barclays Bank gewonnen haben, fürchten, dass den Finanzämtern künftig Informationen über ihre Bankkonten zugeleitet werden, die sie im Ausland – besonders auf den Channel Islands und der Isle of Man – unterhalten.

In Großbritannien bieten Banken dort und anderswo so genannte Offshore-Konten an. Zwar ist es völlig legal, solche Konten außerhalb des Zugriffsgebiets der Steuerbehörden zu unterhalten. Aber die britischen Finanzämter erwarten, dass die auf diesen Konten erzielten Zinserträge in Großbritannien versteuert werden, zumindest, wenn der Kontoinhaber in Großbritannien voll der Steuerpflicht unterliegt. Ausländer sind, solange sie den Status "Resident Non Domicile" haben, davon nicht betroffen. In diesem Fall müssen sie in Großbritannien nur das Einkommen versteuern, das sie dort beziehen, und nicht ihr gesamtes Welteinkommen.

Allerdings schränken die britischen Behörden den Steuerstatus "Resident Non Domicile" immer mehr ein, um die Steuerbasis für den britischen Staatshaushalt zu verbreitern. Die Vermutung der Behörden, dass viele Briten Gelder auf Offshore-Konten einfach verschwinden lassen, veranlasste die oberste Steuerbehörde, die HM Revenue & Customs, britische Banken zur Mithilfe zu zwingen. Der Verdacht der Finanzämter, dass mit Hilfe der Offshore-Konten Steuern hinterzogen werden, erhärtete sich in letzter Zeit, da sich Personen Steuerrückerstattungen mitunter direkt auf ihre Offshore-Konten überweisen ließen. Entdecken die Finanzämter, dass Steuern hinterzogen wurden, muss der Steuersünder nicht nur die fälligen Steuern zuzüglich Zinsen nachzahlen, sondern die Behörden können Geldbußen verhängen, die sich auf die volle Höhe der hinterzogenen Steuern belaufen. Gleichzeitig sind die Behörden ermächtigt, die Steuererklärungen der vergangenen sechs Jahre zu prüfen, in schweren Fällen der Steuerhinterziehung gar der vergangenen zwanzig Jahre.

Britische Lebensversicherung

Deutsche Lebensversicherungskunden sind Kummer gewohnt: Drastische Reduzierung der Überschussbeteiligung, Beinahe-Pleite von Anbietern, Wegfall des Steuerprivilegs, Senkung des Garantiezinses zum 1. Januar 2007. Grund für die magere Verzinsung ist die Zusammensetzung des Portfolios, das zu einseitig ausgerichtet ist: Fast 90 Prozent ihrer Anlagen investiert die Lebensversicherungsbranche in Festverzinsliche, obwohl ihr ein Aktienengagement von bis zu 35 Prozent erlaubt ist. Diese Portfolio-Zusammensetzung ist in einem anhaltend niedrigen Kapitalmarkt schwierig und bietet nur wenig Chancen.

Ganz anders stellen sich britische Lebensversicherer dar. Sie sind in der Anlagepolitik flexibel und können theoretisch bis zu 100 Prozent in Aktien investieren. Darüber hinaus punkten sie im Vergleich zu deutschen Versicherern mit einer hohen Finanzstärke, einem langjährigen Investment-Know-how und Ertragsstärke. In guten Börsenjahren erwirtschafteten sie in der Vergangenheit regelmäßig zweistellige Renditen. Doch Vorsicht: Wegen der höheren Inflationsraten in Großbritannien muss man bei Versicherern, die zu

Nearshores – Europäische Finanz- und Bankplätze

50 Prozent in Aktien investiert haben, seriöserweise einen Renditeabschlag gegenüber deutschen Versicherern von 2 bis 3 Prozent einkalkulieren.

Ausgewählte britische Versicherer 2004 im Vergleich

Name der Gesellschaft	Aktienquote in %	Rendite in % p. a.	FitchRating
Clerical Medical	38	10,6	AA
Legal & General	51	10,1	AA+
Standard Life	34	11,3	A–

Deutsche Versicherer im Vergleich:
Aktienquote deutscher Versicherer: 9,0 %
Durchschnittsrendite: 3,5 %
Rating
- Axa Lebensversicherung — AA
- Allianz Lebensversicherung — AA–
- WWK Lebensversicherung — A+

Um eine hohe Aktienquote zu halten, ist die Finanzstärke der jeweiligen Gesellschaft entscheidend. Bei einer schlechten Bonität greift die Finanzaufsicht zugunsten Festverzinslicher in die Anlagepolitik der Versicherungsgesellschaft ein.

Die Britische Lebensversicherung auf einen Blick

Anlagevorschriften: Die britischen Policen werden in Großbritannien in Pfund, in Deutschland in Euro abgeschlossen. Für in Deutschland abgeschlossene Versicherungen gilt hiesiges Vertrags- und Steuerrecht. Alle Policen unterliegen der britischen Finanzaufsicht und deren Anlagevorschriften. Sie sind bei der Investmententscheidung frei.

Aufsicht: Die britische Aufsicht überprüft laufend, ob die Kapitalreserven der Gesellschaft ausreichen, um die finanziellen Zusagen an die Kunden zu erfüllen. Sieht sie das nicht mehr gewährleistet, schränkt sie die Investmentfreiheit ein.

Finanzplätze auf dem Prüfstand

Fortsetzung: Die Britische Lebensversicherung auf einen Blick

Sicherungsfonds: Zwar gibt es auch für britische Policen einen Sicherungsfonds, der aber nicht für Nichtbriten gilt. Das zeigt, wie wichtig die Finanzstärke des Anbieters ist, damit ausländische Versicherungsnehmer erst gar nicht auf solche Sicherungsinstrumente angewiesen sind.

Überschüsse: Britische Policen sind im Gegensatz zu deutschen, bei denen mindestens 90 Prozent der Kapitalerträge den Kunden gutgeschrieben werden müssen, in der Verteilung frei. Die jährlichen Bonuszusagen sind meist erst zum Vertragsablauf garantiert.

Kündigung: Weil Zusagen erst zur Fälligkeit der Police gelten und keine Rückkaufswerte garantiert sind sowie wegen der hohen Schlussboni, sind Kündigungen mit großen Einbußen verbunden. Ein Verkauf auf dem Zweitmarkt ist deshalb deutlich attraktiver.

Gerade jetzt, wo in Deutschland das Steuerprivileg gefallen ist und die Garantieverzinsung kaum noch der Rede wert ist, bietet sich der Abschluss einer britischen Lebensversicherung an. Und wer dann auch noch schwarze Geldreserven im Ausland gebunkert hat, kann diese über den Abschluss einer britischen Police elegant legalisieren.

Isle of Man

Das Kleinod in der Irischen See ist für Vermögende nicht nur ein attraktives Steuerschlupfloch innerhalb der EU. Die Isle of Man wurde 2006 auch zum „Best International Financial Services Centre" gekürt. Banken, Versicherungen, Fondsgesellschaften und Intermediäre bieten Vermögenden eine Qualität und einen Service, den diese in anderen Finanzplätzen suchen müssen. Über 75 Milliarden EUR verwaltete Vermögen Mitte 2006 und ein Anstieg von rund 60 Prozent bei den Prämieneinnahmen der Versicherungen sind ein deutlicher Vertrauensbeweis. Heute ist die Insel ein „major player in the international offshore funds arena".

Nearshores – Europäische Finanz- und Bankplätze

Heute sind auf der Isle of Man neben rund 70 Banken über 200 Versicherungen, 70 Pensionskassen und zahlreiche Finanzgesellschaften registriert. In den letzten Jahren hat sich die Insel wegen ihrer Steuerfreiheit zu einem der weltweit führenden Captive-Zentren entwickelt. Die Isle of Man war das erste Offshore-Zentrum, dem – nach dem britischen Finanzdienstgesetz – ein Sonderstatus eingeräumt wurde. Danach dürfen beispielsweise auf der Insel zugelassene Investmentgesellschaften Anteile an Kapitalanlagegesellschaften auch in Großbritannien verkaufen.

Eine Spezialität auf der Isle of Man sind Trusts. Sie können von Nichtansässigen zur Nutznießung Nichtansässiger gegründet werden. Kommt das Einkommen des Trusts dann von außerhalb der Insel, bleibt dieser steuerfrei. Lassen die Gesetze in der Heimat den Rechtsträger Trust nicht zu, können Vermögende auf der Isle of Man problemlos auf das Instrument der Stiftung ausweichen. Und zwar einfacher und kostengünstiger als in vielen anderen Steueroasen, in denen Stiftungen angeboten werden. Die Isle of Man bietet Vermögenden aus der EU somit eine reizvolle Alternative zu den teuren Channel Islands.

Ausgewählte Bankadressen:

- Allied Dunbar Bank International Ltd.
  Allied Dunbar International Centre
  43–51 Athol St., Douglas IM99 IET
  Tel.: 0044-1624-66 15 51, Fax: 0044-1624-66 21 83

- Barclays Private Bank & Trust (Isle of Man) Ltd.
  4th Floor, Queen Victoria House, Victoria St., Douglas IM99 1DF
  Tel.: 0044-1624-67 35 14, Fax: 0044-1624-62 09 05

- Lloyds Private Banking (Isle of Man) Ltd.
  Peveril Bldgs. Peveril Sq, Douglas IM99 1JJ
  Tel.: 0044-1624-63 82 00, Fax: 0044-1624-67 62 89

- Merrill Lynch Bank Trust & Co.
  Atlantic House, Circular Rd, Douglas IM1 1QW
  Tel.: 0044-1624-68 86 00, Fax: 0044-1624-68 86 01

Finanzplätze auf dem Prüfstand

Finanzplatz Madeira

Über 4 000 Banken, Versicherungen und Investoren aus Europa, den USA und Südamerika sind bereits auf der „Perle im Atlantik" vertreten. Nicht nur, um die dort geltenden günstigen steuerlichen Bedingungen für Offshore-Gesellschaften und Offshore-Aktivitäten zu nutzen. Sie parken bei den ansässigen Banken häufig auch hohe Geldbeträge, um anschließend – sofern ein DBA mit dem Heimatland besteht – die darauf erhaltenen Zinserträge steuerfrei kassieren zu können. Denn die auf der zu Portugal gehörenden Insel zu „entrichtenden" Kapitalsteuern sind bei entsprechenden zwischenstaatlichen Abkommen fiktiv und können von den Steuerlasten in der Heimat in Abzug gebracht werden.

Diese Renditevorteile lassen sich sowohl im Privat- wie auch im Betriebsvermögen realisieren. Vorteile, die Anleger insbesondere bei einem kurzfristigen Anlagehorizont erwarten:

- ansprechende Brutto-Verzinsung (nahe EURIBOR)
- Anrechenbarkeit einer fiktiven Quellensteuer von 15 Prozent
- Steuerstundungseffekt der nicht erhobenen Zinsabschlagsteuer
- hohe Nachsteuerrendite

Madeira-Festgelder können über größere deutsche Banken abgeschlossen werden, beispielsweise bei der Dresdner Bank: Mindestanlage 2 Millionen EUR, Laufzeit ein Monat oder drei bis zwölf Monate, Kontoeröffnung in Madeira erforderlich (über örtlichen Berater), Steuernachweis für die portugiesischen Behörden notwendig. Nach Einführung der EU-Zinsrichtlinie erfolgt ein automatischer Informationsaustausch zwischen den Banken und den Steuerbehörden am Wohnsitz des Kunden; die Daten unterliegen nicht dem Bankgeheimnis in Portugal und werden auch ohne Kun-

Nearshores – Europäische Finanz- und Bankplätze

denzustimmung gemeldet. Das Festgeld kommt bei der Dresdner Bank Luxembourg S.A. Sucursal Financiera Exterior in Funchal, Madeira, zur Anlage, eine rechtlich unselbständige Niederlassung der Dresdner Bank Luxembourg S.A., die unter das Einlagensicherungsregime des Großherzogtums fällt (maximal 20 000 EUR, Standard & Poors-Bonitätsrating Portugal: „AA").

Finanzplatz Malta

Die maltesische Wirtschaft war nicht so gut auf den EU-Beitritt vorbereitet, wie viele Experten gedacht hatten – inklusive der maltesischen Nationalbank, deren für 2005 vorhergesagte Wachstumsraten sich nicht erfüllt haben. Die seit März 2004 amtierende Regierung kommt mit Privatisierung und Reformen langsamer voran als geplant. Doch wie der große Bruder Zypern will auch Malta zum 1. Januar 2008 den Euro einführen.

Eine Brüsseler Hürde wird die kleinste Volkswirtschaft Europas – Malta hat gerade einmal 400 000 Einwohner – dabei definitiv nicht überwinden können: die Staatsverschuldung. Sie betrug im Jahr 2005 76,7 Prozent des Bruttoinlandsprodukts und soll bis 2007 auf immerhin 68,9 Prozent zurückgehen, vorgeschrieben sind 60 Prozent. Die Regierung in Valletta verfolgt denn auch eine konsequente Sparpolitik – mit der Sanierung der Staatsfinanzen ist sie relativ gut vorangekommen. Allerdings macht der ansteigende Erdölpreis dem Inselstaat schwer zu schaffen, ist er doch zur Deckung des Energiebedarfs zurzeit noch auf Gedeih und Verderb auf Erdölimporte angewiesen.

Nichtsdestotrotz ist Malta kein schlechter Tipp für Anleger und Investoren: Durch das Sparprogramm ist der Inselstaat auf dem besten Wege, die Maastricht-Kriterien zu erfüllen. Das Finanzministerium geht davon aus, dass das Haushaltsdefizit im laufenden Jahr unter 3 Prozent gedrückt werden kann. Und auch wenn im Jahr 2005 die Wirtschaft nur um 0,9 Prozent statt der erwarteten 1,7

Finanzplätze auf dem Prüfstand

Prozent gewachsen ist, könnten in 2006 die geplanten 1,1 Prozent Wirtschaftswachstum sogar übertroffen werden. Dabei entwickelt sich Malta langsam weg von einem tourismusgeprägten Staat zu einem attraktiven Finanzplatz und einer Heimat für viele Dienstleistungsunternehmen – durch eine vorteilhafte Gesetzgebung vor allem in der Pharmabranche, speziell von Generika produzierenden Unternehmen.

Um diesen Trend zu unterstützen, beschleunigt die Regierung die Privatisierungen. Der größte Telekommunikationskonzern des Landes, Maltacom, und die staatlichen Jachthäfen stehen dabei ebenso zur Diskussion wie die völlige Privatisierung der Bank of Valletta, die nach der HSBC Malta die größte Bank im Lande ist. Mitte 2006 soll außerdem eine Rentenreform verabschiedet werden, die das Rentenalter stufenweise auf 65 Jahre heraufsetzt – keine Fortschritte konnten bislang bei der Reform des sehr kostspieligen Gesundheitswesens erzielt werden, das auch noch vollständig vom Staat getragen wird.

Der wesentlichste Faktor für den weiteren Fortschritt Maltas – und die steigende Attraktivität bei Anlegern und Investoren – wird allerdings die geplante Steuerreform sein. Gerade unter ausländischen Investoren und Firmen erwartet man sich hiervon viel, befindet sich das kleine Malta doch bei der Unternehmensbesteuerung mit durchschnittlich 32,8 Prozent in der absoluten Spitzengruppe – nur knapp hinter Deutschland. Dies ist vor allem auch deshalb wichtig, weil der Standortvorteil niedriger Löhne durch die wachsende Konkurrenz aus Osteuropa und Asien und den hohen Wechselkurs zwischen maltesischer Lira und Euro doppelt schwindet.

Malta bleibt spannend für Anleger und Investoren. Sollte die Regierung ihre Hausaufgaben weiterhin so gut erledigen, könnte der Inselstaat noch zu Höhenflügen ansetzen.

Empfehlenswerte Banken:

- HSBC Bank Malta p.l.c.
  236 Republic Street, Valetta
  Tel.: 00356-23 80 23 80, www.hsbc.com.mt
- Lombard Bank Malta p.l.c.
  67, Republic Street, Veletta VLT 05
  Tel.: 00356-25 58 18 20, Fax: 00356-25 58 18 00
  www.lombardmalta.com
- Bank of Valetta p.l.v., Private Wealth Management
  Cannon Road, Sta. Venera, Tel.: 00356-21 31 20 20, www.bov.com

Finanzplatz Monaco

Im Gegensatz zur weitläufigen Ansicht basiert die Wirtschaft Monacos nicht ausschließlich auf dem Spieltourismus. Die Einnahmen durch das Casino machen heute nicht mehr als 4 Prozent der gesamten Staatseinnahmen aus. Etwa 70 Prozent werden durch Steuern generiert, wovon das Gros Mehrwertsteuereinnahmen sind. Tourismus, Industrie, Handel, Service, Dienstleistungen und der Finanzsektor sind wichtige Eckpfeiler.

Doch das soll sich ändern. Monaco will ans große Geld. Der Kasinostaat soll zur Schweiz des Mittelmeers umgebaut werden. Die Gründe für den Politikwechsel sind vielfältig: Nach Einführung des EUR und der Aufnahme Monacos in den Europarat wächst der Druck auf das Fürstentum, penibel auf die Hygiene und Transparenz aller Finanzströme zu achten, die die Millionärsmetropole durchqueren, und alle Vergehen streng zu verfolgen. Das gilt insbesondere für den Kampf gegen die Geldwäsche von Steuerflüchtlingen, Mafiosi und Terroristen. Die Änderung des monegassischen Geschäftsmodells wird dadurch erleichtert, dass die örtliche Wirtschaft derzeit in voller Blüte steht, man also auf den Umsatzbeitrag von Schattenwirtschaft und Schwarzgeld verzichten kann.

Stattdessen will man die Verwalter von Private-Equity-, Venture-Capital- und Hedgefonds für den Finanzplatz Monaco begeistern.

Finanzplätze auf dem Prüfstand

Ende 2006 werden deshalb zahlreiche Gesetze verabschiedet sein, die das Fürstentum zu einem Standort für Fondsmanager und Fondsverwaltungen etablieren sollen. Als Finanzplatz hat man sich internationaler Kontrolle unterworfen und ist seit Jahren skandalfrei. Banken, Vermögensverwalter, Immobilienmakler und Kasino melden verdächtige Geldbewegungen. Wer sich nicht an die Meldepflicht hält, riskiert den Lizenzentzug. Auch Frankreich hat seine Proteste eingestellt, zumal die monegassische Steuerfreiheit ausdrücklich nicht für Franzosen gilt.

Heute zählt der Finanzplatz an der Côte d'Azur 42 Banken und elf Vermögensverwalter mit insgesamt knapp 3 000 Mitarbeitern. Für 130 000 Kunden werden über 350 000 Konten und Depots geführt, auf denen 67,5 Milliarden EUR verwaltet werden – 20 Prozent mehr als vor fünf Jahren (Liechtenstein: 120 Milliarden EUR). Der Zustrom von Kapital hat viele Gründe. Vor allem aber rührt die wachsende Anziehungskraft des Finanzplatzes daher, dass Anleger nicht mehr fürchten müssen, als halbseidene Zocker abgestempelt zu werden, wenn sie ihr Geld auf monegassische Konten überweisen.

Monaco bietet der Finanzindustrie eine hohe Lebensqualität, ein Höchstmaß an Sicherheit – und steuerliche Vorteile. Eine Reihe von Hedgefonds plant, sich im Fürstentum niederzulassen: Alfa Group etwa, eine der größten und einflussreichsten russischen Finanzgruppen.

Das Bankgeheimnis ist gemäß französischem Recht geschützt, Verstöße gegen die Geheimhaltungspflicht werden geahndet. Die diskrete Behandlung von Bankdaten findet jedoch ihre Grenzen, wo es um Steuerangelegenheiten geht. Werden Konten eröffnet oder geschlossen, muss die monegassische Finanzverwaltung informiert werden. Alle Bank- und Finanzgeschäfte unterliegen einer Sondersteuer von 17,6 Prozent, eine Mehrwertsteuer fällt nicht an.

Nearshores – Europäische Finanz- und Bankplätze

Ausgewählte Bankadressen:

- ABC Banque International de Monaco
  Sporting d'Hiver, Place du Casino, MC 98003 Monaco
  Tel.: 00377-92 16 57 57, Fax: 00377-92 66 57 50
- Banque Colbert Monaco
  8 Blvd des Moulins, Monaco
  Tel.: 00377-92 16 04 04, Fax: 00377-92 16 04 50
- Credit Suisse (Monaco)
  27 Avenue de la Costa, MC 98003 Monaco Cedex
  Tel.: 00377-93 15 27 27, Fax: 00377-93 25 27 99
- Dresdner Bank Monaco S.A.M.
  24, Boulevard des Moulins, BP 23, 98001 Monaco Cedex
  Tel.: 00377-97 701 701, Fax: 00377-97 701 741
- UBS (Monaco) SA
  2 Avenue des Grande Bretagne, MC 98007 Monaco
  Tel.: 00377-93 15 58 15, Fax: 00377-93 15 58 00

Finanzplatz Zypern

Die vor Jahren begonnenen Strukturreformen greifen und helfen, die zyprische Marktwirtschaft weiter zu modernisieren und zu liberalisieren – und damit auf Euro-Kurs zu bringen. 2008 hat sich Zypern als Euro-Beitrittsziel gesetzt, seit 2005 nimmt das EU-Vollmitglied zur Vorbereitung am Wechselkursmechanismus II teil.

Und es sieht auf den ersten Blick nicht schlecht aus: Mitte 2006 wird Zyperns Wirtschaft starkes Wachstum und finanzwirtschaftliche Stabilität bescheinigt. Das gesamtwirtschaftliche Realwachstum liegt nach dem aktualisierten Konvergenzprogramm der Regierung für die Jahre 2005 bis 2009 im vergangenen Jahr mit 4,1 Prozent noch über der Einschätzung der EU-Kommission, die nur von einem Wachstum von 3,9 Prozent ausgegangen war. Es wird vor allem von der auch 2005 starken Inlandsnachfrage gestützt, auch übertraf nach fast zehn Jahren der Export wieder den Import. Aber die wichtigste Kennzahl ist der Auslandstourismus – und hier

Finanzplätze auf dem Prüfstand

ist die jahrelange Durststrecke überwunden: Im vergangenen Jahr stiegen die Besucherzahlen noch einmal deutlich an und nun gehen endlich auch die Erlöse wieder nach oben, um fast 2,5 Prozent.

Das ist noch nicht alles: In keinem Land der EU zahlen Unternehmen weniger Steuern als auf Zypern, die effektive Steuerbelastung beträgt derzeit durchschnittlich nur 9,7 Prozent. Die konsequente Politik der fiskalischen Konsolidierung zeigt deutliche Wirkung. Im Jahr 2005 war der Haushalt größtenteils ausgeglichen. Nach einem Budgetdefizit im Jahr 2005, das nach langer Zeit wieder unter 3 Prozent lag, soll das Defizit in diesem Jahr nach Haushaltsplan sogar unter 2 Prozent gedrückt werden. Die Bruttostaatsverschuldung – einer der wesentlichen Stolpersteine für den Euro-Beitritt – soll 2006 erstmals wieder unter 70 Prozent des Bruttoinlandsprodukts fallen und sich dann bis zum Jahr 2009 weiter bis auf 53,5 Prozent verringern. Die Inflation ist im letzten Jahr zwar geringfügig gestiegen, aber unter Kontrolle. Die Verbraucherpreise steigen nur langsam und es herrscht fast Vollbeschäftigung.

Insgesamt also sehr gute Bedingungen für Anleger und Investoren: Zypern hat sich zu einem anerkannt internationalen Geschäfts- und Finanzzentrum entwickelt – ein Tor zum mittleren Osten. Doch Zypern hat ein Problem – und das ist nicht gering einzuschätzen. Trotz des Beitritts zur Europäischen Union vor zwei Jahren ist ein Ende der Teilung des Landes nicht abzusehen. Der EU-Vertrag wird vom türkisch besetzten Norden der Insel nicht angewandt. Zwar hatte Ankara sich verpflichtet, Zypern anzuerkennen, um die eigenen Beitrittsgespräche voranzubringen. Aber die Umsetzung wird von der türkischen Regierung immer noch verzögert: Türkische Häfen und Flughäfen sind für Zypern nach wie vor gesperrt. Zypern kontert mit der Drohung, die Beitrittsgespräche der Türkei zu blockieren und notfalls auch ein Veto einzulegen. Nach dem Scheitern des Vereinigungsplans der UN im April 2004 werden jetzt auch der neuerlichen, eher halbherzigen Initiative des griechisch-zyprischen

Regierungschefs zur Lösung des Problems wenig Chancen eingeräumt. Solange die Insel in dieser Frage aber nicht wirklich weiterkommt und einen Ausgleich mit der Türkei schafft, wird der Finanzplatz Zypern für Anleger und Investoren immer mit Risiken verbunden sein.

3. Offshore – Karibik/Mittelamerika

Vor allem die karibischen Inselparadiese werben mit steuergünstigen und diskreten Investments. Die Cayman Islands und die Bahamas verfügen dabei über ein strenges Bankgeheimnis. Andere Überseeterritorien sollten Privatanleger besser meiden, ist doch häufig noch nicht einmal deren politische und wirtschaftliche Stabilität garantiert.

Was grundsätzlich gilt

Je weiter entfernt der Verwaltungssitz Ihres Vermögens liegt, umso größer sollte dieses sein, um die Nachteile einer größeren Distanz wettzumachen. Auch sollte man verhandlungssicheres Englisch sprechen, um bestmögliche Bedingungen in Anlageangelegenheiten vereinbaren und die Bankberatung voll nutzen zu können. Bedenken sollte man aber, dass Banken auf exotischen Inseln mit Nullsteuern nicht automatisch auch gute Anlagespezialisten und Vermögensverwalter sind. Ihnen fehlt es in der Regel an der erforderlichen Erfahrung im Umgang mit großen Vermögen.

Nullsteuern alleine sind noch keine Garantie für eine erfolgreiche Vermögensmehrung. Erst wenn Niederlassungen renommierter Bankadressen beispielsweise aus Europa hinzukommen, können Vermögensanlagen und -verwaltung im Einzelfall auch in exotischen Finanzplätzen Sinn machen. Wer unbedingt Vermögenswerte von Banken an diesen Plätzen managen lassen will, der kann das meist sehr viel einfacher und schneller über deren Zentralen in Zürich, Vaduz oder London erreichen.

Finanzplätze auf dem Prüfstand

Diskrete Konten und problemlose Unternehmensgründungen sind die größten Pluspunkte der Inseln. Wegen der britischen kolonialen Vergangenheit der meisten Inselstaaten findet sich dort eine breite Palette von möglichen Offshore-Trusts, die in der Regel von Treuhändern geleitet werden. Doch gute Verwalter sind oft schwer zu finden, im lukrativen Geschäft der Vermögensverwaltung tummeln sich viele Abzocker. Vielfach gibt es bei den Banken auch keine Einlagensicherung. Im Fall der Bankpleite droht also Totalverlust.

Bahamas

Seit Anfang der 1950er-Jahre hat sich die Inselgruppe wegen ihrer totalen Steuerfreiheit für Privatpersonen und Unternehmen zu einer attraktiven Steueroase mit bester Infrastruktur entwickelt. Heute sind im Finanzzentrum Nassau über 500 Banken vertreten. Ihre Qualität, ihr Finanzdienstleistungsangebot und ihr Service bestechen und heben die Bahamas von allen anderen Offshore-Zentren in der Karibik ab. Auflagen amerikanischer und schweizerischer Steuerbehörden für ihre Banken hatten rechtzeitig dazu geführt, dass die dort ansässigen Niederlassungen nicht nur als Briefkastenadressen fungieren, sondern aktives Bankgeschäft betreiben. Der weltweite Geldtransfer wird einfach gehandhabt, die Konvertierung von Währungen ist problemlos.

Das Bankgeheimnis ist zwar gesetzlich geschützt. Auf Druck der USA wurde die Verschwiegenheitspflicht jedoch gelockert, um Geldwäsche und mafiose Strukturen besser in den Griff zu bekommen. Dennoch: Die Einfuhr von Bargeld ist unbegrenzt. Bargeldeinzahlungen über 100 000 USD müssen jedoch registriert werden. Seit 1999 nehmen die Offshore-Vermögen jährlich um durchschnittlich 5,6 Prozent zu. Ende 2004 wurden von den Banken rund 200 Milliarden USD verwaltet, davon rund 56 Prozent für institutionelle Investoren aus dem Ausland.

Offshore – Karibik/Mittelamerika

Zinsmäßig zählen die Bahamas aus EU-Sicht – im Gegensatz zu den Bermudas, den British Virgin Islands, den Cayman Islands und Saint Lucia – zu den so genannten Drittstaaten. Zinseinkünfte sind also steuerfrei, es erfolgt kein Informationsaustausch. Die Banken rechnen damit, dass Vermögensmanager aus dem EU-Raum die Bahamas deshalb künftig verstärkt in ihre Anlagestrategien einbeziehen werden.

Aus Geldanlage- und Vermögenssicht ist der Finanzplatz nur für jene Europäer interessant, die aus anderen Gründen ohnehin regelmäßig auf die Sonneninseln kommen. Wer dort Vermögen parkt, bringt dies in der Regel in einen Vermögenstrust ein. Man ist jedoch gut beraten, diesen nicht durch eine der ansässigen Anwalts- oder Treuhandkanzleien verwalten zu lassen. Das können die Niederlassungen der großen britischen – z.B. Barclays Bank –, schweizerischen – z.B. UBS – oder kanadischen Banken – z.B. The Royal Bank of Canada – besser.

Von US-Finanzinstituten sollte man hingegen Abstand nehmen, da diese dem Einflussbereich der US-Finanzbehörde unterstehen. Und sie unterhält mit deutschen Finanzbehörden einen aktiven Informationsaustausch. Die Gründungskosten eines Vermögenstrust liegen bei 5000 bis 7500 Bahamas Dollar, die jährlichen Kosten bei ca. 1000 Bahamas Dollar.

Immobilienerwerb durch Ausländer

Der 1994 in Kraft getretene International Persons Landholding Act hat den Immobilienkauf durch Ausländer wesentlich vereinfacht. Dieser ist danach sprunghaft gestiegen. Das Gesetz ermutigt Ausländer und ihnen gehörende Gesellschaften, Zweitwohnsitze auf den Bahamas zu erwerben. Dazu braucht man vor Abschluss des Kaufvertrags keine Bewilligung des Investment Boards mehr, der Kauf muss nachträglich lediglich beim Investment Board registriert werden. Inhaber einer Niederlassungsbewilligung der Bahamas und Ausländer, die eine Immobilie erben, haben eine ähnliche Stellung wie die Käufer von Zweitwohnsitzen. Beide benötigen keine Bewilligung vor dem Erwerb der Liegenschaft, sie müssen sich nur nachträglich registrieren lassen.

Erbschaften und Schenkungen

Der Inheritance Act 2002 regelt die Verteilung des Erbes, wenn kein Testament vorliegt: Hinterlässt der Erblasser eine(n) Ehepartner(in), aber keine Kinder, erhält der überlebende Ehegatte den gesamten Nachlass. Sind Kinder vorhanden, erhält der überlebende Ehegatte die Hälfte des Nachlasses, die andere Hälfte wird zu gleichen Teilen unter den Kindern verteilt. Das bahamesische Recht kennt aber auch das gemeinsame Eigentum an Liegenschaften. In der Übertragungsurkunde kann die Liegenschaft auf zwei oder mehr Personen (Tenants in Common) übertragen werden. Stirbt einer der Tenants in Common, wird der Anteil auf seine Erben übertragen.

Letztwillige Verfügung: Nach dem Wills Act 2002 muss ein Testament in Schriftform vorliegen, unterschrieben vom Erblasser in Anwesenheit von mindestens zwei Zeugen, die durch ihre Unterschrift die des Erblassers bestätigen. Der Erblasser kann im Testament über seinen Besitz nach Belieben verfügen. Heiratet ein lediger Erblasser nach Abfassung seines Testaments, wird dies ungültig. Wird der Erblasser geschieden oder seine Ehe annulliert, so bleibt sein Testament gültig mit Ausnahme einer Bestimmung: Wurde der Ehegatte (die Ehegattin) als Testamentsvollstrecker eingesetzt, so wird diese Ernennung ungültig, und Legate an den Gatten (Gattin) werden ungültig. Es sei denn, der Erblasser verfügt in seinem Testament etwas anderes.

Schenkungen: Schenkungen von Grundstücken bedürfen der Schriftform, im Übrigen bestehen keine Formvorschriften.

Steuern

Es gibt keine Kapitalertrag-, Einkommen-, Vermögen-, Erbschaft- oder Schenkungsteuern. Die Bahamas sind somit ein klassisches Steuerparadies. Damit ein steuerlicher Wohnsitz auf den Bahamas im Ausland anerkannt wird, ist es ratsam, über eine permanente Aufenthalts- bzw. Niederlassungsbewilligung zu verfügen und in den Bahamas auch tatsächlich seinen Lebensmittelpunkt einzurichten. Wegen des Fehlens von direkten Steuern und demnach auch von Doppelbesteuerungsabkommen gibt es keine Gefahr der Doppelbesteuerung für jene, die in den Bahamas einen Wohnsitz haben. Keine Quellensteuer, kein Doppelbesteuerungsabkommen. Auf Grand Bahamas gibt es die Freihandelszone Freeport Uncaya.

Gesellschaften

Für international orientierte Anleger bietet sich die IBC an. Wird sie als Trust Company eingesetzt, ist kein Mindestkapital erforderlich. Ihre Gründung erfolgt innerhalb 24 Stunden, es wird nur eine minimale Buchführungspflicht verlangt.

Ausgewählte Bankadressen:

Für eher große Vermögen

- Bank of the Bahamas International
  Shirley & Charlotte Street, Nassau
  Tel.: 001-242 326 25 60, Fax: 001-242 325 27 62

- First Caribbean International Bank
  Shirley & Charlotte Street, Nassau
  Tel.: 001-242 325 73 84, Fax: 001-242 323 10 87

- Scotiabank (Bahamas) Ltd.
  Bay Street, Nassau
  Tel.: 001-242 356 14 00, Fax: 001-242 322 79 89

Finanzplätze auf dem Prüfstand

- Bank Leu Ltd.
  The Bahamas Financial Centre
  Shirley & Charlotte Streets, Nassau
  Tel.: 001-242 356 50 54, Fax: 001-242 323 88 28
- UBS (Bahamas) Ltd.
  UBS House, East Bay Street, Nassau
  Tel.: 001-242 394 95 06, Fax: 001-242 394 93 33
- Union Bancaire Privée (Bahamas) Ltd.
  Charlotte House, Shirley Street, Nassau
  Tel.: 001-242 325 67 55, Fax: 001-242 328 21 77

Barbados

Das Bankgeheimnis ist eingeschränkt, es erfolgt ein Informationsaustausch mit US-Behörden, das gilt insbesondere in Steuersachen. Quellensteuer ja, IBC's und Nichtansässige sind jedoch davon befreit, mit den USA besteht ein DBA. Non-Residents zahlen 1 bis 2,5 Prozent Einkommensteuer; Kapitalerträge, Erbschaften und Schenkungen sind steuerbefreit. Gängigste Gesellschaftsform ist die IBC. Sie zahlt keine Steuern auf Dividenden, Zinsen, Pacht- und Lizenzeinnahmen.

- The Registrar Corporate Affairs and Intellectual Property Office
  Belmont Road, St. Michael
  Tel.: 001-246-427 53 50, Fax: 001-246-426 78 02

Bermudas

Die Banken der Inselgruppe im Atlantik standen lange Jahre wegen ihrer Beihilfe zur internationalen Geldwäsche am Pranger. Doch ähnlich wie das Fürstentum Liechtenstein haben es auch die Bermudas durch neue Gesetze und schärfere Kontrollen geschafft, sich vom Negativimage zu befreien. Bares will hier seit September 2001 niemand mehr sehen, Beihilfe zur Geldwäsche scheut inzwischen jeder Banker. Die Inselregierung hat sogar – vor allen anderen Steueroasen – mit den USA ein Abkommen zum fallweisen

Offshore – Karibik/Mittelamerika

Informationsaustausch bei mutmaßlicher Steuerhinterziehung abgeschlossen.

Für Privatleute – vor allem aus Nordamerika – sind die Bermudas daher heute weniger interessant, schon eher für Unternehmen, die im Offshore-Geschäft aktiv sind und die dort geltende Steuerfreiheit nutzen können. Es gibt zwar Devisenkontrollen, Offshore-Gesellschaften und Vermögenstrusts sind davon jedoch befreit. Der Transfer von Kapital ist freizügig.

Als Finanzplatz wichtig sind die Bermudas für internationale Finanzdienstleistungen, speziell für Versicherungen. Über 1 700 Versicherungen aus dem Ausland sind in Hamilton registriert, die meisten jedoch nur als Briefkastengesellschaft. Die Bermudas sind damit nach London und New York das drittgrößte Versicherungszentrum weltweit. Zusammen kommt die Branche auf ein jährliches Prämienvolumen von umgerechnet rund 30 Milliarden EUR und Vermögenswerten von über 120 Milliarden EUR.

Nur eine Hand voll Versicherungsgesellschaften hat ihre Zentrale tatsächlich in Hamilton. Der Großteil des Versicherungs-Booms geht dagegen auf trickreiche Konstruktionen zurück, für die es in der deutschen Sprache nicht einmal einen Begriff gibt. Fachleute sprechen von „Alternativem Risiko Transfer (ART)". Was nach Kunst klingt, aber eher Finanz- und Juristen-Akrobatik ist.

Und es gibt ein zweites Schlüsselwort, den Begriff „captives" – zu Deutsch: Gefangene. Dahinter verbergen sich Versicherungsgesellschaften, die ausschließlich für ihre Muttergesellschaft tätig sind. Ähnlich den deutschen Betriebskrankenkassen, die in der Vergangenheit nur die Belegschaft eines bestimmten Unternehmens versicherten. Für diese Art Versicherungsgesellschaft gibt es handfeste organisatorische, betriebswirtschaftliche und steuerliche Gründe. Die meisten „captives" domizilieren daher in Steueroasen. Allein die Bermudas kommen auf 30 Prozent Weltmarktanteil, gefolgt von den Channel Islands und Luxemburg.

Finanzplätze auf dem Prüfstand

Es gibt keinen speziellen Schutz des Bankgeheimnisses. Keine Quellensteuer, Doppelbesteuerungsabkommen mit den USA. Als Gesellschaftsform wird vorrangig die Form der Exempted Company eingesetzt. Die Bermudas sind ein Paradies für Unternehmen, die ihre Geschäfte in Drittländern abwickeln, Erträge daraus bleiben steuerfrei.

Ausgewählte Bankadressen:

- Banque SCS Alliance SA Bermuda Commercial Bank Ltd.
  Bermuda Commercial Bank Building
  44 Church Street, Hamilton HM 12
  Tel.: 001-441-2 95 56 78, Fax: 001-441-2 95 80 91
- The Bank of Bermuda Ltd.
  6 Front Street, Hamilton HM 11
  Tel.: 001-441-2 95 40 00, Fax: 001-441-2 95 70 93
- The Bank of N.T. Butterfield & Son Ltd.
  65 Front Street, Hamilton HM 12
  Tel.: 001-441-2 95 11 11, Fax: 001-441-2 92 43 65

British Virgin Islands (B.V.I.)

Die östlich von Puerto Rico gelegene Inselgruppe ist derzeit nur für institutionelle Anleger interessant. 2005 wurden von den Banken Offshore-Vermögen von über 50 Milliarden USD verwaltet, nahezu 90 Prozent davon für Institutionelle. Die jährlichen Wachstumsraten im Offshore-Bereich liegen seit 1999 bei durchschnittlich 12,9 Prozent.

Auf den Inseln sind sechs Banken vertreten, darunter Barclays Bank, die kanadische Nova Scotia und die Chase Manhattan. Das Bankgeheimnis ist gesetzlich verankert, bei Geldwäsche erfolgt jedoch Rechtshilfe. Es gibt keine Quellensteuer, keine Doppelbesteuerungsabkommen, keine Steuern auf Kapitalgewinne. Am häufigsten eingesetzte Offshore-Gesellschaft ist die IBC, über 300 000 davon sind registriert. Damit stehen die B.V.I. an der Spitze aller

Offshore – Karibik/Mittelamerika

Offshore-Domizile weltweit. Zahlreiche nationale und internationale Banken von der ABN Amro Bank bis zur VPBank aus Liechtenstein haben Niederlassungen auf den B.V.I. Sie sind auf internationale Vermögensverwaltung ausgerichtet.

- Financial Service Department
  Pasea Estate, Road Town, Tortola, Fax.: 001-284-494 5016

Cayman Islands

Im Gegensatz zu anderen Steueroasen in der Karibik haben sich die Cayman Islands erst spät zu einem internationalen Finanzzentrum entwickelt. Erst als es Anfang der 1970er-Jahre auf den Bahamas zu politischen Unruhen kam, verlegte eine Reihe von Banken ihre Niederlassungen in das politisch stabile Georgetown. Es folgte der Aufbau zahlreicher Niederlassungen führender deutscher Finanzinstitute. Hinzu kam die Verlagerung von Fluchtgeld vor allem aus dem asiatischen Raum. Aber auch viele Europäer transferierten rechtzeitig Vermögenswerte dorthin, um so die EU-Quellensteuer zu umgehen.

Heute sind rund 600 Banken, 500 Versicherungsgesellschaften und über 2 000 Fonds auf den Cayman Islands ansässig. Allein von den 50 weltweit größten Finanzhäusern haben sich 46 auf den Cayman Islands niedergelassen. Insgesamt werden Einlagen von rund einer Billion USD verwaltet, darunter rund 770 Milliarden USD Offshore-Vermögen, 53 Prozent von institutionellen Ausländern. Seit 1999 verzeichnen die Vermögensverwalter auf den Cayman Islands im Offshore-Banking jährliche Steigerungsraten von 19,9 Prozent. Die verwalteten Auslandsgelder übersteigen die der Bahamas und der British Virgin Islands insgesamt um das Zweifache. Die Cayman Islands sind siebtgrößter Bankplatz weltweit.

Das Bankgeheimnis ist streng und gilt auch für Immobilien-, Versicherungs- und Börsenmakler. Bei Rauschgiftdelikten wird das Bankgeheimnis jedoch in Zusammenarbeit mit US-Rauschgiftfahndungsstellen durchbrochen. Devisenkontrollen sind unbekannt, es herrscht ein freizügiger Kapitaltransfer.

Finanzplätze auf dem Prüfstand

Die Cayman Islands zählen über 45 000 Offshore-Gesellschaften. Für die Vermögensverwaltung wird die Form der Exempted Company bevorzugt eingesetzt. Es gibt weder Einkommen-, Körperschaft- oder Kapitalertragsteuer, noch Erbschaft- oder Schenkungsteuer.

Ausgewählte Bankadressen

- Bank of Butterfield International (Cayman) Ltd.
  Butterfield House, 68 Fort Street, George Town
  Tel.: 001-345-9 49 70 55, Fax: 001-345-9 49 70 04
- Julius Bär Bank & Trust Company Ltd.
  Kirk House, George Town
  Tel.: 001-345-9 49 72 12, Fax: 001-345-9 49 09 93
- Cayman National Bank Ltd.
  Cayman National Building, 200 Elgin Ave., George Town
  Tel.: 001-345-9 49 46 55, Fax: 001-345-9 49 75 06
- Dresdner Bank Lateinamerika AG
  Anderson Square Building, George Town
  Tel.: 001-345-9 49 88 88, Fax: 001-345-9 49 88 99

Niederländische Antillen

Interessant sind die Niederländischen Antillen wegen ihres Doppelbesteuerungsabkommens mit dem Mutterland. Dadurch können über die Niederlande Gewinne oder Lizenzeinnahmen quellensteuerfrei bzw. ermäßigt (2,4 bis 3 Prozent) auf die Karibikinseln transferiert werden. Nichtansässige sind gänzlich steuerbefreit. Es gibt zwar kein gesetzlich verankertes Bankgeheimnis, die Verschwiegenheitspflicht ist jedoch strenges Gewohnheitsrecht.

Gängige Gesellschaftsform ist die Vrijgestelde Vennootschap (V.V.) Sie wird insbesondere als Investment-, Finanz-, Immobilien-, Patent-, Lizenz- und Versicherungsgesellschaft eingesetzt. Es besteht keine Buchhaltungspflicht. Die Niederländischen Antillen haben der OECD zugesichert, steuerschädliche Praktiken seit Anfang 2006 zu unterbinden.

- Wirtschaftskammer: www.curacao-chamber.an

Offshore – Karibik/Mittelamerika

Vor- und Nachteile ausgewählter Finanzplätze in der Karibik

Staat	Vorteile	Nachteile
Bahamas	Gesetzlich geregeltes Bankgeheimnis; EU-Standard; entsprechend ist der Finanzsektor reguliert; EU-Geldwäsche-Richtlinie entsprechende Sorgfalts- und Meldepflichten; kein automatisierter Informationsaustausch in Steuersachen mit EU-Staaten; hohe Stabilität; kürzeste Flugverbindung	Seit 2006 Rechtshilfe in Steuersachen, allerdings nicht spontan und automatisch, sondern nur auf Anfrage; Bankgeschäfte sind nicht mit steuerbegünstigter IBC möglich
Barbados	Keine Devisenbeschränkungen, umfangreiche Zollvergünstigungen	Informationsaustausch-Abkommen mit der OECD seit 2006, Erfassung anfänglich eingeführter Gelder erforderlich
Bermudas		kein gesetzlich geregeltes Bankgeheimnis, Mitglied der OECD-Gruppe „Global Forum Working Group on Effective Exchange of Information"
British Virgin Islands	Keine Devisenrestriktionen; gesetzlich verankertes Bankgeheimnis; führender Offshore-Standort unter den IBCs; Anti Money Laundering-Gesetzgebung nach EU-Standard	„all crimes legislation", Steuerstrafsachen sind jedoch nicht explizit erwähnt
Cayman Islands	Höchste Bonitätsstufe; gesetzlich geregeltes Bankgeheimnis; siebtgrößter Bankenplatz weltweit; EU-Standard entsprechende Regulierung des Finanzsektors; hohe politische Stabilität; keine Kontrollen ausländischer Bankaufsichtsbehörden; keine Rechtshilfe in Steuerdelikten	Informationsaustausch-Agreement in Steuersachen mit OECD, Steuerstrafsachen seit 2004, Besteuerungsverfahren seit 2006; Mitglied der OECD-Gruppe „Global Forum Working Group on Effective Exchange of Information"; Flugzeit eine Stunde länger als auf die Bahamas

Finanzplätze auf dem Prüfstand

Fortsetzung: Vor- und Nachteile ausgewählter Finanzplätze ...

Niederländische Antillen	DBA mit den Niederlanden erlaubt die steuergünstige Verlagerung von Gewinnen auf die Antillen, einfache Gründung der Rechtsform N.V.	Infoaustausch-Abkommen in Steuersachen mit der OECD seit 2006, Mitglied der „Global Working Group on Effective Exchange of Information", kein gesetzlich geregeltes Bankgeheimnis, hohe Besteuerung ansässiger juristischer Personen

Panama

Als Firmenparadies bekannt, versucht der mittelamerikanische Staat auch als Finanzplatz von internationalen Investoren wahrgenommen zu werden. Neben Steuerfreiheit locken ein geschütztes Bankgeheimnis, Null-Devisenkontrollen und ein unbeschränkter Kapitaltransfer in jeder Währung. Viele weltweit tätigen Banken sind in Panama vertreten. Dies ermöglicht eine effiziente Unterstützung der internationalen Vermögensverwaltung. Das Land verfügt über eine sehr gut ausgebildete Jurisdiktion und eine der am weitesten entwickelten Infrastrukturen hinsichtlich Transport- und Telekommunikationssysteme der Karibik und Mittelamerikas.

Die 129 in Panama registrierten in- und ausländischen Banken verwalten rund 35 Milliarden USD, davon rund 10 Milliarden USD Offshore-Vermögen. Die hohen Bankgebühren und ein mäßiges Risiko sind nicht eben anlegerfreundlich. Auch müssen Finanzinstitute bei Geldtransfers über 10 000 USD den Behörden Meldung machen. Größte Privatbanken sind Primer Banco del Istmo, die im Jahr 2000 aus der erfolgten Fusion zwischen der Banco del Istmo und der Primer Grupo Nacional hervorgegangen ist, sowie die Banco General, die in 2000 die Banco Comercial de Panama übernommen hat. Daneben ist eine Reihe von Auslandsbanken auch aus Europa mit Niederlassungen vertreten.

Innerhalb einer internationalen Vermögensverwaltung wird insbesondere von Schweizer Treuhändern immer wieder das Konstrukt der Panama-Stiftung eingesetzt. Es dient in der Regel dazu, die heute gängige strenge Identifikationspraxis des Vermögensinhabers bei Konto-/Depoteröffnung zu umgehen.

Ausgewählte Bankadressen:

- ABN Amro Bank NV
  Calle Manuel Maria Icaza 4, Panama City 4 RP
  Tel.: 00507-2 63 62 00, Fax: 00507-2 69 05 26

- Lloyds TSB Bank PLC
  Calle Aqulino de la Guardia y Calle 48 Bella Vista, Panama City
  Tel.: 00507-2 63 62 77, Fax: 00507-2 64 79 31

- TB Towerbank
  Edificio Tower Plaza, Calle 50 y Beatriz M. de Cabal, Panama City
  Tel.: 00507-2 69 69 00, Fax: 00507-2 69 68 00

- UBS (Panama) SA
  Torre Swiss Bank, Calle 53 Este Marbella, Panama City
  Tel.: 00507-2 06 70 00, Fax: 00507-2 06 71 00

4. Offshore – Naher Osten, Afrika, Asien, Ozeanien

Dreikampf am Golf

Am arabischen Golf liefern sich Bahrain, Dubai und Quatar einen Wettlauf um die Rolle des zukünftigen Finanzzentrums zwischen Europa und Asien: der Bahrain Financial Harbour (BFH), das Dubai International Financial Centre (DIFC) und das Quatar Financial Centre (QFC).

Finanzplätze auf dem Prüfstand

Vorreiter Bahrain

Das Königreich Bahrain gilt als das Bankenmekka am Golf. Die 1973 gegründete Bahrain Monetary Agency, der älteste Finanzmarktregulator innerhalb des Golf-Kooperationsrates (GCC), zu dem Kuwait, Bahrain, Saudi-Arabien, die Vereinigten Arabischen Emirate (V.A.E.) und der Oman zählen, ist stets bestrebt, globale Standards wie etwa Basel II oder die Empfehlungen der Financial Action Task Force (FATF) im Kampf gegen Geldwäscherei, zu adaptieren. Dies hat zur Folge, dass heute mehr als 365 Banken (darunter 28 islamische) mit einem Anlagevermögen von über 380 Milliarden USD in dem Inselstaat ihren Sitz haben.

In dem im Bau befindlichen Financial Harbour will der 720 000-Einwohner-Staat ab 2008 Finanzdienstleistungen „unter einem Dach" in einer modernen Infrastruktur anbieten. Der BFH untersteht der Bahrain Monetary Agency; er ist somit in die bestehende Finanzmarktordnung integriert. Hier unterscheidet sich Bahrain im Wesentlichen von seinen benachbarten Konkurrenten, dem Emirat Dubai und dem Scheichtum Quatar. Letztere haben mit ihren Onshore-Finanzplätzen DIFC bzw. QFC ein neues Umfeld mit internationalen Regulierungsstandards geschaffen, analog zur britischen Financial Services Authority (FSA).

Dubai profitiert von der Börse

Während die Bahrain Monetary Agency auf 30 Jahre Erfahrung zurückgreifen kann, müssen sich das knapp zwei Jahre alte DIFC und das gerade ein Jahr alte QFC erst noch beweisen. Für die Finanzzentren wird die Handhabung der Regulierung und die Weiterentwicklung der gesetzten Standards von großer Bedeutung sein. Regelwerke westlichen Zuschnitts sind dafür jedoch nur ein Faktor. Hinzu kommt, dass in arabischen Ländern die behördliche Genehmigung noch keine Garantie für geschäftlichen Erfolg ist. Dieser steht und fällt mit der Qualität der persönlichen Beziehungen. Hier

Offshore – Naher Osten, Afrika, Asien, Ozeanien

setzen vor allem die vor Ort vertretenen Schweizer Banken auf ihre bewährten Stärken im Private Banking.

Für Dubai spricht auch die Ende 2005 eröffnete vollelektronische International Financial Exchange (DIFX), die erste internationale Börse in Nahost. Sie kann es im Hinblick mit den etablierten Märkten New York, London oder Hongkong durchaus aufnehmen. Eine Börse für ein Drittel der Weltbevölkerung: Von Indien bis Ägypten, von Istanbul bis Kapstadt. In fünf Jahren soll die DIFX die mit Abstand internationalste Börse weltweit sein. Für internationale Emittenten und Investmentbanken machen zwei Aspekte die DIFX attraktiv. Das Regelwerk erfüllt internationale Ansprüche und schafft Interessenten einen Zugang zu einer Region, die ihnen bislang verschlossen geblieben war. Ein klarer Vorsprung der Millionen-Metropole Dubai gegenüber Bahrain und Quatar.

Das DIFC bietet die üblichen Privilegien einer Freihandelszone, wie das unbeschränkte Eigentum von Ausländern an Unternehmen sowie Steuerfreiheiten und die unbeschränkte Repatriierung von Gewinnen. Die offizielle Sprache der Finanzfreizone ist Englisch, die offizielle Währung des Handels der Dollar. Nur das Strafrecht der V.A.E. behält auch innerhalb der DIFC Geltung. Bis 2010 soll die Finanzfreizone bis zu 60 000 Arbeitsplätze schaffen und einen Immobilienwert von 5 Millionen USD haben.

Vorbereitung für die Zeit nach dem Ölreichtum

Seit Mai 2005 versucht Quatar Dubai die Führungsrolle als Finanzzentrum am Golf streitig zu machen. Das QFC soll dem Scheichtum als weltführendem Exporteur von Flüssiggas helfen, die Kapitalabwanderung ins Ausland zu stoppen. Die Wirtschaftsdaten des 630 000 Einwohner zählenden Quatars sind eindrucksvoll. Das BIP wuchs in den letzten zehn Jahren mit über 13 Prozent jährlich. Beim BIP pro Kopf liegt der Halbinselstaat mit 36 000 USD fast gleichauf mit der Schweiz und verweist Bahrain und Dubai auf die Plätze.

Finanzplätze auf dem Prüfstand

Gemeinsam haben die drei Finanzplätze, dass sie mit international kompatiblen Finanzplätzen ihre Volkswirtschaft zu diversifizieren suchen, um für die Zeit nach der Rohstoffhausse vorzusorgen. Zugleich empfehlen sie sich als Finanzplätze zwischen Europa und den aufstrebenden Märkten in Indien und China. So planen bereits mehrere chinesische Unternehmen den Börsengang in Dubai. Doch auch ohne die Giganten aus Fernost stellen die GCC-Staaten einen lukrativen Markt mit geschätzten 1,3 Billionen USD Privatvermögen und derzeit 5 Prozent Wachstum jährlich dar. Der Wettlauf zwischen Bahrain, Dubai und Quatar zeigt jedoch, dass im Finanzplatz-Puzzle des Nahen Ostens noch einiges zu erwarten ist.

Alle Finanzplätze profitieren davon, dass das zunehmend unilaterale Verhalten der USA, kombiniert mit weit reichenden Kontrollen von arabischen Finanzvermögen, zunehmend arabische Anleger veranlasst, sich nach einer Alternative zu den USA umzusehen. Das außerhalb der Region geparkte arabische Geld wird auf 1 700 Milliarden USD geschätzt.

Vor allem in Dubai finden sie, was sie brauchen: ein international ausgerichtetes Produkt- und Dienstleistungsangebot ohne Einschränkungen und Vorschriften zu einem Islam-konformen Anlageverhalten, obwohl gerade das Volumen im Islam Banking jedes Jahr um schätzungsweise 10 bis 15 Prozent wächst.

Offshore – Naher Osten, Afrika, Asien, Ozeanien

Die europäischen Banken im Financial Center Dubai sehen die Nachfrage für Schariah-konforme Produkte eher bei dortigen Banken, da die Muslime für das traditionelle Banking in der Regel zu einheimischen Finanzhäusern gehen. Dennoch versuchen neben den britischen Banken vor allem die Schweizer UBS mit Schariah-konformen Produkten muslimisches Klientel im größeren Umfang zu gewinnen. Auch die Credit Suisse hat jetzt eine Banklizenz bekommen. Obwohl mit 430 Milliarden EUR große islamische Banking Markt noch recht klein ist, sehen Banker im Bereich Sharia-konformer Anlagemöglichkeiten ein Geschäftsfeld mit Zukunft. Für die nächsten zehn Jahre rechnet man mit einer jährlichen Volumensteigerung von 15 Prozent.

Schariah-konforme Finanz- und Anlagegeschäfte

Das islamische Gesetz, die Schariah, kennt als eine der wichtigsten Regeln das Zinsverbot. Damit Banken und andere Finanzhäuser auch ohne Erhebung von Zinsen wirtschaftlich operieren können, wurden in den vergangenen vierzig Jahren verschiedene Finanzprodukte und -mechanismen entwickelt. Diese sind komplexer als die üblichen Zinsgeschäfte und erfordern mehr Transaktionen mit entsprechend höheren Kosten. Deshalb werfen diese alternativen Produkte oft geringere Erträge ab als konventionelle Zinsprodukte.

Kreditgeschäfte: Im Islam-Banking beruhen sie auf der Übertragung von physisch vorhandenen Gegenständen. Die Idee ist, dass der Kapitalgeber, beispielsweise die Bank, Besitzer der entsprechenden Güter wird. Will ein Kunde beispielsweise eine Maschine kaufen, händigt ihm die Bank nicht das Geld aus, sie erwirbt stattdessen die Maschine und stellt sie dem Kunden zur Verfügung. Der Kunde entrichtet dafür Ratenzahlungen. Zusätzlich muss er eine bestimmte Summe bezahlen, die über dem Kaufpreis der Maschine liegt. Die Höhe der Entschädigung für die Bank wird in der Regel auf Basis der aktuellen Zinssätze berechnet. Daneben gibt es weitere Finanztransaktionen, die mehr auf einer Mitbeteiligung basieren, vergleichbar mit dem Venture-Capital, dem Private Equity, Leasing-Vereinbarungen oder Versicherungen.

Finanzplätze auf dem Prüfstand

> *Fortsetzung: Schariah-konforme Finanz- und Anlagegeschäfte*
>
> **Wertpapiergeschäfte:** Grundsätzlich kommen Festverzinsliche nach westlichem Zuschnitt nicht in Frage. Regierungen und Unternehmen finanzieren sich daher immer häufiger über so genannte Sukuks. Diese ähneln zwar Obligationen, sie weisen jedoch keine Zinskomponente auf. Bei Aktienanlagen ist entscheidend, in welchen Branchen das entsprechende Unternehmen tätig ist. Dabei darf es sich weder um Alkohol, Schweinefleisch, Glücksspiele oder andere unter der Schariah verbotene Waren und Tätigkeiten handeln. Im Weiteren muss die Verschuldung der Firma unter 33 Prozent sowie der Anteil der Debitoren unter 45 Prozent der Aktiven liegen. Auch dürfen höchstens 5 Prozent der Einnahmen aus Zinszahlungen stammen.

Immobilieninvestition

Steuerlich interessant ist Dubai für Investitionen in Immobilien. Diese sind für Deutsche derzeit völlig steuerbefreit – ein neues DBA ist aber in Vorbereitung. Dubai hat bereits 2002 seinen Immobilienmarkt für Ausländer geöffnet. Aufgrund der steuerlichen Vergünstigungen und der ungeminderten Nachsteuerrendite kann sich die Prüfung eines Investments im derzeit boomenden Markt lohnen. Aber: Der Kauf einer Immobilie erfolgt immer noch auf privatrechtlicher Basis. Ausländer werden zurzeit noch nicht ins Grundbuch eingetragen, sondern im Eigentümerregister des jeweiligen Developers geführt. Beim Kauf eines Immobilienobjekts ist daher kompetente Beratung zwingend.

Für Vermögende aus Europa ist Dubai – falls nicht direkte wirtschaftliche Verbindungen dorthin bestehen – (noch) keine Überlegung wert. Die Banken vor Ort konzentrieren sich auf das Onshore-Geschäft.

Offshore – Naher Osten, Afrika, Asien, Ozeanien

Ausgewählte Bankadressen:

- Arab Bank PLC
  Salah Eddine Alayyubi St., Deira, Dubai City
  Tel.: 00971-4- 22 12 31, Fax: 00971-4-23 37 49

- Emirates Bank International PJSC
  Deira, Dubai City
  Tel.: 00971-4-2 25 62 56, Fax: 00971-4-2 26 80 05

- HSBC Bank Middle East Financial Services
  BBME Building 312/45, Al Suq Road, Dubai City
  Tel.: 00971-4-5 07 74 23, Fax: 00971-4-53 00 96

- Standard Chartered Bank
  Al Mankhool Rd, Dubai City
  Tel.: 00971-4-52 04 55, Fax: 00971-4-52 66 79

- Aus der Schweiz sind vertreten:
  Julius Bär, Credit Suisse, UBS und Sarasin-Alpen

Mauritius

Als Platz für Geldanlagen empfiehlt sich in den letzten Jahren auch Mauritius. Das Bankgeheimnis der Insel gilt als wasserdicht, auch agiert sie jenseits der EU und der amerikanischen Börsenaufsicht. Zinsmäßig hat Mauritius Drittstaatstatus. Ausländer können Non-Resident-Konten einrichten, über die Geldtransfers in unbeschränkter Höhe durchgeführt werden können.

Für Vermögensverwaltungszwecke in anderen Ländern bietet sich ein mauritischer Offshore-Trust an. Dieser darf – mit Ausnahme von Mauritius-Immobilien und Bankkonten in Mauritius-Währung – in alle möglichen Anlageformen steuerfrei investieren. Die Gründungskosten eines Trusts liegen bei rund 2 500 USD, die laufenden Jahreskosten bei 1 000 USD.

Für Mitteleuropäer als Hafen für Vermögenswerte uninteressant.

Finanzplätze auf dem Prüfstand

Ausgewählte Bankadressen:

- Bank of Mauritius
  Sir William Newton Street, Port Louis
  Tel.: 00230-2 08 41 64, Fax: 00230-2 08 92 04

- Barclays Bank PLC
  Dumot St, Port Louis
  Tel.: 00230-2 08 19 35, Fax: 00230-2 08 44 40

- The Delphis Bank Ltd.
  16 Sir William Newton Street, Port Louis
  Tel.: 00230-2 08 50 61, Fax: 00230-2 08 53 88

- The Hongkong and Shanghai Banking Corporation Ltd.
  5 / F Les Cascades Bldg, Edith Cavell St., Port Louis
  Tel.: 00230-2 08 71 83, Fax: 00230-2 08 51 87

Seychellen

Derzeit auch uninteressant für europäische Anleger sind die Seychellen. Die Finanzbranche hat sich dort in den letzten Jahren zwar rasant entwickelt, auch haben sich immer mehr internationale Banken und Versicherungsgesellschaften dort niedergelassen. Was Private Banking-Kultur und -Erfahrung betrifft, sind die Seychellen jedoch Provinz. Einzig steuerliche Aspekte können für Anleger ein Anreiz sein. Da hat der Globus jedoch mehr und besseres zu bieten.

Asiens Aufbruch ins 21. Jahrhundert

Wenn im Westen von Asien und dessen Wirtschaftsaussichten die Rede ist, stehen meistens China und Indien im Vordergrund. Allein schon ihre ungeheure Größe und Macht – wirtschaftlich wie politisch – regen bei vielen Anlegern Phantasien oder Ängste an. Dabei werden „kleine" südostasiatische Staaten wie Indonesien (220 Millionen Einwohner), die Philippinen (83 Millionen) und Thailand (64 Millionen) gerne vergessen. Addiert man Malaysia und Singapur hinzu, kommt man auf über 400 Millionen Menschen, entspre-

Offshore – Naher Osten, Afrika, Asien, Ozeanien

chend der Bevölkerung ganz Westeuropas. Asien ist also nicht nur China und Indien.

Asien erwirtschaftet heute mit einem Anteil von 22 Prozent nach Europa und den USA bereits den dritthöchsten Beitrag zum global kumulierten Bruttoinlandsprodukt. Für die Zukunft ist aber nicht der Status quo entscheidend, sondern die Dynamik Asiens. Mit Ausnahme Japans verzeichnen alle aufstrebenden Länder in dieser Region in den letzten Jahren einen überdurchschnittlichen Zuwachs ihres BIP. Von den Industrieländern erreichten selbst die USA nur ein rund halb so großes Wachstum. Vor dem Hintergrund der schieren Größe des asiatischen Marktes mit rund 60 Prozent der Weltbevölkerung sowie einem unerschöpflichen Reservoir an Arbeitskräften ist auch in den nächsten Jahren von einem anhaltend hohen Wachstum auszugehen.

Asien steuert bereits 22 Prozent zum weltweiten BIP bei	
Europa	32%
USA	29%
Asien	22%
Restliche Welt	17%

Quelle: IMD World Competitiveness Yearbook

Die Weltbank rechnet in ihrer Prognose für 2006 bis 2015 denn auch mit einem durchschnittlichen Wachstum von über 5 Prozent für Asien insgesamt, während in den USA und Europa nur knapp die Hälfte erreicht werden dürfte. Hält diese Divergenz der Wachstumsraten weiter an, ist es nur eine Frage der Zeit, bis der asiatische Kontinent die USA und Europa, gemessen am absoluten BIP, ein- und überholen wird. Kaufkraftbereinigt ist das BIP Asiens bereits heute größer als jenes von Europa oder den USA. Die Kaufkraft Chinas und Indiens ist höher als die der meisten etablierten Industrienationen.

Finanzplätze auf dem Prüfstand

BIP-Rangliste – kaufkraftbereinigt, in Milliarden USD	
USA	11 404
China	7 058
Japan	3 661
Indien	3 287
Deutschland	2 328
Frankreich	1 689
Weitere Länder	
Korea	901
Indonesien	759

Steigende ausländische Direktinvestitionen

Der Aufstieg Asiens zu einer wirtschaftlich potenten Region erhöht in den etablierten Industrieländern den Druck, weniger arbeitsintensive Tätigkeiten in kostengünstigere Staaten auszulagern. Das hat ein steigendes Volumen an ausländischen Direktinvestitionen zur Folge. Dabei dominiert China mit großem Abstand den Wettbewerb um ausländische Direktinvestitionen. Neben den Produktionsvorteilen profitieren die investierenden Unternehmen dabei auch von der lokalen Präsenz der Märkte, die aufgrund ihrer Größe und des steigenden Einkommens der dort lebenden Menschen selbst attraktive Absatzchancen bieten.

Ausländische Direktinvestitionen in Asien – in Milliarden USD	
China	96
Singapur	16
Korea	8,4
Japan	7
Indien	6
Indonesien	1
Rest Asien	1

Offshore – Naher Osten, Afrika, Asien, Ozeanien

Asiens Finanzplätze

China

Noch dominiert ein schwacher Bankensektor mit ungelösten Problemen Chinas Finanzsystem: Firmen können ihre Kapitalstruktur nicht frei wählen; Investoren haben ein geringes Vertrauen in den Aktienmarkt; Unternehmen geben der Flexibilität von Bankkrediten den Vorzug gegenüber Anleihen; das Assets-Angebot, vor allem für Corporate bonds und Asset-backed securities, ist unzureichend. Dazu kommen faule Kredite im Bankenbereich und eine geringe Einlagenquote.

Anfang 2006 ist der chinesische Bankenmarkt für ausländische Finanzinstitute gemäß WTO-Vereinbarung geöffnet worden. Ein weiterer Schritt, den Finanzmarkt der viertgrößten Volkswirtschaft der Erde wettbewerbsfähig zu machen. Dies setzt aber voraus, dass der chinesische Staat seine Mehrheiten an den Banken abbaut – das kann Jahrzehnte dauern. Denn China will ausländische Beteiligungen auch nach der erfolgten Öffnung „klein" halten. Beispiel dafür ist das Private Wealth Managment: Zwar können Auslandsbanken jetzt für wohlbetuchte Chinesen tätig werden, doch bleibt der Yuan nicht voll konvertierbar. Anlagen können deshalb nicht auf direktem Wege im Ausland vorgenommen werden.

Auch dürfen ausländische Institute nur bis zu 19,5 Prozent einer chinesischen Bank übernehmen. Der gesamte Auslandsbesitz an einem chinesischen Finanzinstitut darf sich auf maximal 24,9 Prozent addieren. Doch wäre China nicht China, gäbe es nicht auch für diese Bestimmung Ausnahmen:

- An der Shenzhen Development Bank hält der amerikanische Newbridge Fund knapp 18 Prozent, führt aber das Management.

Finanzplätze auf dem Prüfstand

- Die Guangdong Development Bank hat ein ausländisches Konsortium als einflussreichen Eigentümer mit 33 Prozent akzeptiert.

Testballons, die die Chinesen sehr genau beobachten werden. Keinesfalls wollen sie, dass sich bei ihnen die Entwicklung des osteuropäischen Marktes wiederholt, dass Ausländer sich auf ihrem Finanzmarkt wie in Osteuropa die „Filetstücke" sichern.

Hongkong – Chinas Geldquelle

Nirgendwo in Asien wird mehr Kapital beschafft als an der Hongkonger Börse. Weltweit liegt sie auf Platz vier – noch vor Tokio und London. Gemessen an der Marktkapitalisierung ist sie mit insgesamt 1 472 Milliarden USD die sechstgrößte der Welt. Dieser Wert übersteigt das heimische Bruttoinlandsprodukt um mehr als das fünffache – ein Verhältnis, das weit über dem von New York und Tokio liegt. Der Grund ist Hongkongs Rolle als Kapitalbeschaffungszentrum für Firmen aus der Volksrepublik. 2005 wurden Aktien im Wert von insgesamt 17,4 Milliarden EUR gehandelt. Zudem steigen die Kurse kräftig. Am besten entwickeln sich chinesische Unternehmen in Hongkong: Zusammen machen sie etwa ein Drittel des gesamten Börsenwertes aus.

Während Shanghais Rolle darin besteht, chinesischen Firmen Zugang zu heimischem Geld zu verschaffen, ist Hongkong das Zentrum zur Beschaffung von internationalem Kapital für Festlandsunternehmen. Für Banken ist Hongkong der beste Platz, um China und die Asien-Pazifik-Region abzudecken. Mehr als 265 Finanzinstitute aus 36 Ländern sind in der Stadt aktiv. Von den 100 weltweit größten Geldinstituten haben 70 einen Sitz in Hongkong, darunter Goldman Sachs, Morgan Stanley und Merrill Lynch. Das Bankensystem ist eng verzahnt mit den mehr als 1 000 multinationalen Firmen, die ihr regionales Hauptquartier in Hongkong aufge-

Offshore – Naher Osten, Afrika, Asien, Ozeanien

schlagen haben. Ein Magnet ist die Nähe zur südchinesischen Boomregion um Shenzhen und Kanton.

Seit Anfang 2004 ist der Vertrag über engere Wirtschafts- und Handelsbeziehungen zwischen dem Festland und Hongkong (CEPA) in Kraft und gewährt Hongkonger Finanzdienstleistern privilegierten Zugang zum Festlandsmarkt. Teil des Abkommens ist die schrittweise Öffnung Hongkongs für Bankgeschäfte mit der chinesischen Währung Renminbi (RMB). Das soll schrittweise ausgebaut werden. Denn die zunehmende Integration von Hongkong und Südchina macht eine größere Mobilität von Kapital zwischen den beiden Wirtschaften unvermeidlich. Auf längere Sicht geht es dabei auch um den Handel mit in RMB gezeichneten Wertpapieren an der Hongkonger Börse.

Gewinner dieser Annäherung ist auch der Hongkonger Immobilienmarkt. Seit der Revision der Regeln für Immobilienfonds können jetzt auch Trusts mit Anlagen außerhalb der Stadt am heimischen Wertpapiermarkt geführt werden. Die Neuregelung soll Fonds mit Immobilien auf dem Festland anziehen und der Börse in Singapur den Rang streitig machen. Im Dezember 2005 erfolgte mit der Emission von Aktien des Link-Trusts in Hongkong der weltweit größte Börsengang eines Immobilienfonds. Hongkong hat gute Chancen, schnell zum nach Japan zweitgrößten Markt für diese Form von Kapitalanlagen in Asien aufzusteigen.

Es ist davon auszugehen, dass in den nächsten fünf Jahren der Trend für Investitionen weiter nach oben geht. Die alte Sichtweise, dass Hongkong von China ausgehöhlt würde, hat sich umgekehrt: Die Stadt ist ein Nettogewinner vom Abbau administrativer Hürden mit dem Festland.

Finanzplätze auf dem Prüfstand

> **Wissenswertes**
>
> Das Bankgeheimnis ist gesetzlich verankert; Einkünfte und Erträge werden nur dann besteuert, wenn diese in Hongkong entstanden sind, sonstige Einkünfte sind steuerfrei; keine Quellensteuer; keine Doppelbesteuerungsabkommen; gängige Gesellschaftsform ist die Private Company Limited by Shares, für sie ist kein Mindestkapital erforderlich.

Ausgewählte Bankadressen:

- Barclays Bank PLC
  42nd Floor, Citibank Tower, 3 Garden Road, Hongkong
  Tel.: 00852-29 03 20 00, Fax: 00852-29 03 29 99

- Dresdner Bank AG
  6th Floor, Hutchinson House, 10 Harcourt Rd, Hongkong
  Tel.: 00852-28 26 20 00, Fax: 00852-28 45 90 71

- ING Bank NV
  10 & 11th Floor, Alexandra House, 16 Charter Road
  Central Hongkong
  Tel.: 00852-28 46 38 88, Fax: 00852 -25 26 85 07

- LGT Bank in Liechtenstein AG, Vaduz
  Representative Office Hongkong
  Suite 4203 Two Exchange Square, 8 Connaught Place
  G.P.O. Box 13398, Central Hongkong
  Tel.: 00852-25 23 61 80, Fax: 00852-28 68 00 59

- NM Rothschild & Sons (Hongkong) Ltd.
  16th Floor, Alexandra House, 16 Charter Road, Central Hongkong
  Tel.: 00852-25 25 53 33, Fax: 00852-28 68 17 73

- Overseas Trust Bank Ltd.
  11th Floor, The Center, 99 Queen's Road, Central Hongkong
  Tel.: 00852-28 31 21 61, Fax: 00852-28 38 20 63

Offshore – Naher Osten, Afrika, Asien, Ozeanien

Shanghai

Shanghai hat angesichts des China-Booms Potenzial, zu einem wichtigen Finanzplatz in der Region aufzusteigen. Handicaps auf dem Weg dahin sind der nicht konvertierbare Renminbi, Reisebeschränkungen für Ausländer und (derzeit noch) das fehlende geschulte Personal. Auch sprechen für Hongkong und Singapur noch der Eigentumsschutz, Transfermöglichkeiten für Kapital und Gewinne, Englisch als Geschäftssprache sowie das Rechts- und Steuersystem.

Singapur

Vermögende zieht es nicht nur mit Direkt- oder Portfolioinvestitionen in den asiatisch-pazifischen Raum, immer mehr wählen Singapur als Bankplatz für ihre Vermögenswerte. Der politisch wie wirtschaftlich stabile Stadtstaat hat sich seit seiner Selbständigkeit zu einem wirtschaftlichen Giganten zwischen den Landmassen Asiens und Australiens entwickelt. Er zählt heute zu den attraktivsten Finanzplätzen weltweit.

Eine wichtige Rolle bei der Entwicklung spielten die günstigen Steuerregelungen für eine breite Palette von Offshore-Finanzservice-Angeboten. Singapur konnte dadurch innerhalb weniger Jahre einen Großteil des Asiendollar-Marktes erobern. Die Regelung gilt für Gold- und Finanztransaktionen, Offshore-Versicherungen und -Rückversicherungen sowie für Fonds. Konsortialanleihen sind gänzlich steuerbefreit. Darüber hinaus lockt Singapur ausländische Investoren mit zahlreichen internationalen Steuerabkommen, einem freien Devisenmarkt und dem garantierten Schutz des Bankgeheimnisses. Alle Aktivitäten im Finanzbereich werden von der Monetary Authority of Singapore (MAS) streng überwacht.

2005 verwalteten die Banken ein Offshore-Vermögen von über 720 Milliarden Singapur-Dollar. Mehr als 50 Prozent davon stammen von Anlegern aus den südostasiatischen Nachbarstaaten, zweitgrößte Investorengruppe sind Vermögende aus den USA.

Finanzplätze auf dem Prüfstand

Die Insel ohne Rohstoffe hat die Vermögensverwaltung als Teil ihres Finanzsektors zum Wachstumsfeld erklärt – und gewährt ihm deshalb politische und legislative Unterstützung. Von Vorteil ist, dass der Stadtstaat für Reiche aus der südostasiatischen Region ein Hort für Ruhe und Sicherheit ist. Das Konzept greift. Rund 80 Prozent der verwalteten Vermögen stammen heute von jenseits der Landesgrenzen des Stadtstaats.

Die Öffnung des Steuergeheimnisses in Europa spielt Singapur in die Hände. So stieg der Anteil der Gelder aus der Alten Welt im vergangenen Jahr auf 165 Milliarden Singapur-Dollar. Damit gewinnen Investoren aus Europa allmählich an Gewicht gegenüber den Reichen aus der Region: Der Anteil der Anlagen aus Asien sank auf 44 Prozent. Auch zeichnet sich ein neues Wachstumssegment ab: die Petrodollars. Investoren aus dem Mittleren Osten interessieren sich zunehmend für den Stadtstaat, seit dort die Finanzaufsicht (MAS) das islamische Bankwesen und Anlagen in schariagerechten Finanzprodukten zulässt. Die Islam-Dollars unter Singapurer Verwaltung nahmen 2005 um 35 Prozent zu. Neuerdings lockt Singapur auch deutsche Anleger. Der Stadtstaat macht mit Steuerfreiheit die führende Rolle Deutschlands bei Schiffsfinanzierungen streitig. Außerdem können die Reeder wählen, ob sie Schiffe lieber in einer Art Fonds über Privatanleger oder durch Börsenlisting finanzieren wollen.

Die rund 600 Banken und Finanzinstitutionen erwirtschaften 12 Prozent des BIP. Wichtigster Player im Offshore-Finanzgeschäft ist die HSBC, die vor allem in der Produktentwicklung ihre Erfahrungen aus dem asiatischen Markt bestmöglich einbringen kann. Aber auch UBS, Credit Suisse, DBS und BNP Paribas mischen im Offshore-Finanzbereich kräftig mit. Experten gehen davon aus, dass Singapur im Offshore-Banking dem Finanzplatz Hongkong in den kommenden Jahren weitere Marktanteile abnehmen wird. Insgesamt werden im Stadtstaat Vermögenswerte von über 420 Milliarden USD verwaltet.

Offshore – Naher Osten, Afrika, Asien, Ozeanien

Der Finanzplatz Singapur will Weltmarktführer auf dem Sektor Private Banking werden. Die Zahl der im ostasiatischen Raum reicher werdenden Menschen, nicht nur in China, hat neue und weiter wachsende Privatvermögen entstehen lassen. Diese Vermögen wollen ihre Besitzer aufgrund unbefriedigender Gesetzeslagen in ihren Ländern in Singapur verwaltet wissen. Dabei leistet Singapur Vermögenden aus dem Ausland großzügige Hilfe: Mit einem Vermögen von mindestens 12,2 Millionen USD erhalten sie eine unbegrenzte Aufenthaltsgenehmigung, wenn sie mindestens 3,1 Millionen USD in Singapur als Private Banking Einlagen tätigen. Auch wurde das Erbschaftsteuergesetz geändert. In Singapur treuhänderisch verwaltetes Vermögen von Ausländern unterliegt nicht der Besteuerung von Pflichtanteilen.

Dank seines strengen, gesetzlich verankerten Bankgeheimnisses nach Schweizer und Liechtensteiner Vorbild ist Singapur heute – auch im Hinblick auf die EU-Zinsbesteuerung – eine echte Alternative zu europäischen Finanzplätzen. Umso mehr, da die führenden Banken aus der Schweiz und Liechtenstein dort mit eigenen Niederlassungen vertreten sind. Für Vermögende heißt das, der Berater sitzt nach wie vor in Zürich oder Vaduz, Konten und Depots aber werden in Singapur – und damit in einem aus EU-Sicht Drittstaat – geführt.

Es sieht ganz danach aus, dass Singapur für vermögende Privatanleger zur Topadresse avancieren wird und bisherigen Traditionsländern wie Luxemburg, die Schweiz und auch den Channel Islands in Zeiten der Globalisierung den Rang ablaufen kann. Weiter als einen Knopfdruck entfernt liegen dann auch die Vermögensteile in Singapur nicht mehr.

Wissenswertes

Keine Quellensteuer; Non-Residents sind von jeder direkten Steuer befreit; Offshore-Gesellschaften sind steuerbefreit; es bestehen Doppelbesteuerungsabkommen; gängige Gesellschaftsform ist die Private Limited Company.

Finanzplätze auf dem Prüfstand

Währungsreserven im Vergleich		
	in Mrd. USD total	USD pro Kopf
Japan	652,8	5 132
Taiwan	202,6	8 957
Hongkong	111,4	16 168
Südkorea	155,3	3 240
Singapur *)	95,0	22 667
*) einschließlich Non-Residents		Quelle: Economist Intelligence Unit

Ausgewählte Bankadressen:

- ABN Amro Bank NV
  63 Chulla St., Singapore 04 95 14
  Tel.: 0065-2 31 88 88, Fax: 0065-5 32 31 08

- Bank Austria Creditanstalt International AG
  80 Raffles Place 12–20 UOB Plaza 2, Singapore 04 86 24
  Tel.: 0065-4 38 48 00, Fax: 0065-4 38 49 00

- Commerzbank (South East Asia) Ltd.
  Cosea //41-01, Temasek Tower, 8 Shenton Way, Singapore 06 88 11
  Tel.: 0065-2 23 48 55, Fax: 0065-2 25 39 43

- Credit Suisse
  80 Raffles Place 50-01, IUOB Plaza, Singapore 04 86 24
  Tel.: 0065-5 38 76 11, Fax: 0065-5 31 27 18

- KBC Bank NV
  40th Floor OUB Centre, 1 Raffles Place, Singapore 04 86 16
  Tel.: 0065-5 33 70 88, Fax: 0065-5 33 19 68

- LGT Bank in Liechtenstein AG, Vaduz, Representative Office Singapore
  3 Temasek Avenue, //30-01 Centennial Tower, Singapore 039190
  Tel.: 0065-64 15 38 00, Fax: 0065-64 15 38 50

- Standard Chartered Bank
  Block 138, //01-209/211, Alexandra Rd, Singapore 15 01 38
  Tel.: 0065-4 74 31 48, Fax: 0065-4 74 66 08

Indien/Bombay

Keine Frage – Indien ist auf dem Weg zur Weltmacht. Die wild wuchernde, aber stabile größte Demokratie der Welt hat eine gute Unternehmenslandschaft, einen reifen Finanzsektor, eine weltoffene Elite und eine ausgeprägte Mittelschicht – gerade im Vergleich zum direkten Konkurrenten China. Heute wächst das Bruttoinlandsprodukt um 8 Prozent – morgen um 10. 2005 haben ausländische Investoren Aktien im Wert von 10,7 Milliarden USD netto gekauft. Merrill Lynch Investment und JP Morgan haben mit in Japan aufgelegten Fonds reagiert, die sich auf Indien konzentrieren. Und es geht weiter, in den ersten Wochen 2006 kamen bereits mehr als 3 Milliarden USD ins Land. Auch das Kreditwachstum spricht für sich. Im Betrachtungszeitraum 2005/6 mehr als 32 Prozent, die stärkste Zunahme in mehr als 30 Jahren.

Indien – ein Eldorado für Investoren? Obwohl 2005 11 Milliarden USD Anlagekapital an Indiens Börsen geflossen sind (von Januar bis Mai 2006 waren 5 Milliarden USD hinzugekommen), schätzen Experten, dass in Indien noch nicht einmal die Hälfte des Kapitals angekommen ist, das derzeit in diesen Markt fließen will. Obwohl Schnäppchen Vergangenheit sind – die Aktien sind mittlerweile sogar recht teuer, das Kurs-Gewinn-Verhältnis lag Mitte 2006 bei 12,8 –, bietet Indien mittel- und langfristig bessere Aussichten als andere asiatische Märkte. Langfristig orientierte Anleger erwarten überdurchschnittliche Renditen. Ausgewählte Aktien werden in den kommenden drei bis fünf Jahren Wertsteigerungen von 15 bis 20 Prozent pro Jahr liefern. Das gilt insbesondere für Unternehmen, die von der anlaufenden Verbesserung der rückständigen Infrastruktur profitieren, wie Baufirmen, Zement- und Stahlhersteller. In Anlegerkreisen wird Indien schon lange als „Zweites China" und damit als noch schlummernder wirtschaftlicher Gigant wahrgenommen. Derzeit sind in Bombay bereits über 3 500 indische Aktiengesellschaften notiert.

Finanzplätze auf dem Prüfstand

Hinzu kommt der Immobiliensektor. Hier lockt Indien Investoren mit seinem riesigen Nachholbedarf, es fehlt an Wohnraum und Bürogebäuden. Bereits heute fehlen nach DB Research, die Immobiliensparte der Deutschen Bank, 20 bis 30 Millionen Wohneinheiten. Immobilienexperten schätzen den jährlichen Baubedarf auf sieben bis zehn Millionen Einheiten, für ausländische Investoren kommt aber nur die Geldanlage in den neu entstehenden Stadtteilen in Frage. Die Mieter dort gehören der Mittelschicht an, so dass das Mietausfallrisiko begrenzt ist. Für den gewerblichen Immobilienmarkt wird ein Volumen von rund 300 Milliarden USD geschätzt.

Checkliste: Fallstricke bei Indien-Investments

Über eine Milliarde Einwohner machen das asiatische Land mit ihrem Hunger nach Wohlstand zu einem langfristig attraktiven Anlageziel. Korrekturen bei den Aktienkursen sind möglich, sie werden aber – im Gegensatz zu anderen Schwellenländern – nicht von langer Dauer sein. Die Inder werden weiter investieren. Und ausländische Investoren bei der richtigen Gelegenheit auch.

Zugang: Für Privatanleger ist der Zugang erschwert: Die Rupie ist nicht frei konvertierbar, nur institutionelle Anleger dürfen direkt an den Börsen investieren. Viele indische Blue Chips sind allerdings zusätzlich in den USA notiert, meist als American Depository Receipts (ADR) oder Global Depository Receipts (GDR), manche auch in London. Diese Hinterlegungsscheine, die indische Aktien repräsentieren, sind zudem nicht alle liquide.

Schwankungen: Als Investitionsland weist der Subkontinent die üblichen Risiken von Schwellenlandbörsen auf, u.a. hohe Volatilität. Gleichzeitig schützen eine straffe Börsenaufsicht, strenge Bilanzregeln, ein britisch inspiriertes Rechtssystem und eine unabhängige Justiz Investoren besser als in vielen anderen Märkten, etwa China oder Russland.

Offshore – Naher Osten, Afrika, Asien, Ozeanien

Fortsetzung: Checkliste: Fallstzricke bei Indien-Investments

Gewichtung: Der Leitindex Sensex bildet die Volkswirtschaft nicht ideal ab. Rohstoffkonzerne und Technologiefirmen haben darin ein großes Gewicht, während Konsumwerte unterrepräsentiert sind. Seine 30 Aktien machen Mitte 2006 die Hälfte der gesamten Börsenkapitalisierung aus. Und allein fünf Werte stehen für 40 Prozent des Indexes: Reliance (Raffinerie), Infosys (IT-Dienste), ICICI (Bank), ITC (Agrargüter und Hotels), Larsen & Toubro (Maschinenbau). Das fördert extreme Preisschwankungen.

Der Liebling der Banken heißt Bombay

Hier entsteht Asiens neues Finanzzentrum. Beinahe täglich fliegen Banker führender Geldhäuser ein und laden die Millionäre und Milliardäre des neuen Indiens zum Dinner: Erben und Selfmademen sind die Kunden der Zukunft. Jede ausländische Großbank steht in Indien in den Startlöchern. Bis Ausländer ab 2009 Mehrheiten an privaten indischen Instituten übernehmen dürfen, müssen die Claims abgesteckt sein. Das Interesse an Indien wächst bei Börsen, Banken, Versicherungen, Pensionsfonds und Maklern. Es gibt keine Sprachbarriere und Indien ist eine sehr pluralistische Gesellschaft. Das Wachstum und die Nachfrage nach Kapital bietet Privatinvestoren eine gute Gelegenheit.

Nirgendwo ist der Aufschwung so zu greifen wie in der 14-Millionen-Metropole Bombay (Mumbai), dem indischen Shanghai. Mag in Delhi die Regierung sitzen, hier ist das Geld. Hier sitzt die Zentralbank; hier stehen mit der jüngeren National Stock Exchange (NSE) und der 130 Jahre alten BSE die beiden wichtigsten Handelsplätze des Subkontinents; hier residiert die Aufsicht, der Securities and Exchange Board of India (SEBI); hier handeln Rohstoffbörsen mit Diamanten, Nüssen, Baumwolle, Reis oder Ölsaaten; hier ha-

Finanzplätze auf dem Prüfstand

ben die meisten der mehr als 90 indischen Geschäftsbanken ihre Zentrale. Ein knappes Drittel der fest angestellten Bevölkerung ist direkt oder indirekt mit der Finanzbranche beschäftigt. Bombay hat alle Voraussetzungen, ein internationales Finanzzentrum vom Rang Hongkongs oder Singapurs zu werden.

Zwischen 2001 und 2005 stieg der summierte Vermögenswert indischer Banken von 265 Milliarden USD auf 520 Milliarden USD, die Gewinne von 1,7 auf 5 Milliarden USD. Bis 2010 erwarten Experten eine Steigerung auf 12 Milliarden USD. Vor allem junge indische Banken setzen sich in Szene, sie stehlen den Ausländern sogar die Schau. Darunter die ICICI-Bank, das am schnellsten wachsende Institut des Landes. ICICI könnte 2010 die größte Bank Indiens sein. Große ausländische Player unter den Banken sind die City Bank, HSBC und ABN Amro. Aber auch die Deutsche Bank ist bereits stark präsent.

Was alle Finanzhäuser bemängeln ist die Infrastruktur. Hier hat Bombay noch erheblichen Nachholbedarf.

Asiens Finanzstädte im Steuervergleich

Die Schaffung von günstigen Steuerrahmenbedingungen für Investoren hat im asiatischen Raum eine lange Tradition. Während die Stadtstaaten Hongkong und Singapur aufgrund ihrer Wirtschaftskraft hier eine Sonderstellung einnehmen, sehen sich diese Handels- und Finanzzentren einem zunehmenden Wettbewerb gegenüber der neuen Wirtschaftsmacht China ausgesetzt. Wobei sich hier aufgrund der Größe und wirtschaftlichen Bedeutung ein Vergleich zum Wirtschaftszentrum Shanghai geradezu aufdrängt.

Ausgewählte asiatische Finanzplätze im Steuervergleich

	Hongkong	Singapur	Shanghai/China
Einkommensteuer	16%	max. 21% (ITA)	5%–45% abhängig von Einkunftsart
	Steuerbefreiung für Kapitalgewinne, Dividenden und ausländische Einkünfte	Steuerbefreiung für Veräußerungsgewinne und ausländische Einkünfte	5%–45% Löhne und Gehälter
	Gewährung von weiteren persönlichen Freibeträgen	für besonders qualifizierte Personen mit (Steuer-)Wohnsitz Singapur im Rahmen sog. Ruling 10% verhandelbar	5%–35% gewerbliches Einkommen
			20% Zinsen und Dividenden
Körperschaftsteuer	0%–17,5%	20% (ITA)	derzeit 33% nach Steuerreform in 2006: geplant 24%–28% bei gleichzeitigem Wegfall der wichtigsten Steuervergünstigungen
	Steuerbefreiung für Gewinne, die außerhalb Hongkongs erzielt werden und Zinsen aus Bankguthaben	bei Neugründung von dort ansässigen Firmen die ersten drei Jahre vollständige Steuerbefreiung (Full Tax Exemption)	
		bei bestehenden Unternehmen bis zu einem Einkommen von $ 90 000 Steuerbefreiung für Hälfte des Einkommens	
Mehrwert-/ Verkehrs- und Verbrauchssteuer		5% (GST) für Güter und Dienstleistungen	3%–17% (Mehrwertsteuer) für Verkauf und Import von Waren
			13% (Mehrwertsteuer) für lebenswichtige Güter (Wasser etc.)
			zusätzliche für Luxusgüter (Auto etc.)
	Kein Doppelbesteuerungsabkommen	Doppelbesteuerungsabkommen	Doppelbesteuerungsabkommen

Quelle: Bayern Treuhand WP

Labuan/Malaysia

Labuan, die Steuerexklave Malaysias, hat sich in den letzten Jahren aufgrund eines umfangreichen Steuervergünstigungspakets zu einem internationalen Offshore-Center im asiatischen Raum entwickelt. Das Bankgeheimnis hat hohen Stellenwert, mit der EU bestehen keinerlei Abkommen zum Informationsaustausch. Rund 50 internationale Banken haben sich bereits auf der 500 000 Einwoh-

Finanzplätze auf dem Prüfstand

ner zählenden Insel mit Filialen niedergelassen, sie sind auf internationale Finanzgeschäfte spezialisiert. Labuan bemüht sich, im ostasiatischen Raum eine Alternative zu Singapur zu werden.

Keine Quellensteuer; Offshore-Gesellschaften sind steuerbefreit; alle Non-Trading-Aktivitäten sind steuerbefreit; es bestehen jedoch Doppelbesteuerungsabkommen. Gängige Gesellschaftsform für Offshore-Aktivitäten ist die Company Limited by Shares.

Weitere Informationen:

- Labuan Offshore Financial Services Authority LOFSA; ww.lofsa.gov.my

Ostasiens Finanzmärkte sollen verzahnt werden

Asien unternimmt ernstzunehmende Schritte auf dem Weg zu einem Währungsfonds, der letztlich zu einer Währungsgemeinschaft führen soll. Damit soll die Integration der Finanzmärkte der Region vorangetrieben werden. Denn im Gegensatz zu einem Netzwerk bilateraler Freihandelsabkommen sind die ostasiatischen Finanzmärkte zersplittert und unterentwickelt. Es gibt zu wenige Investitionsmöglichkeiten. Es bleiben nur drei Wege: in den US-Dollar, den Euro oder den Yen zu gehen. Diese eingeschränkten Möglichkeiten Asiens führen u.a. dazu, dass die überbordenden Auslandsreserven in Dollar-Anleihen geparkt werden. Für den Privatanleger bedeutet der Mangel an Anlagemöglichkeiten zudem die Flucht in Immobilen, die von Shanghai über Hongkong bis zu Bangkok eine Blase zu bilden drohen. Mit einem Fonds im Gesamtvolumen von derzeit 39,5 Milliarden USD wollen sich die asiatischen Staaten daher in bilateralen Abkommen vor Spekulationen gegen ihre Währungen wie seinerzeit vor der Asienkrise 1997/98 schützen.

Offshore – Naher Osten, Afrika, Asien, Ozeanien

Japan

Japans Finanzmärkte boomen wieder – die „verlorene Dekade" der japanischen Wirtschaft ist vorbei. Die Inlandsnachfrage steigt und zeigt positive Auswirkungen auf die Konjunktur. Die Unternehmen setzen wieder mehr auf die Aktien- und Rentenmärkte und nicht mehr auf Bankkredite, was bereits zu sehr hohen Gewinnen geführt hat. Auch hat die Bank of Japan ihre unkonventionelle Geldpolitik beendet.

Die Bank of Japan hatte vor dem Hintergrund von Bankenkrise und Deflation vor fünf Jahren die Leitzinsen fast auf 0 Prozent gesenkt, ihre monatlichen Käufe von Staatsanleihen auf über 9 Milliarden EUR verdreifacht und die bei ihr täglich fälligen Einlagen der Geschäftsbanken von 30 auf 260 Milliarden EUR erhöht. So trug sie wesentlich dazu bei, dass der Verfall der Preise auf dem Konsummarkt und der drohende Kollaps des Finanzsystems abgewendet werden konnte – Japans sieben Großbanken stellten unlängst Überschüsse von 20 Milliarden EUR in Aussicht. Jetzt mehren sich die Anzeichen, dass die Bank of Japan die monetären Zügel deutlich straffen und die Überschussreserven rasch abbauen wird.

Das hat natürlich auch seine Auswirkungen auf die Finanzmärkte, die gesamte Normalisierung der japanischen Wirtschaft ist jetzt auch hier deutlich zu spüren. Das wird auch zu einer Erholung der Kreditvergabe der Banken und der Grundstückspreise in den Städten führen. Erste Anzeichen für steigende Anleiherenditen gibt es schon, auch wenn die Ankäufe von US-Staatsanleihen zur Anlage der japanischen Leistungsbilanzüberschüsse und die gute Ausstattung der Investoren mit Liquidität diese mittelfristig an den Rentenmarkt zurückbringen sollten und so den Renditeanstieg begrenzen werden. Auf der anderen Seite begeben aber, wie gesagt, immer mehr Unternehmen wieder Anleihen zur eigenen Finanzierung, so dass der Markt über die Jahre wieder deutlich interessanter werden wird.

Finanzplätze auf dem Prüfstand

Der japanische Aktienmarkt hatte seinen Tiefstand im April 2003 und hat seitdem seinen Wert beinahe verdoppelt – allein im letzten Jahr legten japanische Papiere um 30 Prozent zu. Das Problem nach der „verlorenen Dekade" mit ihrer Deflation und einer verständlichen Risikoaversion liegt vielmehr darin, dass die Privathaushalte nur noch gut 7 Prozent ihres Finanzvermögens in Aktien anlegen. Japanische Investoren gehen noch immer eher ins Ausland, als sich ernsthaft mit dem eigenen Aktienmarkt zu beschäftigen. Aber die Zeiten ändern sich. Im Jahr 2004 ging die Summe risikoloser Bankeinlagen von Privatpersonen zurück – im Übrigen erstmals nach dem Krieg! Neben der direkten Finanzierung der Unternehmen durch die Ausgabe von Aktien steigt langsam auch die Kreditaufnahme für Investitionen wieder an. So kehrt das Vertrauen der Anleger langsam wieder zurück, und es ist zu erwarten, dass davon in den nächsten Jahren auch der japanische Aktienmarkt deutlich profitieren kann.

Japan ist wirtschaftlich also wieder auf der Überholspur angekommen und beschleunigt deutlich, nicht zuletzt durch die liberalen Reformen der Regierung. Dies ist für das Land auch dringend notwendig, wenn es sich in der Konkurrenz mit den direkten Nachbarn China und Indien behaupten will. Nach einem Jahrzehnt der Stagnation kommt die japanische Wirtschaft langsam wieder in Schwung.

Vanuatu

Ein Inselstaat im westlichen Südpazifik, rund 2 000 km nordöstlich von Australien gelegen. 4 Prozent der 201 000 Einwohner sind Europäer, 94 Prozent melanesische Ureinwohner, die mit der modernen Zivilisation bislang kaum in Berührung gekommen sind.

Seit 2002 haben sich in der Hauptstadt der Inselrepublik Port Vila der Nullsteuern wegen über hundert Banken niedergelassen, vor allem aus dem asiatischen Raum. Allen voran die Hongkong &

Shanghai Banking Corporation (HSBC). Örtliche Treuhandgesellschaften bieten ein breit gefächertes Leistungsspektrum, zudem sind reichlich Anwälte vorhanden. Devisenbeschränkungen kennt man nicht, es herrscht freier Kapitalverkehr.

Was für Reeder als Steueroase attraktiv ist, lässt sich als Standort für eine gut gemanagte Vermögensverwaltung nicht rechtfertigen. Vanuatu eignet sich höchstens als Drehscheibe für global vagabundierendes Kapital und für Anleger aus dem asiatischen Raum.

Ausgewählte Bankadressen:

Für jene, die es trotz 24-Stunden-Flug von Europa aus versuchen oder sich für immer auf eine der benachbarten Trauminseln Ozeaniens niederlassen wollen.

- Australian & New Zealand Banking Group Ltd. (ANZ)
  ANZ House, Kumul Highway, Port Vila
  Tel.: 00678-2 25 36, Fax: 00678-2 28 14

- Banque of Hawaii (Vanuatu) Ltd.
  POBox 29, Port Vila, Tel.: 00678-2 24 12, Fax: 00678-2 35 79

- National Bank of Vanuatu
  POBox 249, Port Vila, Tel.: 00678-2 22 01, Fax: 00678-2 27 61

- Westpac Banking Corporation
  Kumul Highway, Port Vila, Tel.: 00678-2 20 84, Fax: 00678-2 35 57

5. Wohin geht der Trend?

Wenn die Globalisierung der Weltwirtschaft zu einer weiteren Konzentration auch im Finanzgeschäft führt, bleiben am Ende vielleicht nur noch ein Dutzend Bankriesen am Markt übrig, welche die vielen Kleinen bestenfalls zu Zulieferern der Großen degradieren könnten. Oder kommt es ganz anders? Erhalten die flexiblen kleinen Bankhäuser gegenüber den Dinosauriern eine Chance, mit

Finanzplätze auf dem Prüfstand

geschickter Geschäftspolitik und vor allem mit ihrer Kundennähe eine noch größere Rolle zu spielen? Vorstellen könnte man sich, dass die viel kritisierten kleinen Steueroasen bald ganz vorn im Wachstum des Bankenmarktes stehen werden. Wie Monaco oder Liechtenstein zeigen, dürfen sich heute viele Steueroasen sehen lassen und ohne Scheu nach außen kommunizieren. Sie beachten die Anti-Geldwäsche-Vorschriften und sind stolz darauf, auf der Basis gesunder Grundprinzipien liberalen Wirtschaftens ihre Geldgeschäfte zu betreiben.

Der Begriff „Steueroase" ist dabei, in der Europäischen Union aufgewertet zu werden. Dies verdankt man der Expansion der EU nach Ost- und Südosteuropa. Die Slowakei z.B. und ein Dutzend weiterer osteuropäischer Staaten machen sich in der „alten EU" mit ihrem modernen Steuersystem bei Unternehmen beliebt. Auch Österreich schläft nicht. Das Alpenland gilt heute bereits als drittbeste Steueroase in Europa nach der Schweiz und Luxemburg. Es ist also zu erwarten, dass vor allem die österreichischen Banken ihre Marktanteile zielstrebig ausweiten werden.

Die so genannten Steueroasen werden zusammen bald eine finanzielle Großmacht darstellen. Sie haben in den letzten Jahren gelernt, internationale Allianzen zu schmieden und künftig einer Diskriminierung aus dem Weg zu gehen. – Dies alles, ohne den Schutz der Privatsphäre aufs Spiel zu setzen – ein ideales Umfeld für länderübergreifende Bankgeschäfte!

Was Auslandsbanken Steuerpflichtigen bieten: 8

1. Steuerorientierte Produktauswahl . 178
2. Bei der Produktauswahl auf die richtige Funktionalität achten 178
3. Finanzinnovationen für Steuerpflichtige 180
4. In der Stundung liegt der Gewinn . 182
5. Gold und Auslandsvermögen 184
6. Letztes Refugium für Auslandsvermögen: Der Safe 186

1. Steuerorientierte Produktauswahl

Neben der strategischen, taktischen und operativen Anlagestrategie (Asset Allocation) kommt es für Anleger auch auf die richtige Produktwahl an. Das gilt insbesondere für steuerpflichtige Deutsche, die Vermögenswerte über Auslandsbanken verwalten lassen. Hier kann viel falsch oder richtig gemacht werden. Es kommt also ganz entscheidend auf die Kompetenz der gewählten Auslandsbank an. Am Beispiel der Raiffeisenbank in Jungholz wird gezeigt, wie Berater einer steuersensibilisierten Auslandsbank bei der Auswahl geeigneter Produkte vorgehen.

Vermögen steuern:

Asset Allocation: Mit ihr wird die Aufteilung des Vermögens in Assetklassen (Aktien, Schuldverschreibungen, Edelmetalle, Immobilien), Länder bzw. Regionen und Währungen vorgenommen.

Diese Aufteilung entscheidet maßgeblich über die künftige Performance. Sie kann daher auch als Grobsteuerung des Vermögens bezeichnet werden. Erst dann folgt die:

Taktische Asset Allocation: Sie differenziert die Vermögensaufteilung feiner nach Branchen, Laufzeiten, Bonitäten etc. Im Anschluss erfolgt die:

Operative Asset Allocation: In ihr werden sowohl Emittenten als auch Titel definiert und Timingaspekte berücksichtigt.

---

2. Bei der Produktauswahl auf die richtige Funktionalität achten

Ist beispielsweise Teil der Strategie der Erwerb von 3 Prozent in einen deutschen Blue Chip-Aktienindex, so fallen aktiv gemanagte Fonds und volumenbedingt meist auch Einzeltitellösungen weg. Es verbleiben im Wesentlichen Exchange Traded Funds (ETF) und In-

Bei der Produktauswahl auf die richtige Funktionalität achten

dexzertifikate auf den DAX 30. Wenn diese auch auf den ersten Blick dieselbe Performance zu generieren scheinen, so gilt das jedoch nur vor Steuern. Die steuerliche Behandlung der gewählten Produkte wird bei der Anlageentscheidung gerne übersehen und kann zu gravierenden Nachteilen führen.

In Deutschland unterliegen die Dividendenausschüttungen der DAX-Unternehmen beim Exchange Traded Fund der Einkommensteuerpflicht (Investmentsteuergesetz), während das Indexzertifikat auf den Performanceindex DAX keine steuerpflichtigen Ausschüttungen aufweist – die Dividenden werden im Index selbst thesauriert. Bei einer geschätzten Dividendenrendite auf den DAX für das kommende Jahr von 2,87 Prozent fallen beim ETF demnach bei einem Grenzsteuersatz von 42 Prozent zuzüglich Solidaritätszuschlag und der Anwendung des Halbeinkünfteverfahrens insgesamt 0,64 Prozent an Steuern an. Mit dem Exchange Traded Fund verzichtet man also jährlich freiwillig auf eine Nachsteuer-Performance von 0,64 Prozent – ein hoher Preis. Bei beiden Lösungen sind im Übrigen etwaige Kursgewinne nach der Haltefrist von einem Jahr gemäß §23 EStG steuerfrei.

Ein anderes bedeutendes Beispiel sind Anleihen mit unterschiedlich hohen jährlichen Zinszahlungen (Kupons). Da auch bei Anleihen, wenn sie innerhalb der so genannten Disagio-Staffel begeben wurden, außerhalb der Einjahresfrist nur der Kapitalertrag, also die Zinsen bzw. der Kupon zu versteuern sind, müssen Anleihen mit möglichst niedrigem Kupon ausgewählt werden. Dies mag dem „Bauchgefühl" des Anlegers zunächst widerstreben, bietet aber in der Tat entscheidende Vorteile.

Denn es gibt Kapitalanlageprodukte, bei denen es für den Anleger schon aus steuerlichen Gründen keine Gewinnchance gibt. Der Analyse der steuerlichen Behandlung von Kapitalanlageprodukten kommt somit entscheidende Bedeutung zu.

3. Finanzinnovationen für Steuerpflichtige

Da auch die Gehirne in den Think Tanks der Banken diese Tatsache seit langem erkannt haben, gibt es inzwischen zahlreiche ausgeklügelte Produkte, die die Steuerlast der Kunden reduzieren helfen und bei konsequenter Anwendung in Richtung Null laufen lassen:

- Insbesondere Zertifikate-Emittenten wie UBS, ABN Amro oder Commerzbank haben sich hier – teilweise im Auftrag kleinerer Banken – als innovationsstark erwiesen.

Die Zertifikate sind meist so konstruiert, dass sie nicht unter die Maßgaben des § 20,7 EStG fallen, also steuerlich keine so genannten „Finanzinnovationen" darstellen, deren Gesamtertrag bei Veräußerung zu versteuern wäre. Um diese gefährliche Steuerklippe zu umschiffen, gilt es, den Finanzbehörden nachzuweisen, dass das Produkt keine verkappte faktische Kapitalgarantie aufweist – denn dann stellte es eine Finanzinnovation dar. Emittenten beschreiten hier im Wesentlichen zwei Wege:

- Entweder sie rechnen das Produkt in die Vergangenheit zurück und weisen nach, dass es über seine Laufzeit in einer bestimmten Marktphase der Vergangenheit tatsächlich einen Verlust generiert hätte. Nach den extremen Kursbewegungen auf fast allen Teilmärkten in der Vergangenheit ist dies mit sehr vielen Produkten möglich.

- Alternativ argumentieren Emittenten auch mit der Erwartungsrendite eines Produktes: Liegt diese z.B. 3 Prozent höher als der sichere Zins für die gleiche Laufzeit, so lässt sich schlüssig aus der Kapitalmarkttheorie argumentieren, dass dieses Produkt deutlich erhöhte Risiken aufweisen muss, ansonsten könnte es diese Rendite unmöglich generieren.

Hat man diese Hürde erst genommen, hat man mit einem Zertifikat ein Produkt, das nach einem Jahr Haltefrist nach § 23 EStG

Finanzinnovationen für Steuerpflichtige

steuerfrei und damit steuerlich optimal gestaltet ist. Findige Investoren können sich unter Anleitung ihrer Auslandsbank auf dieser Basis Portfolios aufbauen, die kaum einen Anlegerwunsch offen lassen und dabei nur sehr geringe Steuerlasten auslösen.

> In der Zwischenzeit gibt es sogar komplette Vermögensverwaltungsmandate, die in Zertifikate-Mäntel gekleidet sind und sozusagen eine Gesamtanlagelösung aus einer Hand bieten.

Beispiel hierfür sind die drei Globalstrategiezertifikate der Raiffeisenbank in Jungholz oder das Dr. Jens Ehrhardt-Zertifikat, die beide von der ABN Amro in London herausgegeben worden sind.

Neben den Zertifikate-Lösungen gibt es in jüngster Zeit auch wieder innovative Lösungen aus dem Bereich Investmentfonds. Hintergrund sind hier die gesetzlichen Änderungen in Deutschland (Investmentgesetz, Investmentsteuergesetz), die neue Möglichkeiten bei der Produktkonzeption eröffnen: Die Investmentgesellschaften setzen hierbei nicht zuletzt wegen der weniger restriktiven staatlichen Genehmigungspolitik meist auf die Begebung durch Tochtergesellschaften in Luxemburg oder Irland. Steuerlich relevant ist jedoch das deutsche Investmentsteuergesetz. Die Emittenten nutzen bei den neuen Produkten beispielsweise den Vorteil, dass es innerhalb von Sondervermögen keine Besteuerung auf Substanzgewinne gibt, realisierte Kursgewinne also steuerfrei sind.

Ähnlich wie bei den Niederverzinslichen besteht die Möglichkeit, unter Zuhilfenahme geeigneter Produkte wie etwa Derivaten, rentenähnliche Erträge zu generieren, bei denen allerdings keine zu versteuernden Zinsen, sondern Kursgewinne anfallen, die innerhalb von Sondervermögen steuerfrei bleiben. Im Ergebnis sind die Erträge aus diesen Investmentfonds in Form von Kurssteigerungen ebenfalls nach Ablauf der Einjahresfrist für den Anleger steuerfrei. Fonds dieser Bauart bieten z.B. Cominvest, Hauck & Aufhäuser oder die Bankgesellschaft Berlin an.

Was Auslandsbanken bieten

Zusammenfassend lässt sich sagen, dass nach der Vermögensstrukturanalyse, der strategischen und taktischen Asset Allocation und der Wahl der operativen Timing-Strategie der Auswahl des richtigen Anlageproduktes entscheidende Bedeutung zukommt. Hierbei spielt nicht nur die korrekte Funktionalität des Produktes, sondern auch die Besteuerung des Produktes eine Rolle, die erhebliche Unterschiede im langfristigen Erfolg der gesamten Vermögensentwicklung zur Folge haben kann.

> Die Qualität der Beratung unter steuerlichen Aspekten sollte ein wichtiges Differenzierungsmerkmal bei der Wahl der Auslandsbank sein.

4. In der Stundung liegt der Gewinn

Die Steuer- und Abgabenquote liegt in Deutschland bei bis zu 42 Prozent. Zinserträge unterliegen der vollen Einkommen- sowie Kirchensteuer und Solidaritätszuschlag in Höhe von derzeit 51 Prozent in der Spitzenbelastung. Dieser markante Steuerdruck führt bei zahlreichen Anlegern zu entsprechendem Ausweichverhalten. Denn je höher die Steuerbelastung ist, desto stärker sind Steuerpflichtige bemüht, ihre persönliche Steuerlast zu optimieren. Ein Grund für eine Kapitalanlage im Ausland.

Bei ausländischen Banken fällt weder die deutsche Zinsabschlagsteuer (ZaSt) in Höhe von 30 Prozent, noch die Kapitalertragsteuer in Höhe von 20 Prozent (Dividenden) beziehungsweise 25 Prozent (Wandelanleihen) an. Dadurch ergibt sich ein Steuerstundungseffekt, wie folgendes Beispiel dokumentiert:

Sie eröffnen ein Depot bei einer ausländischen Bank, liefern effektive Stücke ein, übertragen Depotwerte beziehungsweise kaufen aus Ihren Barreserven diverse Wertpapiere. Die jeweiligen Zinszah-

In der Stundung liegt der Gewinn

lungen im laufenden Jahr können ohne Steuerabzug bis zur Fälligkeit Ihrer persönlichen Steuerschuld sofort wieder in kurzfristige Anlagen reinvestiert werden. So verfügen Sie über zusätzliche Zinseinkünfte oder bauen Liquidität auf. In der Regel kann sich – je nach Abgabe der Steuererklärung – ein Steuerstundungseffekt von etwa ein bis zwei Jahren ergeben.

Steuerliche Vorteile bei Kapitalanlage im Ausland

Steuerstundungseffekt, dadurch Liquiditätsvorteil und Ausnutzung des Zinseszinseffektes bei sofortiger Wiederanlage der Zinserträge

Keine Planung und Voraus-Berechnung der Ausnutzung des Freistellungsbetrages notwendig, um ZaSt-Abzug zu vermeiden

Keine automatische Meldung der ZaSt-Ausnutzung an das Bundesamt für Finanzen

Keine Berücksichtigung der unterschiedlichen Bemessungsgrundlagen für Einkommensteuer und ZaSt

Vermeidung des sofortigen ZaSt-Abzuges vom Gesamtbetrag:
- der angesammelten Zinsen bei Tilgung oder Verkauf von Zerobonds oder beim Bundesschatzbrief Typ B
- des aufgelaufenen Kapitalgewinns bei Verkauf von Finanzinnovationen – beispielsweise Garantiezertifikate, Anleihen mit Kapitalgarantie und Aktienpartizipation
- des erzielten Kursgewinnes bei Tilgung von Zerobonds oder Finanzinnovationen nach der ungünstigen 30 Prozent-Pauschalmethode, die angewendet wird, falls z.B. nach einem Depotübertrag oder nach Einlieferung von Tafelpapieren die Einstandskurse nicht bekannt – Bemessungsgrundlage sind 30 Prozent des Verkaufserlöses
- aller thesaurierten Erträge seit 1995 bei Verkauf von thesaurierenden ausländischen Fonds

Keine aufwändige Planung der Zinserträge und Stückzinsen zur Ausnutzung des Stückzinstopfes

Selbstbestimmung des Starttermins des Besteuerungsverfahrens durch Abgabe der Steuererklärung im Folgejahr

Keine EU-Quellensteuer

Was Auslandsbanken bieten

> **Hinweis:** Wer die Pflicht hat, Steuern zu zahlen, hat auch das Recht, Steuern zu sparen. Der Umweg über das Ausland ist legal und bietet Ihnen – allein aus steuerlicher Sicht – einen nicht unerheblichen geldwerten Vorteil.

5. Gold und Auslandsvermögen

Glaubt man den Ausführungen des Private Asset Management der Deutschen Bank, eignet sich Gold hervorragend zur Portfolio Insurance, denn es korreliert per saldo negativ zu den Aktien- und Rentenmärkten, aber auch zum Dollar. Damit bietet Gold eine klassische Möglichkeit – ohne den Einsatz von Derivaten – das Risiko eines Auslandsportfolios zu reduzieren.

Neben der Risikodiversifikation in einem gemischten Portfolio dient Gold auch als Schutz gegen Inflation. Aufgrund der explosionsartigen Geldmengenerhöhung der letzten Jahre, dem kontinuierlich hohen Haushaltsdefizit und der historisch hohen Staatsverschuldung aller wichtigen Industrienationen, muss künftig mit einer Inflationsproblematik gerechnet werden. Gold wird hier generell als Versicherung gegen Inflation betrachtet, gewissermaßen als Inflations-Hedge-Instrument. Sein Wert besteht unabhängig von Zahlungsversprechen Dritter, denn keine staatliche Institution dieser Welt kann Gold herstellen oder drucken und somit durch einen inflationären Gebrauch entwerten. Im Gegenteil, der Goldmarkt ist eng:

- Das heute aus der Erde geholte Gold wird auf 150 000 Tonnen geschätzt. Multipliziert mit einem Unzenpreis von 400 USD entspricht das einem Wert von 1,92 Billionen USD. Das ist nur etwas mehr wie die UBS als größter Vermögensverwalter der Welt für ihre Kunden verwaltet.

Gold und Auslandsvermögen

- Zieht man von den erwähnten 150 000 die (noch) 32 000 Tonnen ab, die als Gold der Zentralbanken durch die Statistiken geistern, ergeben sich nur noch 1,51 Billionen USD.

Der Goldpreis ist auf hohem Niveau. China und Indien treiben den Goldpreis. Der Goldpreis wird nach Expertenmeinung auch 2007 wegen der Nachfrage aus China und Indien weiter anziehen.

In so manchem Banksafe im Ausland liegt Gold – in der Vergangenheit mit legalem oder illegalem Geld erworben. Wer es heute legal kauft, kann es mit Wissen des deutschen Finanzamts in einem Auslandssafe deponieren. Da bei Lagerung keine Erträge anfallen, gibt es in der Heimat auch nichts zu versteuern. So mancher beleiht jedoch seinen Goldschatz bei der Bank und kauft mit dem Geld Wertpapiere. Richtig angelegt lassen sich die EU-Zinsbesteuerung umgehen und die Erträge daraus – nicht legal – steuerfrei vereinnahmen. Die Vermögensverwalter im Ausland wissen schon, wie das geht.

Möglichkeiten für Gold-Investments

Barren & Münzen: Jeder kann bei der Bank Barren oder Goldmünzen kaufen. Nachteil: Die Differenz zwischen An- und Verkaufspreis ist in der Regel sehr hoch.

Zertifikate: Gold-Zertifikate sind Wertpapiere, die in ihrer Kursentwicklung den Preis des Edelmetalls widerspiegeln.

Fonds: Viele Fondsgesellschaften bieten Aktienfonds an, die gezielt in die Dividendenpapiere von Gold- und Edelmetallproduzenten investieren.

Aktien: Goldminengesellschaften

Was Auslandsbanken bieten

6. Letztes Refugium für Auslandsvermögen: Der Safe

Vor dem Hintergrund des Gesetzes zur Förderung der Steuerehrlichkeit empfinden manche Bundesbürger einen Safe im Ausland als letztes Refugium ihrer Geldfreiheit. Dabei befinden sie sich in guter Gesellschaft. Safes werden auch von Russen angemietet, und die Chinesen stehen schon vor der Tür. Die Produktion von Banksafes kommt mit der Nachfrage gar nicht mehr mit. Die Jahresmiete für die kleinsten Schließfächer bei der größten Schweizer Bank, der UBS, beträgt z.b. aktuell 100 CHF plus Mehrwertsteuer. Die Voraussetzung für einen Mietvertrag ist heute bei nahezu allen Auslandsbanken immer ein Konto bei der Vermieterbank.

Noch sind Safes im Ausland von der amtlichen Kontenschnüffelei in Deutschland ausgenommen. Die Finanzämter können sich aber indirekt, wenn sie die Zahlungsvorgänge auf den Bankkonten jetzt uneingeschränkt prüfen können, auch über die Existenz eines Safes leicht Informationen verschaffen. In der Regel werden nämlich die Mietgebühren für die Safes von den Kundenkonten abgebucht.

Safes im Ausland können im Konkursfall wichtig für Schuldner sein. Denn meist werden bei einer Insolvenz in Deutschland alle Konten gesperrt. Nicht einmal die geringsten Dinge, wie etwa Mieten, Telefonrechnungen etc., lassen sich dann mehr zahlen. Ein Schließfach im Ausland „mit etwas Inhalt" kann dann der Rettungsanker sein. Und hat der Safe auch noch „etwas mehr Inhalt", kann dieser im Einzelfall sogar den Lebensabend sicherstellen.

Stiftungen, Trusts & Co.

9

1. Einsatzmöglichkeiten von Rechtsträgern 188
2. Vorsorge über den Tod hinaus 191
3. Wo der Einsatz von Rechtsträgern Grenzen hat 193
4. Eingeschränkte Kontrolle über Vermögenswerte 195
5. Ausländische Rechtsträger im Überblick 195
   Österreichische Privatstiftung 195
   Liechtensteinische Stiftung 196
   Panamaische Stiftung 198
   Trust 199
   Bei Trust und Stiftung Steuern legal umgehen 199
   Jersey-Trust 200
   Offshore-Trust 202
   Steuerliche Behandlung von Offshore-Trusts nach dem deutschen Steuerentlastungsgesetz 203
   International Business Company 204

1. Einsatzmöglichkeiten von Rechtsträgern

Stiftungen, Anstalten, Trusts und andere Rechtsträger sind heute

- bei der Steuerplanung,
- der Vermögensverwaltung,
- beim Vermögensschutz,
- aber vor allem bei der globalen Nachlassplanung

unverzichtbare Instrumente. Ihr Einsatz ist zwar oft mit Vorurteilen belastet und wird gerne pauschal als Verschleierungsmöglichkeit für nicht deklarierte Gelder oder Vermögenswerte krimineller Herkunft verurteilt. Doch diese Instrumente geraten häufig zu Unrecht in ein schiefes Licht. Nachfolgende Einsatzmöglichkeiten zeigen das.

Mit Stiftungen, Trusts und anderen Rechtsträgern legt ein Vermögensinhaber fest, wer sein Vermögen oder einen Teil dessen in Zukunft halten und verwalten soll und wie dieses Vermögen an bestimmte Begünstigte zu verteilen ist. Da diese Instrumente meist ein „ewiges" Leben genießen, kommt es in Bezug auf die der Stiftung oder anderen Rechtsformen gewidmeten Vermögensteile in der Regel nicht zu einem „Erbfall". Die Vermögenswerte fallen also nicht unter den Nachlass des Erblassers, sondern verbleiben als Stiftungs-, Trusts- oder Vermögens anderer juristischer Instrumente unter der Verwaltung der entsprechenden Gremien, die, den Wünschen des Vermögensinhabers entsprechend, Ertrag und/oder Substanz des Vermögens an die Begünstigten verteilen. Damit können für bestimmte Teile des Vermögens Regelungen getroffen werden, die nicht der gesetzlichen Erbfolge unterstehen bzw. von testamentarischen Bestimmungen abweichen.

Das ist jedoch nicht unlimitiert möglich. Wenn ein Nachlass unter der Herrschaft einer Rechtsordnung steht, die so genannte gesetzliche Pflichtteile kennt, so müssen diese auch bei Widmung von Vermögenswerten an solche Instrumente beachtet werden. Eine Verletzung dieser gesetzlichen Regeln hätte die Anfechtbarkeit beispielsweise der Stiftung oder des Trusts als Ganzes oder zumindest im Umfang der überhöhten Widmung zur Folge.

Checkliste: Stiftung en détail

Wirtschaftlicher Stifter: Person, die das Stiftungsvermögen widmet. Der Stifter ist kein Organ der Stiftung. Mit Widmung geht das Eigentum seines Vermögens an die Stiftung über.

Stiftungsrat: Oberstes Organ der Stiftung. Je nach Land sind einer oder mehrere natürliche oder juristische Personen erforderlich. Der Stiftungsrat besorgt die Geschäftsführung und die Vertretung der Stiftung nach außen. Er setzt den Willen des Stifters um. Der Stifter selber sollte nicht Mitglied des Stiftungsrates sein.

Begünstigungsregelung: Weisung des Stifters über die Verwendung des Stiftungsvermögens. Die Auszahlung kann beispielsweise an Auflagen geknüpft sein oder es können auch andere Personen als die gesetzlichen Erben begünstigt werden. Der Stiftungsrat kann auch ermächtigt werden, nach freiem Ermessen zu handeln.

Vollmachten: Der Stiftungsrat kann Vollmachten an natürliche oder juristische Personen erteilen. In der Regel werden indes nur Verwaltungsvollmachten (z.B. im Bankverkehr) und keine vollen Verfügungsvollmachten erteilt.

Einsatzmöglichkeiten von Rechtsträgern

- **Vermögenskonsolidierung:** Stiftungen, Trusts & Co. werden vermehrt eingesetzt, um Vermögenden eine Konsolidierung ihres oft weit verzweigten Vermögens zu ermöglichen. Diese planerische Maßnahme drängt sich vor allem dann auf, wenn es sich um diversifizierte Portfolios bei verschiedenen Bankinstituten handelt, und die Vorgaben bezüglich Risiko, Liquidität und Nachhaltigkeit laufend überwacht werden müssen. Erhalt und Vermehrung eines Vermögens

Stiftungen, Trusts & Co.

angesichts eines immer weniger überschaubaren Angebots an Investitions- und Anlagemöglichkeiten ist eine komplexe Aufgabe, die spezifisches Know-how verlangt.

Renommierte Auslandsbanken in Ländern mit einem liberalen Gesellschaftsrecht bieten hier über den Einsatz juristischer Instrumente einen optimalen Schnittpunkt zur Verbindung bankmäßiger Vermögensverwaltung und Vermögenssicherung mit Erb- und Familienvermögensplanung. Durch die Verselbständigung des Vermögens entsteht eine eigene Rechtspersönlichkeit und somit ein Sondervermögen, das vom Privatvermögen des Vermögensinhabers getrennt ist. Damit ist es prinzipiell den Risiken, die das Privatvermögen des Vermögensinhabers gefährden können – beispielsweise im Insolvenzfall –, nicht mehr ausgesetzt.

- **Steueroptimierung:** Vor allem Stiftungen und Trusts können steueroptimierte Wirkungen entfalten. Das ist in den meisten kontinentaleuropäischen Ländern zwar nur bedingt der Fall, doch bei Vermögenden mit länderübergreifenden steuerlichen Fragestellungen bestehen mit dem Einsatz dieser Instrumente durch geschicktes Ausnutzen steuerlicher Abzugsmöglichkeiten und bei einer Wohnsitzverlegung deutliche planerische Freiheiten.

- **Schutz des Vermögens – Asset Protection:** Mit „Vermögensschutz" sollen die Finanzbelange Vermögender so strukturiert werden, dass die Aktiven gegen mögliche zukünftige, heute noch nicht bekannte Risiken geschützt werden. Dabei geht es um die Sicherung von Vermögenswerten gegen staatliche Enteignung, gegen den Verlust in Folge kriegerischer Auseinandersetzungen oder auch gegen kriminellen Machenschaften im Domizilland des Vermögensinhabers, indem finanzielle Intimdaten weitergegeben werden.

Die erhöhte Diskretion, die Rechtsträger wie Stiftung oder Trust bieten, kann wirksam verhindern, dass Informationen über die

Vermögenssituation eines Vermögenden außerhalb eines engen Kreises von Vertrauten bekannt wird. Hierzu eignen sich vor allem Strukturen in ausgewählten Offshore-Jurisdiktionen, die – zumindest heute noch – Informationen nicht oder nur unter sehr restriktiven Bedingungen an Dritte herausgeben.

- **Globale Nachlass- und Nachfolgeplanung – Estate Planning:** Beim Estate Planning werden Familien-, Erb-, Sachen-, Obligationen-, Versicherungs- und Steuerrecht angewendet, um die persönlichen Angelegenheiten eines Vermögenden bzw. seiner Familie in einem nationalen und internationalen Kontext zu regeln. Berücksichtigt werden dabei auch Ruhestand und Todesfall.

Bei der globalen Nachlass- und Nachfolgeplanung geht es um die Analyse, Ordnung, Strukturierung und Planung des Vermögens eines Wohlhabenden zu Lebzeiten, verbunden mit den notwendigen Vorkehrungen für den Todesfall. Dass dabei die steuerliche Optimierung eine große Rolle spielt, liegt auf der Hand. So dürfte es sich beispielsweise beim Einsatz der weitaus meisten Stiftungen und Trusts um Instrumente handeln, die den reibungslosen Übergang von Familienvermögen nach dem Ableben des Erblassers regeln. Während ein Testament den häufig starren Regeln des Erbrechts unterworfen ist und die Vollmacht über den Tod hinaus zu mannigfaltigen Problemen führen kann, bietet der Einsatz eines Rechtsträgers, vorrangig einer Stiftung oder eines Trusts, jene Flexibilität, die den planerischen Ansprüchen Vermögender gerecht wird.

2. Vorsorge über den Tod hinaus

Einer der wichtigsten Vorteile von Strukturen wie Stiftungen oder Trusts gegenüber dem Testament ist die Möglichkeit, über die nächsten Generationen hinaus vorzusorgen. Im Gegensatz dazu verbieten die meisten kontinentaleuropäischen Rechtsordnungen eine testamentarische Vorsorgeplanung über die unmittelbar nächste Generation hinaus. Das bedeutet, dass wohl ein Erbe, in der Regel aber nicht ein Nacherbe eingesetzt werden kann. Der Erblasser muss sich also darauf verlassen, dass seine Nachkommen mit dem Nachlass in einer Art und Weise umgehen, die es auch deren Kindern ermöglicht, vom Familienvermögen zu profitieren.

Ganz anders im Falle der Errichtung eines Rechtsträgers. Hier stehen dem Erblasser zu Lebzeiten alle Möglichkeiten offen, mit dem Vermögen so umzugehen, damit es auch zukünftigen Generationen zur Verfügung stehen kann. Die Vermögenswerte des Erblassers gehen bei diesen Instrumenten im Todesfall nicht automatisch ins Volleigentum der Erben über. Deren Anrecht ist in der Regel an den Erträgen aus den Mitteln beschränkt, welche bei der Stiftung vom Stiftungsrat bzw. vom Trustee beim Trust verwaltet werden und die allen Begünstigten zustehen, auch den zukünftigen.

Selbstschutz der Begünstigten

Rechtsträger eignen sich hervorragend, um im Umgang mit Vermögen allzu leichtfertige Nachkommen vor sich selbst zu schützen. Dem Volksmund zufolge werden Vermögen spätestens von der dritten Generation verbraucht. Das lässt sich jedoch verhindern: Durch den geschickten Einsatz eines Rechtsträgers kann ein vorsichtiger Vermögensinhaber noch zu seinen Lebzeiten erreichen, dass seine Nachkommen ein vernünftiges Verhältnis zu oftmals substanziellen Vermögen aufbauen können. Er kann damit ausschließen, dass etwa Minderjährige im Falle frühen Ablebens der Eltern mit frei verfügbaren Finanzmitteln konfrontiert werden, deren Verwaltung sie überfordern würde.

Mit dem Einsatz solcher Rechtsträger lässt sich sicherstellen, dass Vermögenswerte nicht zerschlagen werden. Gleichzeitig ermöglichen sie, dass Erben als Begünstigte des Rechtsträgers vom Vermögen profitieren können, ohne dass dabei der Vermögensstock in unwirtschaftlich kleine Teile zerschlagen wird.

3. Wo der Einsatz von Rechtsträgern Grenzen hat

Instrumente wie Stiftungen und Trusts werden häufig in Steueroasen errichtet. In Ländern also, die keine oder nur sehr moderate Steuersätze kennen. Es ist jedoch ein Fehler zu glauben, dass damit sämtliche Steuersorgen des Vermögensinhabers und der Begünstigten in ihrem Domizilland gelöst sind. Im Gegenteil:

> Der Trend geht in den letzten Jahren deutlich in Richtung einer stringenten Besteuerung bei Widmung und Einbringung von Vermögenswerten in den Rechtsträger sowie bei der Ausschüttung an die Begünstigten.

Im Einzelfall kann es sogar zur faktischen Zurechnung des Vermögens und Einkommens kommen, das der Rechtsträger fernab vom jeweiligen Domizilstaat der dahinter stehenden wirtschaftlichen Berechtigten erzielt.

Die steuerliche Behandlung der Einbringung von Vermögenswerten in diese Instrumente ist heute in den kontinentaleuropäischen Staaten weitgehend nivelliert. Mit Ausnahme gemeinnütziger Strukturen wird die Vermögensübertragung des Vermögensinhabers etwa in eine Stiftung oder einen Trust steuerlich in der Regel als Schenkung bzw. im Falle der Errichtung auf den Todesfall als Erbschaft taxiert. Dabei finden die üblichen nationalen Begünstigungen – in Deutschland etwa die Steuerklassen 1 und 2 – im Rahmen des Schenkungs- bzw. Erbschaftsrechts vielfach keine Anwendung, da die verwandtschaftliche Beziehung zwischen dem

Stiftungen, Trusts & Co.

einbringenden Vermögensinhaber und der Struktur nicht anerkannt wird. Auch dann nicht, wenn die in der Begünstigtenordnung vorgesehenen Personen eine solche zulassen würden.

Hinzu kommt beispielsweise beim Einsatz einer deutschen Familienstiftung die Erbersatzsteuer, welche alle dreißig Jahre erhoben wird und den ansonsten bei einem Vermögensübergang durch Erbschaft anfallenden Steueranteil „ausgleichen" soll, bzw. bei einer Auslandsstiftung die Anwendbarkeit des § 15 AstG, der eine Zurechnung von Einkommen und Vermögen beim deutschen Stifter, Bezugs- oder Anfallsberechtigten vorsieht, soweit diese in Deutschland unbeschränkt oder erweitert steuerpflichtig sind und die Stiftung mindestens zu 50 Prozent von deutschen Steuerpflichtigen beherrscht wird.

Ausschüttungen aus dem Stiftungsvermögen an in einem kontinentaleuropäischen Land steuerpflichtige Begünstigte werden in der Regel als Einkommen taxiert, unabhängig davon, ob der Ertrag aus dem Stiftungsvermögen Zinsertrag oder – in einzelnen Staaten – steuerfreien Kapitalertrag darstellt.

Grundsätzlich gilt:

Der Einsatz derartiger Instrumente bedarf immer einer umfassenden juristischen und steuerlichen Vorprüfung. Zuwendungen an Rechtsträger unterstehen in den meisten kontinentaleuropäischen Staaten den Bestimmungen über die Pflichtteile von Erben. Eine Verletzung von Pflichtteilsansprüchen kann von jenen Erben durch Herabsetzungsklage angefochten werden, die ihre gesetzlichen Erbansprüche verletzt sehen. Langwierige Streitigkeiten vor Gericht sind häufig die Folge. Die vom Erblasser beabsichtigten Ziele lassen sich dann meist nicht mehr realisieren.

4. Eingeschränkte Kontrolle über Vermögenswerte

Rechtsträger, insbesondere Stiftungen und Trusts können verschiedenartig ausgestaltet werden. Sie können insbesondere einen höheren oder geringeren Grad an Mitwirkungsrechten des Vermögensinhabers vorsehen. Je stärker indes die Kontroll- und Einflussrechte des Vermögensinhabers ausgestaltet sind, desto größer ist die Gefahr des Durchgriffs und der Zurechnung des Rechtsträgervermögens auf den Vermögensinhaber. Nachteilige Steuerfolgen sind dann die Regel.

Im Gegensatz zu den angloamerikanischen Staaten sind Vermögende in Zentraleuropa meist nicht bereit, das Eigentum an den Vermögenswerten auf einen Trustee zu übertragen oder der alleinigen Verwaltung durch den Stiftungsrat anheim zu stellen.

Wichtig: Nicht jeder Rechtsträger eignet sich für jedermann. Eine umfangreiche Analyse der Vorstellungen des Vermögensinhabers und eine sorgfältige Aufklärung über die juristischen und steuerlichen Folgen der Errichtung und der Einbringung von Vermögenswerten in solche Strukturen sind daher zwingend.

5. Ausländische Rechtsträger im Überblick

Österreichische Privatstiftung

Wenn eine österreichische Stiftung gegründet wird, liegt in Österreich steuerlich eine Schenkung vor. Die österreichische Schenkungsteuer beträgt 2,5 Prozent des eingebrachten Vermögenswertes. Sind darin österreichische Immobilien enthalten, wird ein Zuschlag von 2 Prozent erhoben. Die extrem niedrigen Steuersätze – in Deutschland fallen für Schenkungen bis zu 70 Prozent Steuern an – gelten nur für den Gründungsstifter.

Stiftungen, Trusts & Co.

Das lässt sich jedoch umgehen, indem Begünstigte bereits bei Gründung mit einbezogen werden. Voraussetzung für die Gründung einer Stiftung ist ein Mindestvermögen von 75 000 EUR. Der Stiftungszweck ist nicht beschränkt.

Für einen deutschen Vermögensinhaber und dessen Familie bietet die österreichische Stiftung steuerliche Vorteile:

- Weil die gesetzliche Zurechnungsregelung allein die Vermögens- und Einkommensbesteuerung betrifft, hat sie beispielsweise bei einer unternehmensverbundenen Familienstiftung keinen Einfluss auf Gewerbeertrag und Betriebsvermögen. Gewerbesteuer fällt damit nicht an.

- Eine Auswirkung auf die Erbschaft- und Schenkungsteuer ist ebenfalls ausgenommen. Da die deutsche Erbschaft- und Schenkungsteuer auch bei einer Stiftung im Ausland anfällt, bleibt „nur" die Möglichkeit, die Erbersatzsteuer einzusparen. Das können im Einzelfall jedoch erhebliche Beträge sein.

- Voraussetzung für alle Steuereinsparmöglichkeiten ist, dass sich Sitz und Leitung der Stiftung in Österreich befinden.

Liechtensteinische Stiftung

Herausragender Pluspunkt ist die fast unbegrenzte Flexibilität im Hinblick auf Ausgestaltung, Definition von Begünstigten und Begünstigtenklassen, die Änderungsmöglichkeiten der Statuten zu Lebzeiten des Vermögensinhabers sowie die Möglichkeit, die Stiftung auch wieder aufzuheben. Innerhalb der Stiftung kann sich die ganze Breite bankmäßiger Vermögensverwaltung entfalten. Als Rechtsträger ist sie geradezu prädestiniert für das Halten und Verwalten von bankmäßigen Vermögenswerten.

Ausländische Rechtsträger im Überblick

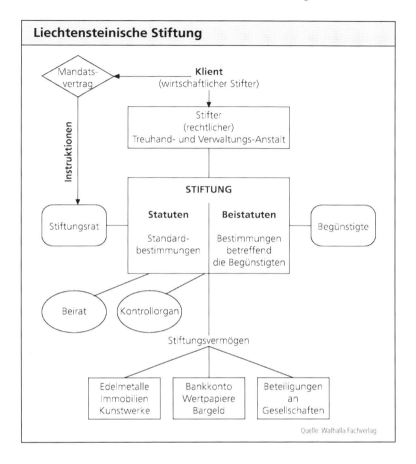

Innerhalb der Liechtenstein-Stiftung spielt das nationale Erbrecht keine Rolle, die Auswahl der Begünstigten ist in das freie Ermessen des Stifters gestellt. Damit erhalten Privatpersonen eine flexible Möglichkeit, Vermögen zwischen den Generationen bestmöglich zu übergeben und beispielsweise auch sonstige Personen, die außerhalb der gesetzlichen Pflichtteilsansprüche begünstigt werden sollen, zu berücksichtigen.

Stiftungen, Trusts & Co.

In Liechtenstein werden Begünstigte aus der Stiftung nicht besteuert, das gilt auch bei einer Auflösung des Stiftungsvermögens. Die Begünstigten müssen die Zuwendungen aus der Stiftung jedoch gegenüber ihren nationalen Steuerbehörden deklarieren. Das liechtensteinische Personen- und Gesellschaftsrecht räumt dem Stifter die Möglichkeit ein, sich durch in den Statuten vorbehaltene Abänderungsmöglichkeiten, verbunden mit einem jederzeitigen Widerrufsrecht der Stiftung, das Sagen über das der Stiftung zugeführte Vermögen zu behalten. Liechtenstein-Stiftungen werden in der Regel treuhänderisch errichtet. Der Treuhänder sollte vom Stifter so sehr seiner Kontrolle und Verfügungsgewalt unterworfen werden, dass das Stiftungsgut weiterhin als sein Vermögensbestandteil anzusehen ist.

Der Stiftung liechtensteinischer Prägung ähnlich sind Stiftungen in **Panama** und **Curaçao**.

Panamaische Stiftung

Die privaten Stiftungen (Fundaciones de Interés Privado) gewährleisten eine treuhänderische Struktur für die ordnungsgemäße Übertragung und Verfügung von Vermögenswerten zugunsten des Begünstigen über den Tod des Stifters hinaus, während dieser zu Lebzeiten die vollständige Kontrolle über das Vermögen behält.

Erbschaftsgesetze, die am Wohnsitz des Stifters oder des Begünstigten gültig sind, sind weder in Bezug auf das Stiftungsvermögen anwendbar noch können diese Gesetze die Gültigkeit und Ausführungen der Stiftungsziele beeinflussen. In Artikel 14 des Gesetzes Nr. 25 von 1995 wird festgelegt, dass der Stiftungsgegenstand von den panamaischen Gesetzen und Gerichten anerkannt werden muss und dass Gesetze anderer Staaten bezüglich einer Pflichterbschaft nicht auf panamaische privatrechtliche Stiftungen anzuwenden sind.

Trust

Der angelsächsische Trust genießt zwar eine gewisse Attraktivität, wird aber immer wieder mit einer erheblichen Skepsis betrachtet. Der Grund: Das Trust-Gebilde angelsächsischen Rechts ist unserem Rechtssystem weitgehend fremd. Sollen aber Vermögenswerte möglichst steuermindernd auf Erben übertragen werden, bietet sich der Einsatz eines Trusts immer an. Der Trust erlaubt im Prinzip dieselben Planungsmöglichkeiten wie eine Stiftung. Darüber hinaus bietet er jedoch einige interessante Aspekte:

- Ein Trust kann widerrufbar oder unwiderrufbar ausgestaltet werden.
- Es besteht die Möglichkeit, die Entscheidung hinsichtlich der Verwaltung inklusive sämtlicher Ausschüttungen vollumfänglich in das Ermessen des Trustees zu legen, was planerische Möglichkeiten eröffnet.
- Ein Trust kann über Landesgrenzen „verschoben" werden, ohne dass er aufgelöst und neu gegründet werden muss, da er keine eigene Rechtspersönlichkeit ist, sondern „nur" einen Teil des Trustee-Vermögens darstellt. Wird der Trustee ausgewechselt, findet auch der Trust eine neue Heimat.

Der Trust eignet sich vor allem bei der Verwaltung größerer Vermögen, da er eine freie Ausgestaltung der Begünstigten erlaubt. Er wird in den meisten Steueroasen nicht besteuert. Deutsche Finanzbehörden gehen bei der Erbschaft- und Vermögensteuer leer aus.

Bei Trust und Stiftung Steuern legal umgehen

Die vergleichsweise hohe Schenkungsteuer beim Übergang des Vermögens in einen Trust oder in eine Stiftung lässt sich legal vermeiden:

Stiftungen, Trusts & Co.

- Der Vermögensinhaber stellt dem Trust oder der Stiftung ein Darlehen zu Marktkonditionen zur Verfügung. Der Rechtsträger bekommt das Vermögen also nicht geschenkt, sondern erwirbt es mit einem Kredit. Später wird das Darlehen dann aus den Erträgen des Rechtsträgers getilgt.

Bei einer ausländischen Familienstiftung sind die in Deutschland lebenden Begünstigten mit ihren Erträgen aus der Stiftung einkommensteuerpflichtig. Doch diese Steuern lassen sich vermeiden:

- Stiftungserträge sind nach deutschem Recht nur dann steuerlich relevant, wenn die Begünstigten in Deutschland mehr als die Hälfte davon kassieren. Durch eine zwischengeschaltete zweite Auslandsstiftung, die mindestens 50,1 Prozent der Anteile an der Stiftung hält, lässt sich die Einkommensteuer hierzulande völlig umgehen.

Jersey-Trust

Er kommt auf den Channel Islands vor allem bei der Vermögensanlage und steuerschonenden Überführung von Erbvermögen auf künftige Generationen zum Einsatz. Dabei kann der Jersey-Trust als Rechtsgeschäft unter Lebenden (Intervivos) oder durch Testament (by will) errichtet werden. Üblich ist es, diesen Rechtsträger zunächst mit einer kleineren Summe (initial trust assets) zu gründen und die wesentlichen Vermögenswerte (substantial assets) zu einem späteren Zeitpunkt nachzuschießen. Dabei kann mit Ausnahme von auf Jersey belegenen Immobilien jedes Vermögen in den Trust eingebracht werden.

Ausländische Rechtsträger im Überblick

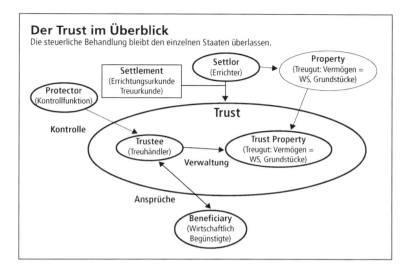

Im Gegensatz zum englischen oder amerikanischen Trustrecht untersagt das Jersey-Trustrecht nicht das so genannte „Resettlement". Das Vermögen eines Jersey-Trust kann demzufolge nach Beendigung einem anderen Trustee übergeben und ein Anschlusstrust gegründet werden. Die Laufzeit eines Jersey-Trust beträgt bis zu hundert Jahre. Spätestens dann ist das Trustgut zugunsten der Begünstigten auszukehren. Sind diese verstorben, treten an ihre Stelle die personal representatives (Testamentsvollstrecker, Verwalter oder gesetzliche Erben).

Deutsche, die auf den Channel Islands durch „Rechtsgeschäft unter Lebenden" einen Jersey-Trust errichten, sollten eine Rechtswahlklausel in den Gründungsvertrag aufnehmen. Fehlt eine solche, nimmt das Internationale Privatrecht (IPR) an, dass der Vertrag dem Recht jenes Staates unterliegt, „mit dem er die engsten Verbindungen aufweist". Und das ist stets der Staat, „in dem die Partei, welche die charakteristische Leistung zu erbringen hat, im Zeitpunkt des Vertragsabschlusses ihren gewöhnlichen Aufenthalt hat" (Art. 28 Abs. 2 Satz 1 EGBGB). Als Sitz des Trusts sollte also

Stiftungen, Trusts & Co.

immer Jersey vereinbart sein, auch sollte das Trustvermögen auf die Channel Islands transferiert werden. Nur so ist die rechtliche Abkoppelung des Trusts vom deutschen Recht sichergestellt.

Der Aufschub der Schenkungsteuer bis zur Auflösung des Jersey Trusts und der Auskehrung des Trustvermögens hat für die Begünstigten den Vorteil, dass während des Bestehens des Trusts das gesamte Vermögen und nicht etwa nur eine um die Schenkungsteuer verminderte Zuwendung für Anlagezwecke zur Verfügung steht. Da beim Jersey-Trust keine Erbersatzsteuer anfällt, ist die Finanzplanung weder durch einen jährlichen Kapitaldienst noch durch einen, alle 30 Jahre anfallenden Geldbetrag belastet, wie das beispielsweise bei der deutschen Familienstiftung der Fall ist.

Der Jersey-Trust – aber auch alle anderen Trustformen – ermöglicht darüber hinaus eine optimale Ausnutzung der alle zehn Jahre neu auflebenden Erbschaftsteuerfreibeträge. Bei genauer Planung kann daher das gesamte Trustvermögen durch Teilauskehrung in Höhe der Freibeträge in Abständen von jeweils zehn Jahren steuerfrei auf die Begünstigten übertragen werden.

Offshore-Trust

Bei dieser Rechtsträgerkonstruktion ist das Eigentum des Trusts vom Nutzungsrecht der Begünstigten getrennt. Offshore-Trusts kommen in der Regel bei der Planung umfassender internationaler Steuerregelungen großer Vermögen oder auch für länderübergreifende Nachlassregelungen zum Einsatz.

Im Falle des Ablebens des Trust-Gründers können die Begünstigten die vorhandenen Nachlasswerte schnell und steuerfrei übernehmen. Auch lässt sich beispielsweise ein Nießbrauchrecht zugunsten des überlebenden Ehegatten sichern.

Ausländische Rechtsträger im Überblick

Steuerliche Behandlung von Offshore-Trusts nach dem deutschen Steuerentlastungsgesetz

Steuerpflichtige Deutsche müssen beachten, dass die testamentarische Errichtung eines Trusts wegen des zwingend anzuwendenden deutschen Erbrechts grundsätzlich nicht möglich ist. Eine Ausnahme besteht hinsichtlich im Ausland belegenem Immobilienvermögen. Auch die lebzeitige Errichtung eines Trusts unterliegt Restriktionen. Da das deutsche Recht die gespaltene Rechtsinhaberschaft des Trusts nicht zulässt, können beispielsweise in Deutschland belegene Immobilien, Beteiligungen an deutschen Personen- und Anteile an Kapitalgesellschaften mit Sitz in Deutschland nicht wirksam auf einen Trust übertragen werden.

Ertragsteuerlich ist der Trust entweder als nicht existent anzusehen – beispielsweise bei einem jederzeit widerruflichen Trust –, oder es erfolgt eine Hinzurechnung der Trusterträge unabhängig von den tatsächlichen Ausschüttungen an den Trust-Errichter oder an die in Deutschland steuerpflichtigen Trust-Begünstigten.

Da der Erbschaftsteueranfall beim Trust verzögert werden kann, bestimmt das deutsche Erbschaft- und Schenkungsteuergesetz jetzt, dass auch die Errichtung so genannter „Vermögensmassen", deren Zweck auf die Bindung von Vermögen gerichtet ist, entsprechend der Errichtung einer Stiftung erbschaft- und schenkungsteuerpflichtig ist. Die Errichtung eines Trusts, der in diesem Sinne als „Vermögensmasse" anzusehen ist, wird damit in der ungünstigen Steuerklasse III besteuert. Das heißt:

- 17 Prozent bei Zuwendung von 51 130 EUR
- 50 Prozent bei Zuwendung von über 25 564 500 EUR

Auch wird heute das in der Regel gegebene verwandtschaftliche Verhältnis zwischen Trust-Errichter und Trust-Begünstigten steuerlich nur im Rahmen der Trust-Auflösung berücksichtigt. Hier kommt dann jene Steuerklasse zur Anwendung, die im Falle einer unmittel-

Stiftungen, Trusts & Co.

baren Zuwendung vom Vermögensinhaber an den Begünstigten angewandt würde. Hinzu kommt, dass beim Trust – anders als bei der Stiftung – auch Zuwendungen an so genannte Zwischennutzungsberechtigte – jene Begünstigte, die bereits vor Trust-Auflösung von Trust-Erträgen profitieren – steuerpflichtig sind. Mit dem erklärten Ziel des Gesetzgebers, Steuerschlupflöcher zu schließen, unterliegt das in einen Trust eingebrachte Vermögen damit durch das Steuerentlastungsgesetz jetzt im Ergebnis einer dreifachen Besteuerung.

So sinnvoll das Einbringen und Verwalten von Vermögen über Stiftungen und Trusts auch grundsätzlich ist, im Einzelfall kann der Einsatz dieser Rechtsträger jedoch bei nachlässiger juristischer und steuerlicher Vorabprüfung zu einer erheblichen steuerlichen Verschlechterung des Vermögensinhabers und der Begünstigten führen.

International Business Company

Steuerliche Vorteile und Diskretion bei der Vermögensverwaltung im Ausland bieten aber auch International Business Companies (IBC). IBC sind Aktiengesellschaften mit eigener Rechtspersönlichkeit, die in Ländern mit liberaler Steuergesetzgebung und hoher Geheimhaltung domiziliert sind. Diese Gesellschaften dürfen nur außerhalb des Sitzlandes Aktivitäten entfalten und namentlich keine Dienstleistungen an die lokale Bevölkerung anbieten oder Immobilienbesitz im Domizilland erwerben. Bekannt sind solche Gesellschaften deshalb auch als Offshore-Company.

IBC werden sowohl von multinationalen Großkonzernen, Mittelständlern als auch vermögenden Privatpersonen benutzt. Letztere gründen solche Gesellschaften vor allem für das langfristige Halten und Verwalten von Anlagevermögen. Eine IBC ist für sich allein kein Instrument für die Nachlassplanung. Ohne anderweitige Regelung kommt im Todesfall des wirtschaftlichen Berechtigten der Gesellschaft der gesetzliche Erbprozess zur Anwendung.

Ausländische Rechtsträger im Überblick

Stiftung und IBC in Kombination für das Halten und Verwalten von Vermögen bietet beispielsweise die SYDBANK (Schweiz) AG an, wobei sie auf die IBC im Domizilland Belize (Karibikküste Mittelamerika) setzt. Offshore-Gesellschaften in Belize basieren auf der gleichen Gesetzgebung wie die der karibischen Nachbarn. Sie erfreuen sich wachsender Beliebtheit.

IBC können als Holding- oder Kapitalanlagegesellschaften genutzt werden. Die Belize-IBC basiert auf dem International Business Companies Act von 1990, sie hat kein Mindestkapital. Sofern das bewilligte Gesellschaftskapital nicht 50 000 USD übersteigt, beläuft sich die Steuer auf jährlich 100 USD. Liegt es über 50 000 USD, steigt die Steuer auf 1 000 USD. Für IBCs mit nennwertlosen Aktien liegt die Steuer bei pauschal 350 USD.

Einsatz von Stiftung und IBC – ein Vergleich

	Stiftung Liechtenstein	nur IBC Belize	Stiftung Liechtenstein + IBC
Einsatz für/ Kundenbedarf	standardisierte Nachfolgeregelung, EU-Zinsbesteuerung	EU-Zinsbesteuerung US-Wertpapiere ohne Offenlegung	standardisierte Nachfolgeregelung, EU-Zinsbesteuerung, US-Wertpapiere ohne Offenlegung
Nicht abgedeckt	keine US-Wertpapiere ohne Offenlegung	keine standardisierte Nachfolgeregelung	
Kosten Gründung pauschal p.a.	2 100 EUR 2 250 EUR	1 100 EUR 1 000 EUR	2 700 EUR 3 000 EUR
Organe	Stiftungsrat	Verwaltungsrat	Verwaltungs-/Stiftungsrat
	Stiftung Panama	**nur IBC Belize**	**Stiftung Panama + IBC**
Einsatz für/ Kundenbedarf	standardisierte Nachfolgeregelung, EU-Zinsbesteuerung	EU-Zinsbesteuerung US-Wertpapiere ohne Offenlegung	standardisierte Nachfolgeregelung, EU-Zinsbesteuerung, US-Wertpapiere ohne Offenlegung
Nicht abgedeckt	keine US-Wertpapiere ohne Offenlegung	keine standardisierte Nachfolgeregelung	
Kosten Gründung pauschal p.a.	2 000 EUR 1 500 EUR	1 100 EUR 1 000 EUR	2 500 EUR 2 200 EUR
Organe	Stiftungsrat	Verwaltungsrat	Verwaltungs-/Stiftungsrat

Auslandsimmobilien: Sonne statt Rendite

10

1. Grundregeln für den Immobilienkauf im Ausland 208
2. Worauf man vor dem Kauf achten sollte 209
3. Auslandsimmobilien sind keine Kapitalanlage 210
4. Checkliste für den Immobilienkauf . 211
5. Immobilienkauf mit Schwarzgeld . 212
6. Immobilienkauf über eine Offshore-Gesellschaft 213
7. Auslandsimmobilien richtig vererben 214
8. Wie sich die Erbschaftsteuer günstiger gestalten oder umgehen lässt 216
9. Besteuerung beim Immobilienverkauf 217

1. Grundregeln für den Immobilienkauf im Ausland

Attraktive Preisangebote für Millionärsvillen an der spanischen Costa del Sol, exklusive Fincas auf Mallorca, restaurierte Klöster in der Toskana – das war einmal. Heute buhlen luxuriöse Immobilien in Ländern und auf Inseln um kapitalkräftige Ausländer, die noch vor wenigen Jahren mit feinsandigen Stränden und Bambushütten als Paradies für Aussteiger galten. Nicht selten mit Preisen, für die Interessierte selbst in Niederbayern kaum mehr als ein Grundstück erhalten.

Doch der Traum von den eigenen vier Wänden unter südlicher Sonne ist schon so manchem Käufer schlecht bekommen. Statt das Immobilieninvestment vor dem Kauf nüchtern durchzurechnen, erliegen selbst kühlste Investoren bei Sonne, azurblauem Meer und malerischen Hügeln ihren Emotionen. Über zwei Millionen Deutsche haben sich den „Traum unter der Sonne" bereits erfüllt, weitere 3,6 Millionen zieht es nach einer aktuellen Studie von empirica/LBS dorthin.

Mehr Transparenz auf den nationalen Immobilienmärkten seit Einführung des Euros, der Fortfall des Währungsrisikos, niedrige Inflationsrate, günstige Zinsen und ein sich verschärfender Wettbewerb im Finanzgewerbe haben den Trend in den Süden verstärkt. Heute investieren Deutsche jährlich rund drei Milliarden EUR in ihre „eigenen vier Wände" jenseits der Landesgrenzen – mit steigender Tendenz.

Doch unterschiedliche Kaufnebenkosten, divergierende rechtliche und steuerliche Rahmenbedingungen verlangen – auch innerhalb der EU – beim Immobilienkauf im Ausland Aufmerksamkeit und seriöse Beratung. Das gilt für andere Territorien auf unserem Globus außerhalb der EU allemal. Nur dann können Käufer sicher sein, dass ihr Immobilieninvestment dort nicht zum Albtraum wird.

Dabei sind die Grundregeln für einen Immobilienkauf im Ausland simpel. Glücklich wird nur, wer die eigenen vier Wände oft genug selbst bewohnt und neben Geld auch ein gewisses Maß an handwerklichem Geschick mitbringt. Wer glaubt, mit einer Auslandsimmobilie Geld verdienen zu können, sollte besser die Finger davon lassen. Wer die „Rendite" seiner Auslandsimmobilie dagegen in einer Steigerung seiner Lebensqualität sieht, liegt meist richtig. Ist das Objekt dann später auch noch als Altersruhesitz gedacht, muss bereits beim Kauf auch auf die medizinische Versorgung vor Ort und auf eine massive Bauweise mit ausreichender Heizmöglichkeit geachtet werden – auch im Süden hat es kalte Winterabende und -nächte.

Doch suchen Sie sich das Land für Ihre Immobilie nicht nur danach aus, ob dort die Sonne scheint, die Immobilienpreise günstig sind oder es sich preiswert leben lässt. Entscheidend ist, dass Sie sich im Land Ihrer Träume auch auf längere Sicht wohl fühlen. Dazu gehört auch, sich mit einem Anwalt Ihres Vertrauens beim Immobilienkauf rechtliche Sicherheit zu verschaffen.

2. Worauf man vor dem Kauf achten sollte

Egal, in welchem Land die Traumimmobilie liegt, zuallererst gilt es zu klären, ob der individuelle Standort stimmt. Er ist das Einzige, was man nach Unterzeichnung des Kaufvertrages nicht mehr ändern kann! Erweist sich der Standort als falsch, gilt auch im Ausland: das Objekt möglichst schnell verkaufen – meist mit Verlust.

Nicht umsonst heißt der meist verwendete Maklerspruch: erstens die Lage, zweitens die Lage und drittens die Lage. Erst dann kommen andere Prüfkriterien hinzu:

Preis: Vor dem Kauf mehrere ähnliche Objekte vergleichen, dabei Nebenkosten für Makler, Verwaltung, Steuern etc. nicht vergessen.

Auslandsimmobilien: Sonne statt Rendite

Rechte: Vor dem Kauf sollte man immer das Grundbuch oder vergleichbare, länderspezifische Register einsehen. Nicht immer ist der Verkäufer auch der tatsächliche Besitzer und damit zum Vertragsabschluss berechtigt.

Wiederverkauf: Objekte, die sich in der Nähe einer größeren Ortschaft befinden und nicht allzu groß sind, lassen sich in der Regel leichter wieder verkaufen. Prüfen Sie, ob ein Weiterverkauf an Ausländer erlaubt und der Rücktransfer des Verkaufserlöses in die Heimat gesichert ist.

3. Auslandsimmobilien sind keine Kapitalanlage

Grundsätzlich gilt: Eine Auslandsimmobilie ist kein Renditeobjekt. Mit ihr ist in der Regel kein Geld zu machen. Ausnahme: Florida und einige Inseln in der Karibik. Kosten beim Erwerb und Einnahmen bei Vermietung werden meist unter- bzw. überschätzt: Neben dem Kaufpreis entstehen beim Erwerb immer Zusatzkosten wie Grunderwerbsteuer, Notarhonorar, Registerkosten und im Einzelfall auch Anwalts- und Gutachterkosten. Diese sind mit 10 Prozent der Kaufpreissumme anzusetzen. Dazu kommt die Maklercourtage, je nach Objekt und Land zwischen 3 bis 10 Prozent.

Die laufenden Fixkosten müssen jährlich mit 8 bis 10 Prozent angesetzt werden, unabhängig davon, ob die Immobilie viel oder nicht intensiv genutzt wird. Die durch die eigene Nutzung ausgelösten Kosten sind schwer zu kalkulieren, da Nutzungsintensität, Art der Anreise, Umfang und Qualität der Verpflegung und die Ausgaben für Vergnügungen vor Ort sehr unterschiedlich sein können. Wird die Immobilie vermietet, fallen für Vermietergesellschaft, Reinigung, Wäschewechsel etc. zwischen 20 und 30 Prozent der Mieteinnahmen als Kosten an.

Nur bei wirklich guten Objekten sind bei einem späteren Weiterverkauf Veräußerungserlöse erzielbar, die zumindest einen Inflationsausgleich sicherstellen. In der Regel ist der einst gezahlte Kaufpreis jedoch nicht erzielbar. Deshalb sollte man beim Kauf immer auf das Preis-Leistungs-Verhältnis achten, das muss passen.

Vergessen sollte man auch nicht, dass die Halbwertszeit eines Immobilienbesitzes im Ausland kurz ist – an der Côte d'Azur beispielsweise nur zehn Jahre. Lange Anfahrten, teurer Unterhalt, Ärger mit den Handwerkern, Vandalismus von Einbrechern und die Aussicht, künftig immer am gleichen Ort seine Urlaube verbringen zu müssen, lassen auch Traumimmobilien für ihre Besitzer schnell zum Albtraum werden.

4. Checkliste für den Immobilienkauf

Checkliste für den Immobilienkauf

Bewahren Sie einen kühlen Kopf und lassen Sie sich nicht in Urlaubslaune zu einem Spontankauf verleiten. Auch ein scheinbar einmaliges Angebot muss kritisch hinterfragt werden. Stellen Sie unbedingt Vergleiche mit anderen Objekten am Ort an. „Schnäppchen" haben häufig eine „Macke". Prüfen Sie, ob die Region auch tatsächlich Ihren Bedürfnissen entspricht:

- Wie ist es um die Infrastruktur bestellt?
- Liegt Ihnen die Mentalität der Menschen?
- Lässt sich vor Ort all das realisieren, was Sie sich für Ihre Zukunft vorstellen?
- Und beim Altersruhesitz: Wie sieht es mit der medizinischen Versorgung aus?

Informieren Sie sich genau über das Objekt Ihrer Begierde. Bei Gebrauchtobjekten sollten Sie prüfen:

- Hat der Vorbesitzer alle nationalen Steuern bezahlt?
- Gibt es spezielle Bauvorschriften oder Nutzungsbeschränkungen?
- Sind Aus- und Umbauten erlaubt?

Auslandsimmobilien: Sonne statt Rendite

Fortsetzung: Checkliste für den Immobilienkauf

- Wie ist es um die Bausubstanz bestellt? Ziehen Sie zu Ihrer Sicherheit einen Sachverständigen hinzu.
- Vergessen Sie in Ihrer Kalkulation nicht die Nebenkosten – bis zu 20 Prozent!
- Stellen Sie sicher, dass der Verkäufer auch der wirkliche Objekt-Eigentümer ist.
- Schalten Sie für den Kaufvertrag einen Notar ein – auch in den Ländern, in denen das nicht ausdrücklich vorgeschrieben ist.
- Ziehen Sie einen Dolmetscher hinzu und lassen Sie sich den Kaufvertrag wörtlich übersetzen.
- Sind Anzahlungen üblich, sollte zunächst ein Vorvertrag abgeschlossen werden. Der Verkäufer muss darin entsprechende Sicherheit leisten.
- Bestehen Sie vor Zahlung des endgültigen Kaufpreises auf Ihre Eintragung ins Grundbuch bzw. in ein entsprechendes nationales Register. Nur so können Sie ausschließen, dass das Objekt anderweitig nochmals verkauft oder belastet werden kann.
- Kalkulieren Sie die laufenden Unterhaltskosten genau. Ein Objekt, das wegen Garten und Pool ständig gewartet werden muss, zieht höhere Folgekosten nach sich. Die Immobilie muss auch bei Abwesenheit betreut werden. Auch für laufende regionale Steuern, kommunale Gebühren, Wasser und Elektrizität müssen mitunter erhebliche Kosten eingeplant werden.

5. Immobilienkauf mit Schwarzgeld

Praktisch im gesamten Ausland, speziell aber in den südeuropäischen Ländern, ist es üblich und teils auch von den lokalen Finanzbehörden (noch) akzeptiert, dass beim Immobilienkauf nur ein Teil – meist zwischen 50 und 70 Prozent – des tatsächlichen Kaufpreises bei der Beurkundung angegeben wird. Der Rest fließt schwarz. Die Vorteile: Der Verkäufer hat einen geringeren Vermögenszuwachs. Der Käufer spart Grunderwerbsteuer.

Vom Schwarzgeld-Deal erfährt niemand etwas – auch nicht der deutsche Fiskus. So mancher Bundesbürger hat sich in der Vergangenheit so seinen Traum unter südlicher Sonne erfüllt. Künftig kann das jedoch teuer werden. Der internationale Datenaustausch zwischen den Finanzverwaltungen – insbesondere innerhalb der EU – wird intensiver. Das heißt: Immer öfter erfahren deutsche Finanzbehörden von ihren Kollegen im Ausland über Kontrollmitteilungen von bislang dem Fiskus verborgen gebliebenem deutschen Immobilienbesitz. Kann der Eigentümer auf Nachfrage dessen Finanzierung dann nicht lückenlos belegen, sind eine Geldstrafe wegen Steuerhinterziehung und eine saftige Steuernachzahlung sicher.

6. Immobilienkauf über eine Offshore-Gesellschaft

International operierende Anleger bevorzugen immer häufiger den Kauf einer Auslandsimmobilie über eine Offshore-Gesellschaft. Damit wird nicht nur die Anonymität des Besitzers sichergestellt, im Erbfall wird mit deren Einsatz auch bewegliches Vermögen vererbt. Dadurch lässt sich in vielen Staaten das nationale Erbrecht und eine damit einhergehende Besteuerung umgehen. Beispielsweise in Frankreich. Statt der Immobilie erhalten die Erben Gesellschaftsanteile. Weiterer Vorteil: Soll das Objekt verkauft werden, ändern sich beim Einsatz einer Offshore-Gesellschaft nur die Eigentumsverhältnisse der Gesellschaft, deren Immobilienbesitz bleibt davon unberührt. Im Register wird der Eigentümerwechsel damit auch nicht dokumentiert.

Wer den Immobilienkauf im Ausland auch heute noch mit Schwarzgeld finanzieren will, sollte immer eine Offshore-Gesellschaft zwischenschalten. Sie sichert die Anonymität von Käufer und Schwarzgeld. Das wird umso wichtiger, je intensiver der Daten- und Informationsaustausch zwischen den EU-Finanzverwaltungen – aber auch zu den US-amerikanischen Finanzbehörden

Auslandsimmobilien: Sonne statt Rendite

(Florida-Immobilien) – erfolgt. Als Domizilländer für Offshore-Gesellschaften bieten sich an:

- Für Europa-Immobilien: Gibraltar, Liechtenstein, die Channel Islands Guernsey und Jersey
- Für US-Immobilien: Cayman Islands

> **Vorsicht bei Spanien-Immobilien**
>
> Käufer spanischer Immobilien sollten jedoch künftig auf der Hut sein, wenn beim Kauf eine Gesellschaft zwischengeschaltet wird. Vom Kampf gegen Steuerhinterziehung und Geldwäsche – jeder vierte 500-EUR-Schein innerhalb der Eurozone ist ein „Spanier" – sind auch Steuerausländer betroffen. Die spanische Steuernummer N.I.E. wird künftig zur Voraussetzung für den Eintrag im Grundbuch sein. Damit soll bei Nichtresidenten der Missbrauch durch Zwischenschalten von Gesellschaften verhindert werden. Ebenso wird künftig eine Miete für die Abtretung der Nutzung der Immobilie an die Gesellschafter oder Geschäftsführer der Gesellschaft verlangt. Derzeit wird eine zentrale Datenbank zur Erfassung nichtansässiger natürlicher und juristischer Personen, die Immobilieneigentum in Spanien haben, aufgebaut. Ein Datenaustausch, beispielsweise mit deutschen oder britischen Steuerbehörden, könnte da schon bald Wirklichkeit werden.

7. Auslandsimmobilien richtig vererben

Nach dem Internationalen Privatrecht (IPR) unterliegt unbewegliches Vermögen eines deutschen Erblassers als Nachlasseinheit zwar grundsätzlich dem deutschen Erbrecht bzw. dem deutschen Erbstatut (s. a. Kapitel 12, S. 229ff.). Für Auslandsimmobilien enthält das IPR jedoch ein Schlupfloch:

> Das Auslandsvermögen eines Deutschen vererbt sich nicht nach deutschem Erbrecht, sondern nach den Gesetzen des jeweiligen Belegenheitsstaates.

Auslandsimmobilien richtig vererben

Dementsprechend finden ausländische Kollisionsnormen, die den Nachlass in bewegliche und unbewegliche Nachlassteile spalten, grundsätzlich Anwendung. Damit fallen Auslandsimmobilien, die der Erblasser beispielsweise in einen Trust auf den Channel Islands eingebracht hat, nicht in die Nachlasseinheit, die der deutsche Erblasser nach deutschem Erbstatut hinterlässt. Unabhängig von der steuerlichen Seite kann ein deutscher Erblasser durch Einschalten eines Trusts auch seine individuelle Erbfolgeplanung durchziehen. Gleichzeitig erlöschen Pflichtteilsergänzungsansprüche.

Die Übertragung von Auslandsimmobilienvermögen auf einen Trust hat gegenüber der Einbringung in eine Familienstiftung einen entscheidenden Vorteil: Sie löst keine unmittelbare Erbschaftsteuerpflicht aus, da es an einer „steuerlichen Bereicherung" fehlt. Der Trust erwirbt nur den rechtlichen Titel, darf über das Trustvermögen jedoch nicht verfügen. Die Trustbegünstigten erwerben das Vermögen nicht unmittelbar, sie besitzen nur eine Anwartschaft auf den Vermögensanfall bei Auflösung des Trust oder Ausschüttung des Trustvermögens. Die Begünstigten erwerben das Auslandsimmobilienvermögen damit „aufschiebend bedingt".

Aufschiebend bedingt erworbene Vermögenswerte werden erbschaftsteuerlich jedoch erst erfasst, wenn die Bedingung dafür eingetreten ist. Ob und wann die tatsächliche Inempfangnahme des Vermögens eintritt und ob die Begünstigten dann zu dem Zeitpunkt noch der deutschen Steuerpflicht unterliegen oder sich dieser durch Wegzug ins Ausland entledigt haben, bleibt den Begünstigten überlassen.

Da Auslandsimmobilien nach Verkehrswerten besteuert werden, sofern DBA nichts anderes bestimmen, ist deren Übertragung auf inländische Empfänger häufig ein teures Unterfangen. Steuerlich sinnvoller geht das durch Einbringen in einen Trust. Unabhängig davon ist das Vererben von Immobilienbesitz in den wichtigsten Zielländern höchst unterschiedlich geregelt:

Auslandsimmobilien: Sonne statt Rendite

Wie das Erbrecht national geregelt ist	
Land	Prinzip für das anzuwendende Erbrecht*
Frankreich	BP / DP / NSP
Großbritannien	BP / DP / NSP
Italien	SAP / NE
Österreich	SAP / NE
Portugal	SAP / NE
Schweiz	reines DP / NE
Spanien	SAP / NE
Kanada	BP / DP / NSP
USA	BP / DP / NSP

* SAP = Staatsangehörigkeitsprinzip, DP = Domizilprinzip, BP = Belegenheitsprinzip f. Immobilien, Nachlassspaltung (NSP) oder Nachlasseinheit (NE)

Quelle: Rae Beiten, Burkhardt, Mintel & Wegener

8. Wie sich die Erbschaftsteuer günstiger gestalten oder umgehen lässt

Die Erbschaftsteuer günstiger gestalten oder umgehen

Einige Beispiele aus der Praxis:

Wegzug ins Ausland: Erwartet ein Deutscher eine größere Erbschaft von einem im Ausland ansässigen Erblasser, sollte er prüfen, ob er nicht besser seinen Wohnsitz vollständig aufgibt und ins Ausland zieht. Dabei wird er jedoch für das Umzugsjahr sowie für fünf weitere Jahre vom deutschen Fiskus als im Inland ansässig betrachtet, wenn in dieser Zeit der Nachlassfall eintritt.

Kaufen „auf den Namen der Kinder": Will der Käufer einer Auslandsimmobilie seinen Kindern die spätere Erbschaftsteuer ersparen, kauft er das Objekt gleich auf deren Namen. In diesem Fall handelt es sich um eine in Deutschland steuerpflichtige Schenkung. Auch dann, wenn sich der Käufer den Nießbrauch auf Lebenszeit vorbehält. Von

Besteuerung beim Immobilienverkauf

Fortsetzung: Die Erbschaftsteuer günstiger gestalten oder umgehen

der Schenkung erfährt der deutsche Fiskus nichts. Doch der Austausch von Kontrollmitteilungen nimmt in der EU zu.

Steuer verjähren lassen: Funktioniert in der Regel im südlichen Ausland. Wenn fünf Jahre nach dem Todesfall ins Land gegangen sind, ist die ausländische Steuer verjährt. Bei der Umschreibung des Besitzerwechsels im Grundbuch wird kein Zahlungsnachweis über die Steuer verlangt.

Kauf über eine Domizilgesellschaft: Diese ist in der Regel in einer Steueroase angesiedelt und bietet als Vermögensträger Diskretion. Nach deutschem Erbschaftsteuerrecht besteht zwar eine Melde- und Steuerpflicht, doch ist der Nachweis des Vermögenswechsels in der Regel nicht zu führen.

Halten über eine Kapitalgesellschaft: Bei dieser Gesellschaftsform wirkt sich ein erbschaftsteuerlicher Vorgang zunächst nicht aus, die Gesellschaft bleibt Eigentümerin der Vermögenswerte. Inländer sind nach deutschem Steuerrecht jedoch melde- und steuerpflichtig. Das gilt sowohl für in- wie auch ausländische Gesellschaften. Doch wie soll der Fiskus davon erfahren? Liegt mit dem Belegenheitsstaat kein DBA vor, ist das nicht möglich.

Freibeträge nutzen: In Deutschland gelten für Ehegatten und Kinder sehr hohe Freibeträge. Wenn Auslandsimmobilien hier zu Lande in den steuerlichen Nachlass fallen, gibt es für diese zwar keinen (niedrigeren) Einheitswert. Sie fallen in der Regel aber in den Freibetrag, wirken sich in Deutschland also steuerlich nicht aus. Am Beispiel Spanien könnte man also den Erbschaftsanteil ohne weiteres voll erklären, in Spanien jedoch erst dann, wenn nach fünf Jahren die Erbschaftsteuer verjährt ist.

9. Besteuerung beim Immobilienverkauf

Veräußerungsgewinne sind nach Ablauf der Spekulationsfrist in Deutschland nicht zu versteuern. Im Ausland gibt es derartige Regelungen häufig nicht. Beim Verkauf muss man dort also mit teils hohen Veräußerungsgewinnsteuern rechnen! Steuerlich gilt:

Auslandsimmobilien: Sonne statt Rendite

Staaten ohne DBA: In Deutschland ist der innerhalb der Spekulationsfrist erzielte Veräußerungsgewinn zu versteuern. Eine im Ausland bereits gezahlte Steuer wird jedoch angerechnet bzw. von den Einkünften in Abzug gebracht.

Staaten mit DBA: Hier ist meist geregelt, dass der Veräußerungsgewinn hinsichtlich der Auslandsimmobilie in Deutschland steuerlich freigestellt ist, allerdings unter Anwendung des Progressionsvorbehalts.

DBA-Liste für Auslandsimmobilien
Europäische Staaten, in denen die Doppelbesteuerungsabkommen für Immobilien statt der Freistellungsmethode die Anrechnungsmethode vorsehen: ■ Finnland, § 23 Abs. 5b/iii ■ Malta, § 23 Abs. 1b/ff ■ Spanien, § 23 Abs. 1b/ee ■ Schweiz, § 24 Abs. 1 Nr. 2   Quelle: OFD-Nürnberg

Wo Auslandsvermögen besteuert wird

11

1. Ertragssteuerbelastung im Ausland 220
2. Erstattungs- und Freistellungsverfahren 222
3. Adressaten für Erstattungsaufträge 223
4. Doppelbesteuerungsabkommen nutzen 225
5. Besteuerung ausländischer Einkünfte nach DBA 226
6. Was Deutsche bei grenzüberschreitenden Investitionen wissen müssen 227

1. Ertragssteuerbelastung im Ausland

Für die steuerliche Beurteilung muss geprüft werden, ob Kapitalerträge tatsächlich aus ausländischen Quellen stammen und in welchem Staat diese Quellen liegen. Denn die Quelle der Kapitalerträge ist u.a. entscheidend für die Berechtigung zur Anrechnung fiktiver ausländischer Steuern nach einem Doppelbesteuerungsabkommen. Ausländische Einkünfte aus Kapitalvermögen liegen gemäß § 34d Nr. 6 EStG dann vor, wenn der Schuldner Wohnsitz, Geschäftsleitung oder Sitz in einem ausländischen Staat hat oder das Kapitalvermögen durch ausländischen Grundbesitz besichert ist.

Diese Quellenbestimmung ist immer dann wichtig, wenn es zwischen Quellenstaat und Deutschland kein Doppelbesteuerungsabkommen gibt. Besteht dagegen ein DBA, enthält das regelmäßig folgende Regelung:

- Nach Art. 11 Abs. 5 Satz 1 OECD-Musterabkommen (OECD-MA) gelten Zinsen als aus dem Quellenstaat stammend, wenn der Schuldner dieser Staat selbst, eine seiner Gebietskörperschaften oder eine in diesem Staat ansässige juristische Person ist.

- Hat der Schuldner – unabhängig davon, ob er in einem Vertragsstaat ansässig ist oder nicht – in einem Vertragsstaat eine Betriebsstätte, und ist die Schuld, für die die Zinsen gezahlt werden, für Zwecke der Betriebsstätte eingegangen worden und trägt die Betriebsstätte die Zinsen, so gelten diese Zinsen als aus dem Vertragsstaat stammend, in dem die Betriebsstätte gelegen ist.

Vor einer Kapitalinvestition im Ausland muss ein steuerpflichtiger Deutscher zunächst einmal prüfen, ob der Quellenstaat überhaupt eine materielle Steuerpflicht für Kapitalerträge ausländischer Investoren vorsieht. Und falls ja, wie diese Steuer erhoben wird. Das richtet sich allein nach dem nationalen Steuerrecht des Quellenstaates.

Ertragssteuerbelastung im Ausland

Kriterien für die Besteuerung

Besteht eine materielle Steuerpflicht im Quellenstaat, wird diese in aller Regel als Kapitalertragsteuer erhoben.

Um internationales Kapital anzuziehen, verzichten zahlreiche Staaten jedoch auf ihren Steueranspruch bzw. schränken diesen für ausländische Investoren ein.

In anderen Staaten unterliegen Kapitalerträge dann nicht der Besteuerung, wenn diese auf bestimmte Anlageformen – beispielsweise von Gebietskörperschaften emittierte Schuldverschreibungen – ausgezahlt werden oder der Schuldner an steuerbegünstigten Standorten ansässig ist.

Darüber hinaus kann durch rechtzeitigen Antrag über die depotführende Bank bei Staaten wie Kanada, Japan oder den USA ein erhöhter Steuerabzug vermieden werden. Einbehalten wird dann nur der in Deutschland anrechenbare Steuersatz.

Weitere Quellensteuerermäßigungen können sich aufgrund abgeschlossener DBA ergeben.

Spitzensteuersätze (in %) im Vergleich

Land/Territorium	ESt	VSt	ErbSt/SchenkSt
Deutschland	42+KiSt+Solz	0	50 / 50
Österreich	50	0	60 / 60
Schweiz	11,5 (Bund)	1	0 / 60 (je Kanton)
Großbritannien	40	0	40 / 40
Monaco	0	0	16 / 16
Channel Islands	20	0	0 / 0
Isle of Man	20	0	0 / 0
Liechtenstein	17,82	0,891	27 / 27
Andorra	0	0	0 / 0
Malta	35	0	0 / 0
USA	39,6 (Bund)	0	55 / 55 (Bund)
Bermuda-Inseln	0	0	15 / 0
Cayman Islands	0	0	0 / 0

Wo Auslandsvermögen besteuert wird

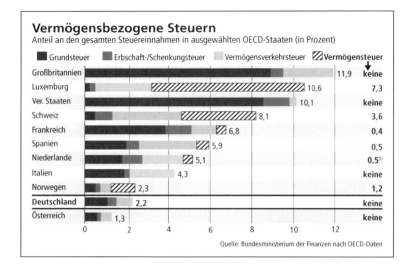

2. Erstattungs- und Freistellungsverfahren

Neben der Höhe der Quellensteuerbelastung spielt auch das Verfahren der Quellensteuerermäßigung bzw. Quellensteuerbefreiung eine wichtige Rolle:

- In zahlreichen Staaten ist der Schuldner der Kapitalerträge zum Einbehalt der Kapitalertragsteuer nach nationalem Recht – unabhängig vom Empfänger der Kapitalerträge – verpflichtet. In diesen Fällen erreicht man eine Freistellung von der ausländischen Steuer oder deren Ermäßigung nur im Rahmen eines Erstattungsverfahrens.

- Andere Staaten gewähren ausländischen Investoren die Freistellung oder Ermäßigung der nationalen Steuer bereits bei der Auszahlung der Erträge (Großbritannien, USA). Dazu müssen jedoch bestimmte Antragserfordernisse erfüllt werden.

Adressaten für Erstattungsaufträge

- Darüber hinaus befreien einzelne Staaten (Frankreich) ausländische Anleger bei Dividenden von der anfallenden Körperschaftsteuer.

- Gewinne aus dem Wertpapierverkauf werden dagegen im Ausland grundsätzlich nicht besteuert.

Sowohl im nachträglichen Erstattungsverfahren als auch beim Freistellungsverfahren muss die Identität des Kapitalinhabers gegenüber der ausländischen Finanzverwaltung offen gelegt werden. Im Einzelfall verlangen die ausländischen Finanzbehörden auch eine Bestätigung über die Ansässigkeit des Deutschen von der deutschen Finanzverwaltung.

Das Eintreiben von im Ausland in Abzug gebrachten Steuergeldern ist aus Anlegersicht häufig ein aufwändiges Unterfangen. Kontakte zu den jeweiligen nationalen Steuerbehörden sind nötig, es müssen die richtigen Formulare beigebracht werden, und immer wieder muss den Anträgen auf Steuerrückerstattung nachgegangen werden. So kann es beispielsweise in Italien bis zu sieben Jahre dauern, bis Erstattungen zur Auszahlung kommen.

3. Adressaten für Erstattungsaufträge

Adressaten für Erstattungsaufträge		
Staat	Adressaten für Erstattungsaufträge	Fristen
Belgien	Bureau Central de Taxation de Bruxelles-Etranger St. Lazare-Bte 1, B-1210 Bruxelles	3 Jahre
Dänemark	Told Skat Ottiliavej DK-1788 Kobenhavn V	4 Jahre
Frankreich	Erstattungsanträge werden über die jeweilige Aktiengesellschaft eingereicht	4 Jahre

Wo Auslandsvermögen besteuert wird

Fortsetzung: Adressaten für Erstattungsaufträge

Großbritannien	Inspector of Foreign Dividends Lynwood Road Thames Ditton Surrey, KT 7 ODP, GB	6 Steuerjahre (jeweils 6.4. – 5.4.)
Italien	Quellensteuern auf Dividenden; Schedario Generale dei Titoli Azionari Piazza Guglielmo Marconi 14/d I-100144 Roma	18 Monate
	Quellensteuern auf Anleihezinsen: Anträge müssen über die Depotbank an das zuständige Finanzamt des Unternehmens gesandt werden, das die Anleihe emittiert hat	10 Jahre
Kanada	Revenue Canada International Tax Service Office 2204 Walkley Road Ottawa ON K1A 1A8, Kanada	2 Jahre
Luxemburg	Nur bei Dividenden: Administration des Contributions Directes, Boulevard Roosevelts 45 L-2450 Luxembourg	2 Jahre
Niederlande	Belastingdienst/Particulieren/ Ondernemingen buitenland Postbus 2865, NL-6401 DJ Heerlen	5 Jahre
Österreich	Nur bei Dividenden: Zuständig ist das Finanzamt der ausschüttenden Aktiengesellschaft	5 Jahre
Schweiz	Eidgenössische Steuerverwaltung Abteilung Rückerstattung Eigerstr. 62, CH-3003 Bern	3 Jahre
Spanien	Zuständig ist das Finanzamt der AG oder des Anleihe-Emittenten	

Grundregeln: Formulare ausfüllen und Wohnsitzbestätigung vom eigenen Finanzamt geben lassen. Erstattungsantrag dann an die oben genannten Adressen schicken. Für jede Gesellschaft/Anleihe ein Formular ausfüllen und Originalbelege beifügen.

4. Doppelbesteuerungsabkommen nutzen

Doppelbesteuerungsabkommen sollen verhindern, dass Steuerpflichtige mit ihren im Ausland erwirtschafteten Erträgen doppelt besteuert werden – im Ertrags- und im Heimatland. Die DBA regeln, in welchem Umfang Steuerpflichtige in den für sie zuständigen Staaten nicht mehr besteuert werden dürfen. Gleichzeitig verpflichten sie die Vertragsstaaten zur gegenseitigen Auskunftspflicht. In der Praxis unterscheidet man zwischen der „kleinen" und der „großen" Auskunftsklausel:

Die „kleine" Klausel verpflichtet die Vertragspartner lediglich zur Rechts- und Amtshilfe, das vereinbarte DBA auch umzusetzen.

Die „große" Klausel ist nicht an die DBA-Durchführung gebunden. Sie berechtigt und verpflichtet die Vertragsstaaten zur allgemeinen Rechts- und Amtshilfe in Steuersachen.

Grundsätzlich lassen die Finanzbehörden hier zu Lande Steuerpflichtigen bei ausländischen Kapitaleinkünften die Wahl zwischen dem „Anrechnungs-" oder dem „Abzugsverfahren":

- Entscheidet sich der Steuerpflichtige für die „Anrechnung" der ausländischen Quellensteuer, betrachtet der deutsche Fiskus die im Ausland gezahlten Quellensteuern als Vorauszahlung auf die in Deutschland fällige Steuerschuld. Aber: Das Finanzamt akzeptiert die fremde Quellensteuer nicht immer in voller Höhe. Der maximale Anrechnungsbetrag errechnet sich wie folgt:

$$\frac{\text{tarifl. Einkommensteuersatz} \times \text{ausländische Einkünfte}}{\text{Summe der Einkünfte}}$$

- Beim „Abzug" wird die im Ausland gezahlte Quellensteuer nicht – bis zu einem bestimmten Höchstbetrag – mit der deutschen Einkommensteuer verrechnet. Bei dieser Methode kann der Steuerpflichtige die Auslandssteuern direkt vom steuerpflichtigen Einkommen abziehen.

Wo Auslandsvermögen besteuert wird

Doch Steuerpflichtige müssen sich für eine Methode entscheiden, möglichst für jene, bei der für sie am meisten „herausspringt":

- Selbständige, die „rote Zahlen" schreiben, bietet die „Abzugsmethode" größere Vorteile, da sich über den Verlustvor- bzw. -rücktrag ein Teil der Auslandssteuern zurückholen lässt.

- Bei der „Anrechnungsmethode" ist dagegen die tatsächliche Steuerschuld die Obergrenze bei der Verrechnung der ausländischen Quellensteuer.

Wer also wegen erwirtschafteter Verluste dem deutschen Fiskus kein Geld schuldet, sieht von den Auslandssteuern nichts mehr.

5. Besteuerung ausländischer Einkünfte nach DBA

Besteuerung ausländischer Einkünfte nach DBA

Art der ausländischen Einkünfte	Besteuerungsrecht	Steuerfrei mit Progressionsvorbehalt	Steuerpflichtig ohne Abrechnung	Steuerpflichtig mit Abrechnung
Vermietung und Verpachtung	Ausländischer Staat	X		
	Ausnahme Spanien und Schweiz, hier Deutschland			X
Dividenden	Deutschland – soweit ausl. Quellensteuer nach DBA Quellensteuer einbehalten werden darf			X
	Sonstige Fälle		X	
Zinsen	Deutschland		X	
Lizenzgebühren	Deutschland, wenn ausl. Quellensteuer nach DBA Quellensteuer einbehalten werden darf			X
	Sonstige		X	

Fortsetzung: Besteuerung ausländischer Einkünfte nach DBA

Gewerbebetriebe	Ausländischer Betriebsstättenstaat	X		
Veräußerungsgewinne – unbewegliches Vermögen	Ausl. Belegenheitsstaat	X		
– Betriebsvermögen	Ausl. Betriebsstättenstaat	X		
– sonstiges Privatvermögen	Deutschland		X	
Selbstständige Arbeit	Ausl. Tätigkeitsstaat, sofern dort eine feste Einrichtung besteht	X		
Nicht selbstständige Arbeit	Ausl. Tätigkeitsstaat	X		
	Wenn nicht mehr als 183 Tage im Ausland, u. U. Deutschland		X	
Aufsichtsrats-/ Verwaltungsratsmitglieder	Meistens der Staat, in dem das Unternehmen ansässig ist	X		
Künstler/Sportler	Meistens der ausländische Tätigkeitsstaat	X		
Pensionen/Renten	Deutschland		X	
Vergütungen aus öffentlichen Kassen	Ausl. Kassenstaat	X		
	Bei deutschen Staatsangehörigen meistens Deutschland		X	
Andere Einkünfte	Deutschland		X	

6. Was Deutsche bei grenzüberschreitenden Investitionen wissen müssen

Grenzgänger in Sachen Kapital tun gut daran, die steuerlichen Regeln bei Auslandsinvestitionen zu berücksichtigen:

■ Die von einem Deutschen im Ausland erzielten Kapitalerträge unterliegen aufgrund des Welteinkommensprinzips uneingeschränkt der deutschen Ertragsbesteuerung. Dies

Wo Auslandsvermögen besteuert wird

gilt sowohl für Einkünfte aus Kapitalvermögen als auch für mögliche Spekulationsgewinne.

Wer nicht aufpasst, dem fassen gleich zwei Steuerbehörden in die Tasche, die im Ausland und gleichzeitig der deutsche Fiskus.

Häufig wissen steuerpflichtige Anleger bei Auslandskontakten nicht, dass die deutsche Finanzverwaltung in den letzten Jahren eine Reihe von Vorschriften erlassen hat, um die im Ausland erzielten Kapitalerträge auch in Deutschland steuerwirksam zu erfassen:

Erhöhte Mitwirkungspflicht bei Auslandssachverhalten: Da dem deutschen Fiskus bei Auslandssachverhalten häufig die „Hände gebunden" sind, legt § 90 Abs. 2 AO dem Steuerpflichtigen eine erhöhte Mitwirkungspflicht auf. Beziehen sich Sachverhalte auf Vorgänge außerhalb des Geltungsbereichs der AO, muss er den Sachverhalt gegenüber dem Fiskus aufklären und die dazu erforderlichen Beweismittel beschaffen. Kommt der Steuerpflichtige seinen erhöhten Mitwirkungspflichten nicht nach und kann die Finanzbehörde die tatsächlichen Verhältnisse nicht auf andere Weise ermitteln, erfolgt in der Regel eine Schätzung der Besteuerungsgrundlagen nach § 162 Abs. 2 AO.

Vorschriften des EU-Amtshilfe-Gesetzes: Informationen über getätigte Auslandsinvestitionen Deutscher erhalten die deutschen Finanzbehörden über die zwischenstaatliche Rechts- und Amtshilfe in Steuersachen (§ 117 AO). Rechtshilfe für Zwecke des Steuer-Strafrechts regelt das „Gesetz über die internationale Rechtshilfe in Strafsachen" (IRG). Amtshilfe gibt es für Zwecke des Besteuerungsverfahrens. Dazu gehört vor allem der zwischenstaatliche Informationsaustausch der Finanzbehörden untereinander (DBA, EU-Amtshilfe-Gesetz).

Vermögen grenzüberschreitend vererben

12

1. Das Erbrecht ist wirklichkeitsfremd   230
2. Ausgewählte nationale Regeln
   für das Vererben   232

   Frankreich · Großbritannien · Italien ·
   Liechtenstein · Österreich · Schweiz · Spanien ·
   Kanada · USA · Südafrika

3. Erbschaftsteuer-DBA   251
4. Wenn Erben diskrete Konten erben   252

1. Das Erbrecht ist wirklichkeitsfremd

Ein Ferienhaus auf den Balearen, eine Firmen-Niederlassung in Großbritannien oder in den USA – immer häufiger liegen Vermögenswerte Deutscher in mehreren Ländern verteilt. Doch wenn der Eigentümer stirbt und weder per Testament noch durch lebzeitige Verfügungen vorgesorgt hat, folgen für die Erben böse Überraschungen: In unterschiedlichen Ländern wird anders besteuert und vererbt. Eine der großen Gefahren bei internationalen Nachlässen ist, dass der Erblasser mehrere Wohnsitze hat und deshalb mehrfach Erbschaftsteuer auslöst.

Doch nicht nur das: Auch das Vermögen bei sonst rein nationalen personellen Anknüpfungen kann zu einer internationalen Verquickung führen. Erfolgreiche mittelständische Unternehmen gründen Niederlassungen und Tochtergesellschaften im Ausland, zusammengefasst in einer Oasen-Holding, teilweise durch Verrechnungspreise finanziert. Im Rahmen der weltweiten Vermögensstreuung werden Konten und Depots in Österreich oder der Schweiz errichtet, Immobilien in den Niederlanden erworben, Forste in Kanada bewirtschaftet.

Dabei übersieht man jedoch, dass die Internationalisierung von den nationalen Rechtsordnungen nicht durch eine international koordinierte Rechtsentwicklung begleitet wurde, sondern dass diese größtenteils im 19. Jahrhundert verharren:

- Im romanischen Rechtskreis ist das Ehegattentestament ungültig. Die Franzosen erkennen den Erbvertrag nicht an.

- Der Pflichtteilsverzicht ist in Italien nichtig.

- Die Erbauseinandersetzung des Nachlasses eines Österreichers mit deutschem Wohnsitz verlagert sich häufig nach Wien.

Das internationale Privatrecht ist nicht abgestimmt

Jeder Staat hat zwar ein internationales Privatrecht. Dies sind jedoch nationale Vorschriften, die anordnen, welches Recht zur Anwendung gelangt. Diese internationalen Privatrechte sind häufig unabgestimmt.

Selbst das Verfahrensrecht für den Nachlass ist in den Staaten unterschiedlich. So kommt es zu divergierenden Entscheidungen in den Rechtsordnungen verschiedener Staaten. Möglich sind unterschiedliche Gerichtsentscheidungen nationaler Gerichte, mit der Folge des Zusammenbruchs sorgfältig geplanter nationaler Nachfolgeplanungen. Ist im konkreten Fall der Sachverhalt international, so ist immer eine international erfahrene Beratung notwendig. Es empfiehlt sich immer, bei Vermögenswerten in mehreren Ländern Anwälte in allen Staaten zu konsultieren, da die Gestaltungsrechte unterschiedlich sind. Deren Ziel muss sein, wenn möglich ein nationales Recht als einziges zu etablieren. Das bedeutet meist die Einbringung des ausländischen Vermögens in eine Gesellschaft, was aber dessen Fungibilität einengt.

Lässt sich ein Ausschluss des ausländischen Erbstatuts nicht erreichen, muss der Sachverhalt so gestaltet werden, dass die Regelung in allen tangierten Rechtsordnungen im „grünen Bereich" liegt. Dabei sind auch güterrechtliche Aspekte zu berücksichtigen, Erbschaftsteuerkollisionen in Betracht zu ziehen sowie verfahrensrechtlich einen Ort zu fixieren und gesellschaftsrechtlich mit dem Sitzrecht des Unternehmens abzugleichen. Dabei darf die vom Erblasser vorgegebene Zielvorstellung nicht aus dem Auge verloren werden. Menschlich-psychologisch muss die Lösung für Erblasser und Erben dann auch noch passen und darüber hinaus unternehmerisch vernünftig sein.

Auslandsvermögen vererben

Auch in der EU fehlt eine Vereinheitlichung

Selbst innerhalb der EU sind wir im Erb- und Ehegüterrecht noch sehr weit weg von einer internationalen Vereinheitlichung. Auch die Erbschaftsteuerrechtsordnungen verharren in einem nationalstaatlichen Denken. So hat Deutschland bisher nur sechs Erbschaftsteuer-DBA abgeschlossen, obwohl es für einkommensteuerliche Zwecke bereits knapp zweihundert gibt. Folge ist, dass es Situationen gibt, in denen sowohl der Belegenheitsstaat als auch der Ansässigkeitsstaat des Erblassers oder des Erben dasselbe Vermögen besteuert, aber eine Anrechnung der Belegenheitsstaatssteuer auf die Steuer im Ansässigkeitsstaat nicht erfolgen kann, weil dieses Vermögen aus der Sicht des Ansässigkeitsstaates nicht als Auslandsvermögen qualifiziert ist.

Die Praxis hat aus der Not heraus deswegen länderspezifische Gestaltungsbausteine entwickelt, um diese Störfaktoren zu überwinden. Für die meisten europäischen und amerikanischen Staaten haben sich typische Usancen und Modelle etabliert, die viele der oben angeführten Probleme vermeiden oder minimieren: So nutzt man beispielsweise für ausländische Immobilienvermögen häufig transparente Personengesellschaften. Und im Zusammenhang mit dem amerikanischen Rechtsraum versucht man den in Deutschland unbekannten Trust durch deutsche zivilrechtliche Bausteine zusammenzusetzen.

2. Ausgewählte nationale Regeln für das Vererben

Frankreich

Eine in Frankreich belegene Immobilie vererbt sich auch aus deutscher Sicht stets nach französischem Erbrecht. Haben sich Ehegatten, wie so häufig, gegenseitig zu Alleinerben eingesetzt, erbt der

Ausgewählte nationale Regeln für das Vererben

überlebende Ehegatte bei Vorhandensein von Kindern die Immobilie in Frankreich jedoch nicht allein: Im französischen Erbrecht haben Kinder ein zwingendes „Noterbrecht", das ihnen eine Miteigentümerstellung an der Immobilie zubilligt. Sind z.B. zwei Kinder vorhanden, erhält jedes Kind ein Drittel der Immobilie, so dass dem eigentlich vom Erblasser vorgesehenen Erben, dem Ehegatten, nur ein Drittel verbleibt.

Darüber hinaus können Erben von Auslandsvermögen in Frankreich böse steuerliche Überraschungen erleben. Hat der Erblasser nicht nur ein Ferienhaus, sondern auch ein Bankkonto in Frankreich hinterlassen, fällt für beides sowohl in Frankreich als auch in Deutschland Erbschaftsteuer an.

Eine Anrechnungsmöglichkeit der in Frankreich gezahlten Erbschaftsteuer besteht in Deutschland zwar gemäß § 21 Abs. 1 des Erbschaftsteuergesetzes (ErbStG) für die auf die französische Immobilie entfallende Erbschaftsteuer. Hinsichtlich des Kontos oder Depots kommt es jedoch zu einer echten Doppelbesteuerung in Frankreich und Deutschland. Diese kann im Einzelfall mehr als die Hälfte des Kontenvermögens aufzehren.

Für größeres Immobilieneigentum in Frankreich sollten Deutsche zum Zeitpunkt des Kaufs daher entweder das in Frankreich belegene Immobilieneigentum vom deutschen Eigentum personell trennen, d.h. nur ein Eheteil kauft, der andere verfügt über ein notariell eingetragenes Wohnrecht oder aber eine SCI (société civile immobilière) zwischenschalten. Diese Gesellschaftsform bietet zahlreiche Gestaltungsmöglichkeiten.

Eine andere Gestaltung, die sich im deutsch-französischen Erbrechtsverkehr bewährt hat, ist der Einsatz internationaler Pflichtteilstrafklauseln. In einem französischen Sondertestament wird die Ehefrau darin beispielsweise zur Alleinerbin einer Immobilie in Frankreich berufen. Im deutschen Testament wird angeordnet, dass die Kinder binnen Jahresfrist nach dem Tod des Vermögensin-

Auslandsvermögen vererben

habers auf ihr französisches Noterbrecht verzichten, weil sie ansonsten Zuwendungen aus dem deutschen Vermögen nicht erhalten. Mit dieser internationalen Pflichtteilstrafklausel wird es für die Noterbberechtigten wirtschaftlich unattraktiv, ihr Noterbrecht an der französischen Immobilie durchzusetzen.

Auch steuerlich ist Frankreich für Überraschungen gut

Zum einen sind die Erbschaftsteuersätze regelmäßig höher als in Deutschland und die Familienfreibeträge kleiner, auch sind die Bemessungsgrundlagen höher. Frankreich kennt auch noch als einer der wenigen europäischen Staaten eine happige Vermögenssteuer. Vorsicht ist darüber hinaus angesagt, wenn man sich länger in Frankreich aufhält, sich etwa in seinem Ferienhaus zur Ruhe setzt. Das kann zur Folge haben, dass man bei einem Aufenthalt von mehr als sechs Monaten als Steuerinländer angesehen wird. Damit kommt dann nicht nur für die Immobilie, sondern für das gesamte Vermögen das unflexible französische Erbrecht zur Anwendung.

Im Ergebnis kann das zu Doppelbesteuerungen führen, da es zwischen Deutschland und Frankreich kein Erbschaft-Doppelbesteuerungsabkommen gibt.

Da Frankreich oft das höhere Besteuerungsniveau hat, sollte man Gestaltungen nutzen, um auf den deutschen Steuersatz heruntergeschleust zu werden. Hier hat sich der gezielte Einsatz einer Fremdfinanzierungskomponente beim Erwerb der Immobilie bewährt, die bewusst stehen gelassen wird, um die französischen Erbschaftsteuern zu senken.

Großbritannien

Großbritannien lockt mit einkommensteuerlichen Vergünstigungen, etwa die Besteuerung auf „Remittance"-Basis, bei der unter bestimmten Voraussetzungen nur die nach England transferierten

Ausgewählte nationale Regeln für das Vererben

Einkünfte besteuert werden. In den vergangenen Jahren haben viele ausländische Unternehmer englisches Vermögen erworben, ohne sich dessen vielleicht bewusst zu sein. Seit der Europäische Gerichtshof vorgegeben hat, dass die in einem Mitgliedsstaat der EU nach den dortigen Vorschriften gegründeten Gesellschaften auch in allen anderen Mitgliedsländern anerkannt werden müssen, gilt insbesondere die englische Private Limited Company hierzulande als Alternative zur Gründung einer GmbH.

Im Erbfall wird sich der Erbe wundern, dass er nicht wie bei einer deutschen GmbH automatisch in die Gesellschafterstellung des Erblassers rückt, sondern die Nachlassabwicklung nach englischem Recht erfolgt. Das gilt trotz eines ausschließlichen Wohnsitzes des Erblassers in Deutschland auch für weiteres in Großbritannien gelegenes Vermögen, also insbesondere für dortigen Immobilienbesitz. Solches Vermögen unterliegt aber nicht nur der Nachlassabwicklung nach englischem Recht, sondern es vererbt sich auch nach den für Deutsche ungewohnten englischen Rechtsregeln.

Hat der Erblasser in Deutschland ein formgültiges Testament errichtet, so wird dies zwar in Großbritannien in aller Regel anerkannt. Es muss jedoch ein besonderes formelles Verfahren durchlaufen werden. Besser ist es daher, neben dem deutschen Testament ein separates englisches Testament zu errichten, mit dem die dem englischen Erbrecht unterliegenden Vermögensgegenstände, also insbesondere Immobilien und z.B. die in Großbritannien ansässige Limited, als Vermächtnisse bestimmten Personen zugewiesen werden. Dabei versteht es sich von selbst, dass die beiden Testamente in England und in Deutschland inhaltlich im Detail aufeinander abgestimmt sein müssen und keine Widersprüchlichkeiten enthalten dürfen.

Mit dem englischen Testament kann der Erblasser außerdem auf das englische Nachlassverfahren Einfluss nehmen. Anders als im deutschen Recht gibt es in Großbritannien ein zweistufiges Verfahren: Stets wird der Nachlass zunächst von einem Nachlassverwalter

Auslandsvermögen vererben

in Besitz genommen, verwaltet und abgewickelt. Erst nach Begleichung sämtlicher Verbindlichkeiten und der anfallenden Steuern wird das Vermögen an die Begünstigten verteilt. Das dauert meist ein Jahr. Die Ernennung des Nachlassverwalters wird beschleunigt, wenn ein solcher „Executor" im Testament vom Erblasser bereits namentlich benannt wird.

Die mit der Durchführung des englischen Nachlassverfahrens auftretenden Schwierigkeiten lassen sich dadurch vermeiden, dass das in Großbritannien vorhandene Vermögen von einer „Joint Tenancy" umfasst wird – einer Art Gesamthandsgemeinschaft. Beim Tod eines Miteigentümers geht das Eigentum an den betroffenen Vermögensgegenständen auf die überlebenden „Co-Tenants" über. Es fällt nicht in den allgemeinen Nachlass und unterliegt deshalb auch nicht der Verwaltung durch den Nachlassverwalter.

Der für deutsche Verhältnisse hohe einheitliche Erbschaftsteuersatz beträgt nach Überschreitung des allgemeinen Freibetrags von 275 000 Pfund (knapp 400 000 EUR) stolze 40 Prozent. Maßgeblich ist dabei der Verkehrswert des Vermögens. Hatte der Erblasser seinen Wohnsitz nicht in Großbritannien, wird dort nur das im Inland gelegene Vermögen besteuert. Da aus Sicht des deutschen Erbschaftsteuerrechts beim Tode des in Deutschland ansässigen Erblassers nicht nur das deutsche, sondern auch das ausländische Vermögen besteuert wird, ergibt sich für das in England gelegene Vermögen eine doppelte steuerliche Erfassung. Da zwischen Deutschland und England auf dem Gebiet der Erbschaftsteuer kein DBA abgeschlossen wurde, kann die in Großbritannien gezahlte Erbschaftsteuer auf die deutsche Erbschaftsteuer angerechnet werden. Dadurch wird zwar eine Doppelbesteuerung vermieden, im Ergebnis setzt sich hiermit aber das in der Regel höhere englische Steuerniveau durch.

Ein höherer Spareffekt kann dadurch erreicht werden, dass die in Großbritannien gelegenen Vermögenswerte in eine Kapitalgesellschaft mit ausschließlichem Sitz in Deutschland, etwa in eine

Italien

Seit Ende 2001 unterliegen Erbfälle keiner Erbschaftsteuer mehr. Das heißt aber nicht, dass der Nachlass völlig steuerfrei auf die Erben übergeht. Geblieben sind Hypotheken- und Katastersteuer sowie die Verkehrssteuer. Diese Steuern werden auch bei entgeltlichen Übertragungsvorgängen fällig. Bei Schenkungen kann zusätzlich eine Registersteuer fällig sein. Hiervon befreit sind unentgeltliche Zuwendungen an Ehegatten, Verwandte in gerader Linie sowie bis zur vierten Seitenlinie. Bei Fehlen einer Verwandtschaft wird bei einem Freibetrag von rund 180 000 EUR eine Steuer von maximal 15 Prozent fällig. Der Steuer unterliegen Grundstücke, Gebäude, bewegliche Güter und Forderungen. Auch Auslandsschenkungen zugunsten von Inländern sind in Italien registrierungs- und damit steuerpflichtig.

Zwischen Deutschland und Italien gibt es kein DBA für Erbschaft- und Schenkungsteuer. Im Zuge der Sanierung der italienischen Staatsfinanzen soll die Erbschaftsteuer wieder eingeführt werden. Ein bislang in Deutschland Ansässiger kann von den zurzeit noch bestehenden Vorzügen jenseits der Alpen nur schwer profitieren. Er bleibt auch nach dem Wegzug mit seinen Kindern für weitere fünf Jahre in Deutschland erbschaft- und schenkungsteuerpflichtig.

Im Erbrecht knüpft Italien genau wie Deutschland an die Staatsangehörigkeit an. Besonderheiten ergeben sich daher bei deutsch-italienischen Ehen. Gemeinschaftliche Testamente sind, wenn ein Italiener beteiligt ist, genau wie Erbverträge nach italienischem Recht unzulässig und damit nichtig. Ein Ausweg ist eine Rechts-

Auslandsvermögen vererben

wahl, die das italienische Recht seit 1995 solchen Bürgern erlaubt, die ihren gewöhnlichen Aufenthalt im Ausland haben.

Aus deutscher Sicht wird die letztwillige Bindungswirkung eines gemeinschaftlichen Testaments auch dann anerkannt, wenn der italienische Ehegatte später nach Italien zurückkehrt und dort verstirbt. In Italien sieht man das anders, so dass unterschiedliche Gerichtsentscheidungen möglich sind und die Zuordnung des Nachlasses davon abhängen kann, ob dieser in Italien oder in Deutschland gelegen ist. Das Erbrecht spielt aber eine Nebenrolle, wenn die Eheleute in Italien geheiratet und dort auch ihren ersten gemeinsamen Wohnsitz genommen haben, ohne einen Ehevertrag zu schließen. Ziehen die Eheleute später von Italien nach Deutschland, reist der italienische gesetzliche Güterstand der Errungenschaftsgemeinschaft (comunione legale) mit. Auch wenn der im deutschen Grundbuch eingetragene Ehegatte es nicht weiß, gehören die während der Ehe in Deutschland erworbenen Immobilien dem anderen längst zur Hälfte. In den Nachlass fällt nur das, was dem Erblasser tatsächlich gehörte.

War der Erblasser Italiener und hat er auf eine Rechtswahl zugunsten des deutschen Rechts verzichtet, kommen italienische Pflichtteilsrechte des Ehegatten und der Kinder hinzu. Ehegatten und Kindern steht eine nicht entziehbare Beteiligung (riserva) am Nachlass zu. Bei rechtzeitiger Testamentsplanung lässt sich der Gestaltungsspielraum für einen in Deutschland lebenden italienischen Erblasser jedoch erheblich vergrößern.

Liechtenstein

Der Finanzplatz Liechtenstein in Verbindung mit seinem liberalen Gesellschaftsrecht bietet einen optimalen Schnittpunkt zur Verbindung bankmäßiger Vermögensverwaltung und Vermögenssicherung mit Erb- und Familienvermögensplanung. Hierzu eignen sich im Fürstentum insbesondere Stiftungen, Anstalten und Trusts.

Ausgewählte nationale Regeln für das Vererben

Der Großteil der liechtensteinischen Stiftungen dient dem Erhalt von Familienvermögen. Mit ihrem Einsatz lässt sich verhindern, dass Vermögenswerte nach dem Tod des Stifters zerschlagen werden. Denn Erben können als Begünstigte der Stiftung vom Vermögen profitieren, ohne dass der Vermögensstock in unwirtschaftlich kleine Teile zerschlagen wird. Weiterer Vorteil: Innerhalb der Stiftung spielt das Erbrecht – auch das deutsche – keine Rolle. Die Auswahl der Begünstigten ist einzig in das freie Ermessen des Stifters gestellt. Innerhalb der Stiftung kann sich die ganze Breite bankmäßiger Vermögensverwaltung entfalten – mit dem Ziel, Kapital zu erhalten und langfristig zu mehren.

Gleiches erreicht man mit dem Einsatz einer Anstalt oder eines Trusts liechtensteinischer Prägung, die im Vergleich zur Stiftung eine freie Ausgestaltung der Begünstigten erlauben.

Österreich

Im Gegensatz zu Wohnsitzalternativen in Europa oder Übersee verzichtet Österreich nicht gänzlich auf eine Erbschaftbesteuerung. Diese wird durch das zwischen Deutschland und Österreich geschlossene DBA jedoch verringert, im Einzelfall entfällt diese sogar. Danach liegt das grundsätzliche Besteuerungsrecht nicht nur dann ausschließlich bei Österreich, wenn der Erblasser seinen einzigen Wohnsitz dorthin verlagert hat, sondern auch, wenn er seinen Wohnsitz in Deutschland behalten, in beiden Staaten also einen Wohnsitz hat, der Mittelpunkt seiner Lebensinteressen aber in Österreich liegt.

Hinzu kommt, dass das DBA allein auf die Person des Erblassers abstellt, Erben also in Deutschland bleiben können. Auch die fünfjährige Wartefrist kennt das deutsch-österreichische Abkommen nicht. Vielmehr verliert Deutschland – von Ausnahmen für bestimmte Vermögenswerte abgesehen – sein Besteuerungsrecht, sobald der Lebensmittelpunkt nach Österreich verlagert wird.

Auslandsvermögen vererben

Das österreichische Erbschaftsteuerrecht kann zu erheblichen Entlastungen führen. Zwar gibt es nicht so hohe Freibeträge wie in Deutschland, doch sind die Steuersätze, insbesondere innerhalb der Familie, deutlich geringer. Vor allem bei größeren Vermögen, bei denen die hiesigen Kinderfreibeträge von 205 000 EUR nicht allzu sehr ins Gewicht fallen, macht sich der österreichische Höchststeuersatz von 15 Prozent (Deutschland: 30 Prozent) durchaus bemerkbar. Auch die in Österreich gelegenen Immobilien werden relativ günstig bewertet, während derzeit in Deutschland sogar über Verschärfungen nachgedacht wird.

Wichtigster Punkt der österreichischen Erbschaftbesteuerung ist jedoch die Besteuerung des Erwerbs von Kapitalvermögen. Haben nämlich die Erträge aus diesem Kapitalvermögen in Österreich der Kapitalertragsteuer unterlegen – was bei Zinserträgen aus Bankguthaben, Anleihen oder Dividenden aus Beteiligungen an Kapitalgesellschaften von unter einem Prozent regelmäßig der Fall ist –, so ist damit auch die Erbschaftsteuer abgegolten. Und dies nicht nur auf die Erträge bezogen, sondern auf das gesamte Kapital, also die Bankguthaben, Anleihen und Aktienportfolios. Kapitalvermögen vererbt sich also in Österreich zum Nulltarif.

Bei der Zuweisung des Besteuerungsrechts finden sich im DBA aber auch Ausnahmen. So wird Deutschland auch nach einem Wechsel des Lebensmittelpunkts weiterhin den Erwerb etwa von hier gelegenen Immobilien oder Betriebsvermögen der Erbschaftsteuer unterwerfen.

Keine erbrechtlichen Nachteile

Eine Wohnsitznahme in Österreich bringt keine erbrechtlichen Nachteile. Vielmehr erkennt die Alpenrepublik nach deutschem Recht errichtete Testamente an und wendet auch deutsches Erbrecht an. Lediglich bei der Nachlassabwicklung sind hinsichtlich des in Österreich belegenen Vermögens, also etwa der dortigen Wohn-

Ausgewählte nationale Regeln für das Vererben

immobilie, einige Besonderheiten zu beachten. So erwirbt in Österreich der Erbe nicht das Nachlassvermögen von selbst. Vielmehr muss ihm die „Verlassenschaft" nach seiner Annahme der Erbschaft durch „Erwerbserklärung" besonders übertragen werden.

Wichtig: Das österreichische Erbrecht gilt nicht für Schenkungen.

Steuergestaltungen für Deutsche in Österreich

Der Standort Österreich gewinnt aus Sicht deutscher Investoren zunehmend an Bedeutung. Dies liegt nicht zuletzt an den dort bestehenden, teilweise günstigen steuerlichen Rahmenbedingungen. So hat Österreich im unternehmerischen Bereich eine internationale Gruppenbesteuerung eingeführt, welche auch eine grenzüberschreitende Verlustnutzung ermöglicht. Allerdings ist die Nutzung dieses Vorzugs des österreichischen Besteuerungssystems durch deutsche Investoren in der Regel mit einer – oft nicht gewünschten – Verlagerung der Ansässigkeit und damit des Lebensmittelpunktes von Deutschland nach Österreich verbunden.

Das Bankhaus Jungholz hat jetzt in Zusammenarbeit mit der Rechtsanwaltskanzlei Schmidt Schuran & Partner ein Konzept entwickelt, mit dem es gelingt, die „Segnung" der österreichischen Endbesteuerung für Kapitalerträge auch ohne einen Wegzug nach Österreich zu nutzen. Die Gestaltung beruht auf der Begründung einer grenzüberschreitenden atypisch stillen Beteiligung an einer in Österreich ansässigen und dort auch gewerblich tätigen GmbH (öGmbH).

Im Ergebnis kann damit durch eine Begründung einer grenzüberschreitenden atypisch stillen Beteiligung an einer in Österreich ansässigen GmbH sowohl eine ertragsteuerliche als auch eine erbschaftsteuerliche Optimierung erreicht werden. Eine derartige Struktur könnte daher insbesondere für deutsche Unternehmer mit operativ tätigen österreichischen Tochtergesellschaften auch im Rahmen der Nachfolgeplanung interessant sein.

Auslandsvermögen vererben

> ### Steuergestaltung über eine öGmbH
>
> Der öGmbH werden im Zuge der Begründung der atypisch stillen Beteiligung finanzielle Mittel zugeführt, die dort in „endbesteuerten" Wertpapieren angelegt werden.
>
> Das Besteuerungsrecht für die aus der atypisch stillen Beteiligung resultierenden Einkünfte wird nach dem zwischen Deutschland und Österreich abgeschlossenen Doppelbesteuerungsabkommen ausschließlich Österreich als „Betriebsstättenstaat" der atypisch stillen Gesellschaft zugeordnet, während Deutschland die entsprechenden Einkünfte unter Anwendung des Progressionsvorbehaltes freistellt. Hierdurch kann – ohne dass es eines Wegzugs des Investors bedarf – eine „Absenkung" der hohen deutschen Ertragsbesteuerung auf das niedrigere österreichische Niveau erreicht werden. Österreich belegt die Einkünfte lediglich mit einem (endgültigen) Steuerabzug in Höhe von 25 Prozent.
>
> Zusätzlichen Charme erlangt die grenzüberschreitende atypisch stille Beteiligung des deutschen Investors an der öGmbH aber auch aus erbschaftsteuerlicher Sicht. Aufgrund des zwischen Deutschland und Österreich bestehenden Abkommens zur Vermeidung einer erbschaftsteuerlichen Doppelbesteuerung wird auch das Besteuerungsrecht für die Erbschaftsteuer ausschließlich Österreich als Betriebsstättenstaat zugeordnet. Österreich verzichtet allerdings bei der Übertragung von Mitunternehmeranteilen eines nicht in Österreich unbeschränkt steuerpflichtigen Gesellschafters nach gegenwärtiger Verwaltungspraxis auf die Erhebung von Erbschaftsteuer, so dass im Erbfall eine vollständige Freistellung des Kapitalvermögens von Erbschaftsteuer erreicht werden kann. Zu beachten ist, dass im Falle einer Schenkung mangels Doppelbesteuerungsabkommen eine deutsche Schenkungsteuerbelastung nicht vermieden werden kann.

Weitere Informationen:

- Bankhaus Jungholz, Tel.: 0043-5676-800-0
  www.bankhaus-jungholz.com

Ausgewählte nationale Regeln für das Vererben

Schweiz

In den meisten Schweizer Kantonen ist im Erbfall der Vermögensübergang auf den Ehegatten oder die unmittelbaren Abkömmlinge von der Steuer befreit. Die schweizerische Steuerbefreiung nützt aber nichts, wenn trotz Wohnsitzes des Erblassers in der Schweiz das deutsche Erbschaftsteuerrecht einen Anknüpfungspunkt findet, um Vermögensübertragungen zu erfassen. Das ist dann der Fall, wenn der Erbe einen Wohnsitz in Deutschland hat. Das gesamte bei ihm anfallende Vermögen unterliegt dann der deutschen Erbschaftsteuer. Soll das umgangen werden, muss nicht nur der Erblasser, sondern praktisch die gesamte Familie den Wohnsitz in die Schweiz verlegen.

Wenn Eltern und Kinder gemeinsam ihren Wohnsitz in die Schweiz verlegt haben, ist damit die erhoffte Steuerfreiheit im Erbfall aber noch nicht gewährleistet. Im Rahmen der so genannten beschränkten Steuerpflicht unterliegt nämlich das in Deutschland belegene Vermögen auch dann noch der deutschen Erbschaftsteuer. Hierzu gehören insbesondere Grundstücke und deutsches Betriebsvermögen. Um eine weitgehende Steuerfreiheit im Erbfall zu erreichen, müsste solches Vermögen ebenfalls in die Schweiz verlagert oder umstrukturiert werden.

Doch selbst wenn der vollständige Wegzug in die Schweiz tatsächlich vollzogen wird, unterliegt der Wegzügler noch fünf Jahre lang der deutschen Erbschaftsteuer. Normalerweise ist beim Wegzug in ein Niedrigsteuerland wie die Schweiz darüber hinaus bestimmtes Inlandsvermögen für weitere fünf Jahre erbschaftsteuerpflichtig. Allerdings ist die Schweiz eines der wenigen Länder, mit denen Deutschland ein Abkommen zur Vermeidung einer Doppelbesteuerung abgeschlossen hat. Danach wird die Frist im Verhältnis zur Schweiz auf den Zeitraum von fünf Jahren nach dem Jahr des Wegzugs abgekürzt. Die in der Schweiz anfallende Erbschaftsteuer kann zwar auf die in Deutschland zu zahlende Erbschaftsteuer angerechnet werden – letztlich bleibt es aber bei der Belastung auf dem deutschen Besteuerungsniveau.

Daneben können sich beim Tode eines Erblassers, der sowohl in Deutschland als auch in der Schweiz Wohnsitze unterhält, komplizierte zivilrechtliche Probleme ergeben. Während nämlich aus deutscher Rechtssicht stets die deutsche Staatsangehörigkeit maßgeblicher Anknüpfungspunkt für die Anwendung deutschen Erbrechts ist, knüpft das schweizerische Erbrecht an den letzten Wohnsitz des Erblassers an. Das Ergebnis ist eine so genannte faktische Nachlasskollision mit unterschiedlicher Erbfolge – je nachdem, ob deutsches oder schweizerisches Erbrecht Anwendung findet. Zur Vermeidung einer solchen Nachlasskollision sollte daher im Testament klargestellt werden, dass der Erbfall auf jeden Fall deutschem Recht unterliegen soll.

Spanien

Hier gilt grundsätzlich das nationale Erbrecht des Erblassers, für einen Deutschen also das deutsche. Der Erbfall muss jedoch in Spanien und Deutschland deklariert werden. Die im Vergleich zu Deutschland hohe Erbschaftsteuerbelastung auf spanische Immobilien ergibt sich dadurch, dass diese vom spanischen Fiskus mit dem Verkehrswert angesetzt werden.

Die Steuersätze sind in Spanien hoch. Die Vererbung einer Ferienimmobilie im Wert von z.B. 750 000 EUR vom Vater an den Sohn oder vom Ehemann an die Ehefrau löst eine Erbschaftsteuer von über 200 000 EUR aus. Solange der Erbe nicht in Spanien ansässig ist, bleibt der nicht in Spanien belegene Nachlass von der spanischen Besteuerung verschont und wird nur im Domizilland besteuert.

Um Steuern zu sparen, bietet sich die „Vollmachtserteilung unter Lebenden" an. Dazu schließt der künftige Erblasser mit dem/den Erben einen privatschriftlichen Kaufvertrag, dessen Unterschriften

Ausgewählte nationale Regeln für das Vererben

und Abschlussdatum notariell beglaubigt werden. Sinngemäß steht im Vertrag, dass der Verkäufer (Erblasser) in Vollzug dieses Kaufvertrages dem Käufer (Erben) eine notarielle Vollmacht erteilt, einschließlich des Rechts auf Selbstkontrahieren. Im Vertrag sollte vermerkt sein, dass die Erteilung dieser Vollmacht deutschem Recht unterliegt.

Nach Eintritt des Todesfalls lässt der Bedachte mit Hilfe der Vollmacht die Immobilie auf sich umschreiben. Nach spanischem Recht gilt eine Vollmacht über den Tod hinaus. Rechtlich gesehen, hat der Bedachte die Immobilie nicht geerbt, sie ist ihm „unter Lebenden" übertragen worden. Darüber hinaus kann sich der Bedachte darauf berufen, dass für die Vollmacht deutsches Recht vereinbart wurde.

Der eleganteste Weg, spanische und deutsche Erbschaftsteuer zu vermeiden, ist der Verkauf bzw. die Übergabe des Objekts mit Nießbrauchsrecht. Dabei überträgt der Erblasser (Eigentümer) die Immobilie auf den oder die potenziellen Erben und behält sich notariell bis zu seinem Tod das alleinige Wohnrecht vor. Die steuerpflichtige Gegenleistung (Kaufpreis) ist dann nur der Wert des versicherungsmathematisch zum wahrscheinlichen Todestag errechnete Nießbrauch. Der ist umso geringer, je älter der Übertragende ist. Im Todesfall braucht der Erbe nur die Sterbeurkunde des Erblassers dem Grundbuch (Register) vorzulegen und die Löschung des Nießbrauchs beantragen.

Als weitere Umgehungsmöglichkeit der Erbschaftsteuer bietet sich die Übertragung der Immobilie auf eine Domizilgesellschaft an. Die hat ihren Sitz im steuergünstigen Ausland – etwa in Gibraltar, auf der Isle of Man oder in Liechtenstein. Beim Vererben, Verschenken oder beim Verkauf der Immobilie werden dann nur die Aktien bzw. der Hinterlegungsschein übertragen. Ein Eintrag im Grundbuch erfolgt nicht, die Finanzbehörden erfahren also vom Eigentümerwechsel nichts.

Auslandsvermögen vererben

Da der spanische Fiskus weiß, dass ihm über derartige Briefkastengesellschaften Steuereinnahmen entgehen, wird das Halten von spanischen Immobilien über Domizilgesellschaften mit jährlich drei Prozent auf den Katasterwert der Immobilie besteuert. Doch auch diese Drei-Prozent-Steuer kann man aushebeln, indem die Immobilie einfach über eine spanische, deutsche, französische oder sonstige GmbH gehalten wird. Zwingend ist dabei, dass die GmbH in einem Nichtoasensteuerland domiziliert. Deren Anteile lassen sich dann unter Lebenden und auch von Todes wegen problemlos umschreiben, ohne dass sich im spanischen Grundbuch etwas ändert.

Konten und Wertpapierdepots werden in Spanien und in Deutschland – ohne Verrechnungsmöglichkeit – besteuert. Hier droht im Einzelfall ein hälftiger Kapitalverlust. Allerdings plant Spanien eine Abschaffung der Erbschaftsteuer im Jahre 2007.

Kanada

Erbrechtlich handelt es sich bei Kanada um einen so genannten Mehrrechtsstaat, wie die USA oder Großbritannien. Jede der zehn kanadischen Provinzen bzw. der drei Bundesterritorien hat ihr/sein eigenes Recht. Mit Ausnahme der französisch geprägten Provinz Québec folgen die Provinzen und Bundesterritorien dem angelsächsischen Common Law. Mangels staatsvertraglicher Regelung zwischen Kanada und Deutschland ist das anwendbare Recht jeweils aus der Sicht beider Rechtsordnungen zu bestimmen. Hat der deutsche Auswanderer seinen Lebensmittelpunkt nach Kanada verlegt, gilt für ihn aus kanadischer Sicht kanadisches Erbrecht. Wegen der unterschiedlichen Anknüpfung Kanadas an das so genannte Domizil und Deutschlands an die Staatsangehörigkeit ist auf den Nachlass – mit Ausnahme des kanadischen Grundbesitzes – daher zweierlei Recht anwendbar.

Für kanadischen Immobilienbesitz, der unmittelbar, also nicht etwa durch eine Personen- oder Kapitalgesellschaft, gehalten wird, ist

Ausgewählte nationale Regeln für das Vererben

immer die Testamentsform am Ort der Immobilie einzuhalten. Das bedeutet, dass ein kanadisches Zweizeugentestament notwendig sein kann, weil das handschriftliche Testament nicht in allen Provinzen anerkannt wird. Die für angelsächsische Rechtsordnungen typische Abwicklung des Nachlasses durch eine hierfür testamentarisch eingesetzte oder vom Nachlassgericht bestimmte Person gilt auch in Kanada. Liegen Immobilien in verschiedenen Provinzen oder Ländern, ist eine einheitliche Nachlassverwaltung unter Umständen nicht möglich, oder es müssen die verschiedenen Nachlassverwalter koordiniert werden. Ist nur ein deutscher Testamentsvollstrecker bestellt, sind Sicherheitsleistungen in Kanada erforderlich, bevor dieser seine Tätigkeit vor Ort aufnehmen kann.

Für Erblasser deutscher Staatsangehörigkeit, die immer noch Vermögen in Deutschland haben, empfiehlt es sich, mehrere Testamente zu errichten. Bei multiplen letztwilligen Verfügungen, die parallel nebeneinander Geltung erlangen sollen, muss immer auch die richterliche Abstimmung geachtet werden. Sonst besteht die Gefahr, dass es zu Aufhebungswirkungen kommt. Verfügungen im kanadischen Testament dürfen daher nur so ausgelegt werden, dass sie Vermächtnisse, aber keine Erbeinsetzungen enthalten. Das deutsche Haupttestament sollte daher immer eine Klausel enthalten, die die Auslegung des kanadischen Testaments festzurrt.

Kanadische „Erbschaftsteuer"

Kanadische Erbschaftsteuer ist eine außerplanmäßige Einkommenbesteuerung. Dabei wird unterstellt, der Erblasser habe kurz vor seinem Tod noch sein gesamtes Vermögen zum Verkehrswert veräußert. Dadurch erzielte Veräußerungsgewinne werden noch in das Einkommen des Todesjahres einbezogen. Für Nichtansässige beschränkt sich die Besteuerung auf bestimmte kanadische Vermögensgegenstände. Durch diese Endbesteuerung werden die stillen Reserven im Nachlass gehoben. Im Übrigen wird der Erwerb bei den Begünstigten nicht weiter besteuert. Es handelt sich also

Auslandsvermögen vererben

um eine Kapitalgewinnsteuer. Durch Schenkungen kann die Steuer nicht umgangen werden, da sie auf lebzeitige Übertragungen in gleicher Weise anzuwenden ist.

Im Erbfall kann die Überraschung groß sein, weil insbesondere bei altem Vermögen die Einkommensteuerbelastung erheblich sein kann und diese zugleich in Deutschland nicht auf die deutsche Erbschaftsteuer anrechenbar ist. Ein Ausweg für Nichtansässige ist die Zwischenschaltung einer Kapitalgesellschaft mit Sitz außerhalb Kanadas.

USA

In den Vereinigten Staaten ist das Erbrecht nicht eine Gesetzesmaterie, die auf Bundesebene geregelt ist, sondern dem Recht der Einzelstaaten unterliegt. Damit gibt es formal nicht ein Erbrecht, sondern fünfzig – auch wenn viele Staaten weitgehend ähnliche Regelungen haben.

Ein Grundsatz ist beispielsweise, dass es kein Pflichtteilsrecht für Abkömmlinge gibt. Aus US-Sicht gilt das aber nur, wenn das Domizil des Erblassers in den Vereinigten Staaten liegt. Da Deutschland das anwendbare Erbrecht aber nicht an das Domizil anknüpft, sondern an die Staatsangehörigkeit, bahnt sich häufig im deutsch-amerikanischen Verhältnis eine so genannte faktische Nachlassplanung an. Das heißt, dass ein deutscher Nachlassrichter über das Testament eines Deutschen ein anderes Recht – nämlich deutsches Erbrecht – anwendet als sein Kollege in den USA. In einem Punkt sind sich aber beide Nachlassrichter einig: Immobilien in den Vereinigten Staaten vererben sich immer und ausschließlich nach dem Belegenheitsrecht, auch wenn der Eigentümer ein Deutscher ist.

Das US Erbschaft- und Schenkungsteuerrecht ist mit massiv höheren Steuersätzen und Bemessungsgrundlagen ausgestattet als das deutsche. Anwälte suchen deshalb bei deutsch-amerikanischen Vermögensnachfolgen immer nach Möglichkeiten, das deutsche

Ausgewählte nationale Regeln für das Vererben

Besteuerungssystem zu konservieren, also das Steuerniveau auf der niedrigeren deutschen Ebene zu halten. Dabei kommt ihnen im Einzelfall das US-Recht entgegen. So ist eine Schenkung von amerikanischen Personengesellschaften, die Immobilienbesitz halten und Steuerausländern gehören, nach US-Recht schenkungsteuerfrei, während dieser Vorgang bei der Übertragung im Todesfall erbschaftsteuerpflichtig ist. Deshalb sollte man bei Personengesellschaften zu Lebzeiten verschenken, damit nicht die US-Steuer aktiv wird. Es bleibt die deutsche Schenkungsteuer.

Komplexer ist es, wenn Vermögen erst im Todesfall übergeht. Dann greift die Schenkungsteuerbefreiung für Steuerausländer nicht, und das US-Erbschaftsteuersystem kommt neben dem deutschen System zur Geltung. Um für diesen Fall Liquidität außerhalb des Nachlasses zu schaffen, werden in der Regel mit amerikanischem Geld Erbschaftsteuerversicherungen „auf das Leben des Erblassers" gekauft. Das „Mehr" an amerikanischer Erbschaftsteuer wird dadurch versichert.

Problematisch wird es für deutsche Vermögensinhaber mit einer Aufenthaltsgenehmigung (Green Card) oder Doppelstaatsangehörigkeit. Das bedeutet die faktische und fast „ewige" Verbindung mit dem US-Fiskalsystem. Lebt man lange in den USA, verliert darüber hinaus nach zehn Jahren das Doppelbesteuerungsabkommen für Erbschaftsteuern seine Wirkung. Folge: Die Vereinigten Staaten können mit ihren hohen Steuersätzen das Weltvermögen bei Schenkungen und Erbschaften besteuern.

Vermögensplanung über einen Trust

Eine weitere Schwierigkeit in einer deutsch-amerikanischen Nachfolgeplanung stellt die Gestaltung der gesamten Vermögensplanung mit so genannten Trusts dar. Einem Rechtsinstitut, das das deutsche Zivilrecht nicht kennt und der deutsche Fiskus mit einer besonderen Strafsteuer belegt. Die Steuerplanung mit Trusts ist

Auslandsvermögen vererben

also komplex. Durch Nutzung der so genannten Nachlassspaltung lassen sich aber Rechtsinstitute zusammenbauen, die aus deutscher Sicht keine Trusts, sondern eine deutsche Dauertestamentsvollstreckung oder eine Schenkung mit Rückforderungs- und Weiterschenkungsrechten darstellen. Aus US-Sicht können diese Konstruktionen aber als Trusts mit den im dortigen Steuerrecht vorgesehenen Vergünstigungen verstanden werden.

Südafrika

Wer in Südafrika Vermögen besitzt, sollte sich rechtzeitig mit der Frage beschäftigen, was damit nach seinem Ableben passiert, denn beim Erbrecht bestehen zwischen Deutschland und Südafrika erhebliche Unterschiede: Das südafrikanische Recht kennt keinen Pflichtteils- oder Pflichtteilsergänzungsanspruch. In Südafrika gilt nicht das deutsche Prinzip der „Universalsukzession", wonach die Erben automatisch mit dem Todesfall in die Eigentümer- und Inhaberposition des Erblassers treten. Vielmehr verselbständigt sich der Nachlass und wird von einem Vollstrecker verwaltet und an die Erben oder Begünstigten verteilt.

Darüber hinaus haben Deutschland und Südafrika unterschiedliche Regelungen, die zum einen die Frage betreffen, ob in Südafrika ein deutsches Testament Gültigkeit hat oder umgekehrt, und zum anderen, ob der Nachlass selbst deutschem oder südafrikanischem Recht unterliegt.

Wichtig: Eine erbrechtliche Gestaltung ist vor allem dann wichtig, wenn ein Unternehmen in Südafrika zum Vermögen zählt. Mit dem Tod des Inhabers unterliegt das Unternehmen zwingend der Verwaltung durch den Testamentsvollstrecker. Hier muss rechtzeitig Vorsorge für eine automatische Übertragung auf einen Rechtsnachfolger im Todesfall getroffen werden.

Wer über eine Immobilie am Kap verfügt, muss zwingend südafrikanisches Erbrecht beachten. Er sollte deshalb hierüber ein englischsprachiges Testament verfassen, das sich aber auf die Immobilie in Südafrika beschränkt. Wer Immobilien in Deutschland besitzt, aber Wohnsitz in Südafrika hat, muss ebenfalls südafrikanisches Recht beachten. Er hat die Möglichkeit, durch ein gesondertes Testament für den deutschen Immobilienbesitz deutsches Recht zu wählen.

Was die Erbschaftsteuer betrifft, so herrschen in Südafrika zwischen Eheleuten günstige Bedingungen: Der Anfall von Vermögenswerten aus dem Nachlass beim Ehegatten ist in jeder Höhe frei von Erbschaftsteuer. Dies gilt auch für Übertragungen zu Lebzeiten. Es bestehen weitere Möglichkeiten, Erbschaftsteuer zu sparen: Hierzu gehört insbesondere die Schenkung unter Lebenden auf den Todesfall. Ein Schenkungsversprechen, das erst beim Tod des Schenkers wirksam wird. Auch kann die Einbringung von Vermögenswerten in einen Trust Vorteile bringen.

Ebenfalls nicht der Erbschaftsteuer unterliegen Auslandsvermögen. Voraussetzung ist dabei, dass das Vermögen bereits bestand, bevor der Erblasser nach Südafrika verzogen ist. Der Steuersatz für Schenkungen beträgt 20 Prozent. Steuerpflichtig ist der Schenker.

3. Erbschaftsteuer-DBA

Grund für eine mögliche Doppelbesteuerung im belegenen Vermögensland und Deutschland ist, dass von deutscher Seite auf dem Gebiet der Erbschaftsteuer bislang nur mit wenigen Staaten, nämlich mit Dänemark, Österreich, Schweden, der Schweiz und den USA ein umfassendes Doppelbesteuerungsabkommen abgeschlossen wurde. Im Verhältnis zu anderen Staaten gewährt Deutschland nur eine Anrechnung der Steuer auf das in § 21 Abs. 2 ErbStG definierte Auslandsvermögen, zu dem zwar Immobilien im Ausland, nicht jedoch dortige Konten und Depots gehören.

Auslandsvermögen vererben

4. Wenn Erben diskrete Konten erben

Wer ein diskretes Auslandskonto unterhält, geht in der Regel davon aus, dass dieses vom deutschen Fiskus nicht entdeckt wird. Eine Vorsorge für den Todesfall wird vom Kontoinhaber daher häufig nicht getroffen. Stirbt der Kontoinhaber dann plötzlich, gibt es für die Erben oft nicht einmal Informationen über das Vorhandensein eines solchen diskreten Kontos. Trifft der Kontoinhaber jedoch eine Regelung, sollte er rechtzeitig darüber nachdenken, was es bedeutet, den Erben ein diskretes Konto zu überlassen.

Wer über seine Auslandskonten keine Unterlagen verwahrt, Angehörigen oder Vertrauten nichts verrät und für den Todesfall testamentarisch keine Angaben hinterlegt, der muss davon ausgehen, dass die Erben von dem Geld auf diesen Konten meist nichts zu sehen bekommen. Das Gleiche gilt für die Inhalte von Safes, von denen entweder niemand etwas weiß oder von denen nur ein Schlüssel ohne weitere Angaben gefunden wird. Aber auch wenn die Erben über die geheimen Konten informiert sind, wird ihnen der Zugang verwehrt. So lange, bis der Bank im Ausland eine einwandfreie, nach deutschem Recht vorgeschriebene Legitimation vorgelegt werden kann: Totenschein, Testament, Erbschein – im Original oder als beglaubigte Abschrift.

Wurde dagegen vom Erblasser und Konto- bzw. Safeinhaber noch zu Lebzeiten eine Vollmacht erteilt, so gilt diese auch in den Nachbarländern über den Tod hinaus. Der Bevollmächtigte bleibt verfügungsberechtigt. Doch verlangen beispielsweise Luxemburger Banken vom Bevollmächtigten den Nachweis, dass er die Erben über seine Vollmacht informiert hat. Die Erben können diese Vollmacht sowohl nach deutschem Bankrecht als auch nach den Gesetzen der Nachbarländer jederzeit widerrufen.

Diese Vollmacht hat auch dann eine beschränkte Wirkung, wenn die Bank begründeten Anlass zur Vermutung hat, dass die Interes-

Wenn Erben diskrete Konten erben

sen einzelner Erben durch eine bestimmte Verfügung gefährdet sein könnten. Die Bank geht dann davon aus, dass die Vollmacht diese Verfügung nicht mehr deckt. Das hat in der Praxis zur Folge, dass das Finanzinstitut ab dem Zeitpunkt, in welchem es vom Tod des Bankkunden erfährt, nur noch Todesfallkosten ohne Weiteres bezahlt. Auszahlungen an Erben werden in der Regel verweigert, bis ein Erbschein vorgelegt werden kann. Schweizer Banken haben unter Umständen sogar die Pflicht, eigene Nachforschungen nach Erben zu betreiben.

Besser gestellt sind jene Erben, die zu anonym geführten Konten, z.B. in Österreich, das Sparbuch oder den Depot-Bon finden, das Losungswort jedoch nicht kennen. Sie müssen sich dann nur entsprechend als Erben legitimieren. Haben Sie gar nichts in der Hand, kennen jedoch die Bank, die Depot- und/oder Sparbuchnummer, muss das Konto gerichtlich für kraftlos erklärt werden, bevor man darüber verfügen kann. Sind dagegen Sparbuch- oder Depotnummer unbekannt, ist das Geld beispielsweise in Österreich verloren. Denn wird das Konto dreißig Jahre nicht bewegt, kann die Bank das Guthaben löschen und sich gegenüber Kontoinhaber oder Erben auf Verjährung berufen. Eine Ausnahme gilt in der Schweiz, wo es keine Verjährung gibt.

Schützenhilfe bei der Suche nach schwarzen Konten oder Safes leisten:

Luxemburg:
- Association des Banques et Banquiers
  L-2010 Luxemburg, Tel.: 00352-4 63 66 01, Fax: 00352-46 09 21

Schweiz:
- Schweizerische Bankiers-Vereinigung
  CH-4052 Basel, Tel.: 0041-61-2 95 93 93, Fax: 0041-61-2 72 53 82

Quellen

ABN Amro · Allianz · APA · Association des Banques et Banquiers · Auditor Treuhand · Bain · Bain & Company · Bank für Internationalen Zahlungsausgleich · Bank Leu · Bank of England · Bank of Japan · Bankhaus Jungholz · Barclays Global Investors · Bayern Treuhand WP · Berenberg Bank · bfai · Bloomberg · BNP Paribas · Börsen-Zeitung · Bundesamt für Finanzen · Bundesanstalt für Finanzdienstleistungsaufsicht · Capgemini · City Bank · Credit Suisse · Credit Suisse Private Banking · CSSF · Datastream · Delbrück Bethmann Maffei · DER SPIEGEL · Derivate Magazin · Deutsche Bank · Deutsche Bundesbank · Deutsches Aktieninstitut · die bank · Dresdner Bank · DWS · Economist Intelligence Unit · EU-Kommission · Euro spezial · Eurobarometer · Eurostat · EZB · FEFSI · Fiala RA · Financial Times Deutschland · FINANZWELT · finest.finance · Fitch Ratings · Flick Gocke Schaumburg Rae · Focus Money · FOCUS Online · Frankfurter Allgemeine Zeitung · Fuchs Briefe · Gesellschaft für Konsumforschung · Goldman Sachs · Handelsblatt · Hannoversche Lebensversicherung · Helaba Volkswirtschaft · Henley & Partners Rae · HOHL & Associes Avocats · HSBC · ICI · IMD World Competitiveness Yearbook · Isle of Man financial review · IWF · Jones Lang LaSalle · Jyske Bank · LGT Bank in Liechtenstein · Liechtensteinischer Bankenverband · Luxemburger Bankenvereinigung · Mansfeld · Merrill Lynch · R. Merkel · M. Metz · mmm&m ABOGADOS · Morgan Stanley · OECD · Österreichische Nationalbank · OFD Nürnberg · Portfolio Control · PRIVATE · RAe Beiten, Burkhardt, Mintel & Wegener · Raiffeisenbank Kleinwalsertal · Raiffeisenbank Lech a. Arlberg · Raiffeisen Bank (Liechtenstein) · REUTERS · RICS Research · RP Richter & Partner · Schaetze & Partner RAe · Schmidt Schrau & Partner RAe · Schweizer Bank · Schweizerische Nationalbank · Schweizerische Bankiers-Vereinigung · Standard & Poors · Statistisches Bundesamt · Sulimma RA · Swiss Media Consult · The Boston Consulting Group · Thomson Financial Datastream · UBS · UBS investor's guide · UBS Wealth Management · Universität Linz · Universität Zürich · VP Bank · wallstreet Fonds Investor · Watson Wyatt · WestLB · WIRTSCHAFT · WIRTSCHAFTSWOCHE · WorldCompliance · World Wealth Report

Stichwortverzeichnis

Anlageprozess 25
Anlagestrategie 36, 37
Anonymkonten 47
Anrechnungsmöglichkeit 233
Asset Allocation 178
Asset and Liability Management 35
Asset Protection 190
Auslandsbanken 54
Auslandsimmobilien 210
Auslandssachverhalt 228

Banken Europas 86
Bankgeheimnis 50
Bargeld 56
Bedürfnisanalyse 34
Begünstigungsregelung 189
Belegenheitsstaat 214
Bestandsprovision 46

Coupongeschäft 73

Disagio-Staffel 179
Diskretion 48
Doppelbesteuerungsabkommen 225

Einjahresfrist 181
Einlagensicherungssysteme 53
Emerging Markets 23
Erblasser 191, 244
Erbrecht 34, 216, 244
Erbschaftsteuer 216
Erbschaftsteuer-DBA 251
Ertragssteuerbelastung 220
Estate Planning 191
EU-Amtshilfe-Gesetz 228

Familienvermögen 191
„Fee-Only"-Advisor 47
Finanzkonzept 37
Finanzplatz 91
    – Andorra 117
    – Bahamas 138

– Bahrain 150
– Barbados 142
– Bermudas 142
– Bombay 167
– British Virgin Islands 144
– Cayman Islands 145
– Channel Islands 119
– China 159
– Deutschland 86
– Dubai 150
– Gibraltar 122
– Großbritannien 122
– Hongkong 160
– Indien 167
– Isle of Man 128
– Japan 173
– Labuan 171
– Liechtenstein 100
– Luxemburg 112
– Madeira 130
– Malaysia 171
– Malta 131
– Mauritius 155
– Monaco 133
– Niederländische Antillen 146
– Österreich 108
– Panama 148
– Quatar 151
– Schweiz 91
– Seychellen 156
– Shanghai 163
– Vanuatu 174
– Zypern 135
Freistellungsverfahren 222

Gläserner Bankkunde 49
Globale Nachlassplanung 188
Globale Vernetzung 24
Gold 184

Haltefrist 180

Stichwortverzeichnis

Immobilienkauf 208
International Business Company 204

Jersey-Trust 200

Kapitalertragsteuer 182
Kapitalverlust 246
Kaufnebenkosten 208
Konjunkturzyklus 22
Kontenstammdaten 49
Kontrolle 195
Kundenansprüche 30
Kundenzufriedenheit 31

Liechtensteinische Stiftung 196

Mehrwert 58
Mitwirkungspflicht 228

Natürliche Personen 72
Nichtoasensteuerland 246
Niederverzinsliche 181
Nießbrauch 245
Nummernkonten 47

Offenlegungspflicht 62
Offshore-Gesellschaft 213
Offshore-Trust 202
Operative Asset Allocation 178
Österreichische Privatstiftung 195

Panamaische Stiftung 198
Performanceindex 179
Portfolio 36
Private Banking 46
Produktauswahl 178

Qualifizierte Empfängereigenschaft 72

Rechtshilfe 101
Risikobereitschaft 32
Risikofähigkeit 32

Safe 186
Schariah 153
Schwarzgeld 212
Schwarzgeldfalle Zinsrichtlinie 70
Selbstschutz 192
Sicherheit 48
Sicherungsgrenzen 53
Sozialbehörden 60
Steuerdelikte 101
Steuerentlastungsgesetz 203
Steuern 34
Steueroase 175
Steueroptimierung 190
Steuerpflichtige 75
Steuerplanung 188
Steuersicherheit 112
Steuerstundungseffekt 182
Stiftungen 72

Tailored Investment Strategy 32
Taktische Asset Allocation 178
Testament 191
Timing-Strategie 182
Trust 199
Trusts 72

Überprüfung 37
Überwachung 37

Vermögenskonsolidierung 189
Vermögensmasse 203
Vermögensverzehr 33
Vollmachten 189
Vorsorge 34

Wiederverkauf 210
Wirtschaftlicher Stifter 189

ZaSt 182
Zinszahlung 188

SWISS
ADMINISTRATION CENTRE LTD

Wir verbinden für Sie Europa mit dem Mittelmeerraum

Mehr als 7000 Jahre Geschichte, starke Geschäftsbeziehungen in den Mittelmeerraum und Mitglied der Europäischen Union – Malta, ein **strategisch interessanter Wirtschafts- und Finanzstandort** – auch für Sie!

Malta bietet attraktive Rahmenbedingungen und eine gute Infrastruktur, ausgewiesene Finanz- und Rechtsfachleute und **flexible Investitionsmöglichkeiten im Finanzmarkt.**

Wir von **Swiss Administration Centre** bieten langjährige Erfahrung und das Know how in Malta bei

- Finanz- und Rechtsfragen
- Gründung und Verwaltung von Gesellschaften
- Steuer optimierter Vermögensverwaltung
- Finanzdienstleistungsprodukten
- persönlichen Aufenthaltsfragen

Sprechen Sie mit uns über Malta!

SWISS Administration Centre Ltd.
123 Melita Street
VALLETTA VLT 12, Malta
www.swiss-admin.com.mt
info@swiss-admin.com.mt
T +356 2122 8920, F +356 2122 8921

Offizielle Repräsentanz in der Schweiz:
Kamber Consultancy Ltd.
Postfach 62
CH-8624 Grüt (Gossau/ZH)
info@kamberconsult.ch
T +41 43 488 0830, F +41 43 488 0831

Swiss Administration Centre Ltd. is regulated and licensed by the Malta Financial Services Authority (MFSA).

Ihr Schweizer Weg
zum privaten
Devisenmanagement

Langjährige Kompetenz im
Devisenhandel und höchstmögliche
Sicherheit am Finanzplatz Schweiz

MOMENT·Invest AG
DEVISENMANAGEMENT

Head Office:
Lettenstraße 1/Postfach 61
CH - 6343 Rotkreuz
Fon +41 (0)41 747 42 - 34
Fax +41 (0)41 747 42 - 35

moment-invest@mivag.ch

Rep. Office Zürich:
Kraftstraße 29
CH - 8044 Zürich
Fon +41 (0)43 268 05 - 75
Fax +41 (0)43 268 05 - 76

www.moment-invest.com